Sabine Gilcher

Schweden Mitte

Zwischen Höga Kusten, Härjedalen und Jämtlandsfjäll

50 ausgewählte Wanderungen

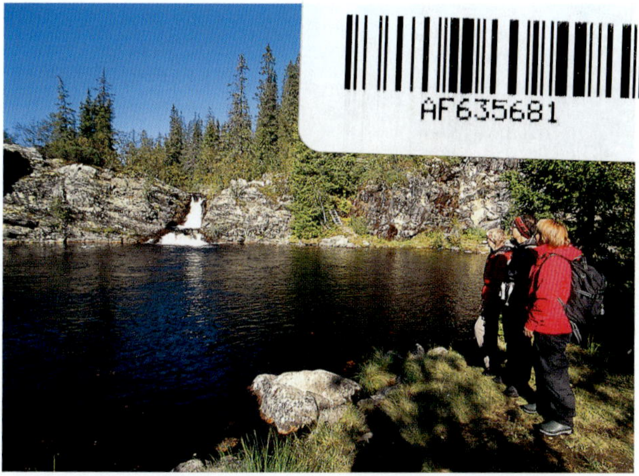

ROTHER
BERGVERLAG

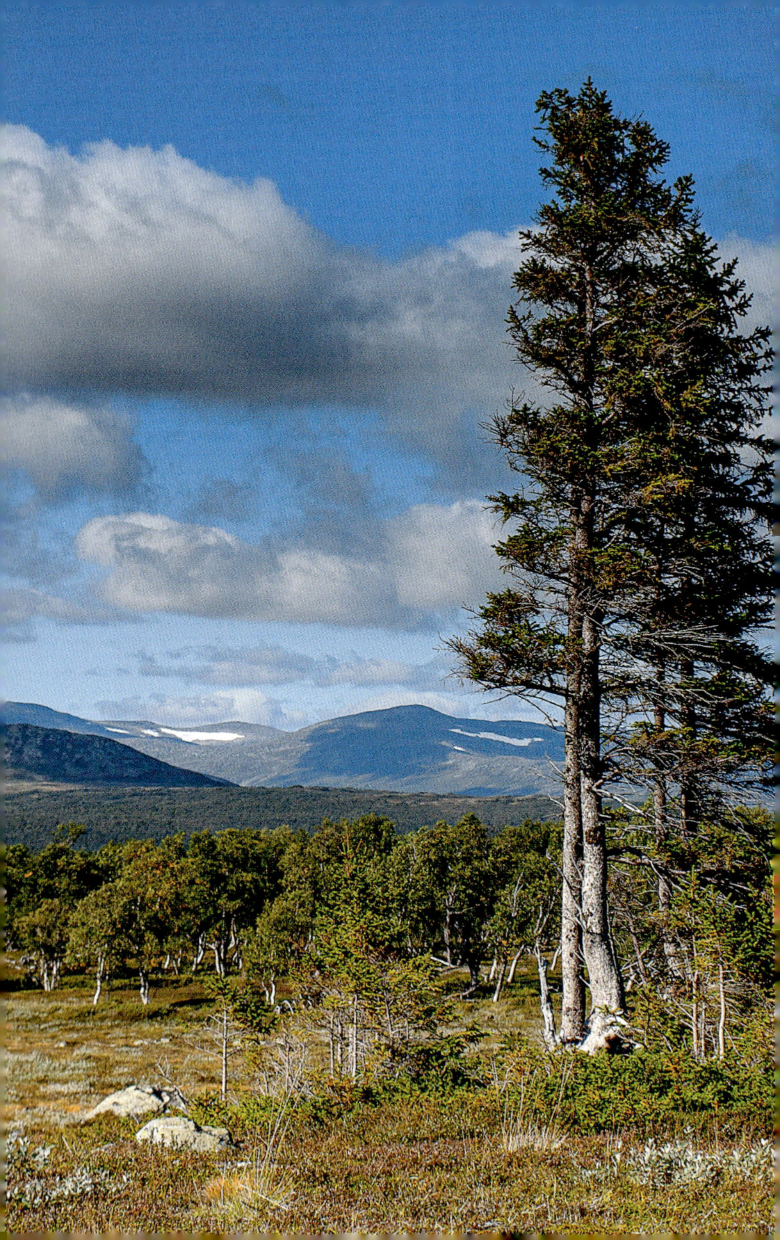

Vorwort

Beeindruckende Fjälle, grandiose Wildnisgebiete und vielgestaltige Küsten machen die Mitte Schwedens zu einem äußerst attraktiven Wanderrevier für Naturliebhaber. Diese Landschaften sind ein Paradies für alle, die die Natur aktiv genießen wollen und die die herbe Schönheit nordischer Landschaften schätzen.

Im Westen finden sich die südlichsten Hochgebirgsregionen und Gletscher Schwedens, im Osten an der Küste Landschaften von idyllischer Lieblichkeit, schnuckelige Fischerdörfer und quirlige Hafenstädte. Zwischen Hälsingland mit seinen stattlichen Bauernhöfen im Süden und samischer Rentierwirtschaft im Norden erstrecken sich endlose Wälder, Seen jeglicher Größe und breite Ströme.

Diese Landschaften bieten nicht nur Raum für vielfältige Naturerlebnisse; auch ihr kulturelles Erbe ist beachtlich. Zeugnisse prähistorischer und historischer Aktivitäten lassen sich z. B. in Form von steinzeitlichen Felszeichnungen, Wikingergräbern und alten Erzbergwerken erkunden. Auch jahrhundertealte Anwesen, Einödhöfe, Almen und samische Kirchdörfer zählen zu den lohnenden Zielen.

Dieser Wanderführer möchte sowohl Tageswanderer ansprechen wie auch diejenigen, die mehrtägige Touren planen. Die Anforderungen reichen daher vom gemütlichen – und eher kurzen – Spaziergang für die ganze Familie bis zur anspruchsvollen Mehrtagestour mit Gepäck, die ein gewisses Maß an Kondition und Orientierungsvermögen voraussetzt.

Mein Dank gilt allen, die durch ihre Beiträge, Hinweise und ihre aktive Unterstützung zum Gelingen dieses Wanderführers beigetragen haben. Gewidmet ist dieser Wanderführer, stellvertretend für alle Hüttenwarte, Olaf Rosenqvist, der den Mut hatte, seinen Traum zu leben und als langjähriger Hüttenwart Tausenden von Wanderern ein herzliches Willkommen bereitete.

Viel Spaß beim Entdecken, viel Freude beim Wandern!

Freiburg, im Frühjahr 2024 — Sabine Gilcher

Blick vom Nordhang des Trondfjäll über die weite Senke des Valån in Richtung Nordwesten (Tour 24).

Inhaltsverzeichnis

Symbole

mit Bahn/Bus erreichbar
Einkehrmöglichkeit unterwegs
für Kinder geeignet
Ort mit Einkehrmöglichkeit
Einkehr, bewirtschaftete Hütte
Selbstversorgerhütte, Proviant
Windschutz
Bus- bzw. Bahnanschluss
P eingerichteter Parkplatz
Campingplatz / Picknickplatz
Pass, Sattel / Brücke
Kirche, Kapelle
Höhle
Abzweig
Aussichtsturm / Aussicht
Wasserfall / Bademöglichkeit
archäologische Fundstelle
Seilbahn

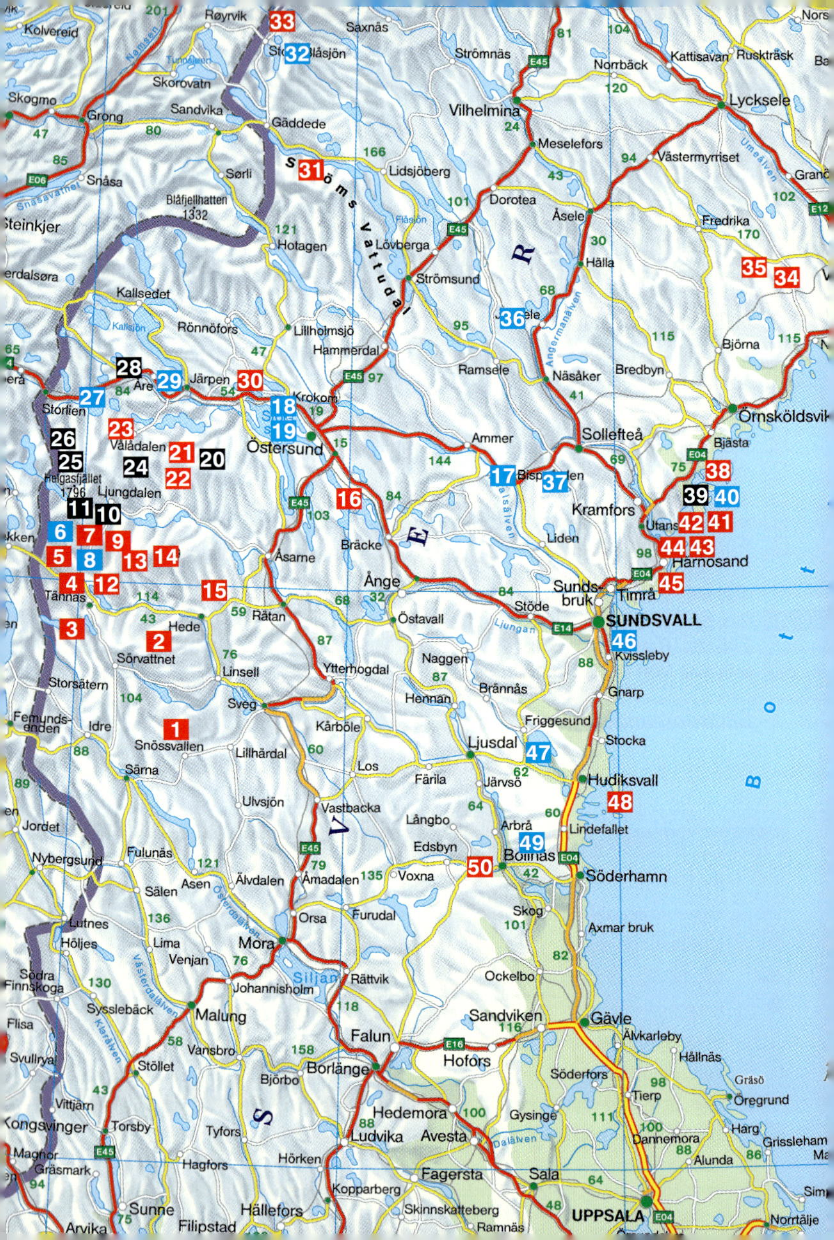

Kolvereid
Røyrvik
Saxnäs
Strömnäs
Norrbäck
Kattisavan
Ruskträsk
Skorovatn
Skogmo
Grong
Sandvika
Gäddede
Vilhelmina
Lycksele
Meselefors
Västermyrriset
Snåsa
Sørli
Lidsjöberg
Dorotea
Åsele
Blåfjellhatten
1332
Steinkjer
Hotagen
Lövberga
Strömsund
Fredrika
Hälla
Kallsedet
Rönnöfors
Lillholmsjö
Hammerdal
Ramsele
Näsåker
Bredbyn
Björna
Åre
Järpen
Krokom
Storlien
Östersund
Ammer
Sollefteå
Örnsköldsvik
Bjästa
Vålådalen
Helgasfjället
1796
Ljungdalen
Kramfors
Liden
Bräcke
Åsarne
Ånge
Sundsbruk
Timrå
Härnösand
Tännäs
Rätan
Östavall
Stöde
SUNDSVALL
Kvissleby
Hede
Sörvattnet
Linsell
Ytterhogdal
Naggen
Brännås
Gnarp
Storsätern
Sveg
Hennan
Friggesund
Femundsenden
Idre
Snössvallen
Lillhärdal
Kårböle
Ljusdal
Stocka
Särna
Los
Färila
Järvsö
Hudiksvall
Ulvsjön
Vastbacka
Långbo
Arbrå
Lindefallet
Jordet
Edsbyn
Bollnäs
Nybergsund
Fulunäs
Älvdalen
Åmadalen
Voxna
Söderhamn
Sälen
Asen
Orsa
Furudal
Skog
Lutnes
Höljes
Lima
Venjan
Mora
Axmar bruk
Södra Finnskoga
Johannisholm
Rättvik
Ockelbo
Sysslebäck
Malung
Siljan
Sandviken
Gävle
Älvkarleby
Flisa
Svullrya
Vansbro
Falun
Hofors
Hållnäs
Stöllet
Björbo
Borlänge
Söderfors
Gräsö
Tierp
Öregrund
Vittjärn
Hedemora
Gysinge
Kongsvinger
Torsby
Tyfors
Ludvika
Avesta
Dannemora
Harg
Grisslehamn
Magnor
Gräsmark
Hagfors
Hörken
Fagersta
Sala
Alunda
Kopparberg
Sunne
Hällefors
Skinnskatteberg
UPPSALA
Arvika
Filipstad
Ramnäs
Norrtälje
Ströms vattudal
R
E
V
S
Bot
Ångermanälven
Umeälven
Ljungan
Ljusnan
Österdalälven
Västerdalälven
Klarälven
Dalälven
Kallsjön
Flåsjön
Namsen
Snåsavatnet
E45
E06
E12
E14
E04
E16
1
2
3
4
5
6
7
8
9
10
11
12
13
14
15
16
17
18
19
20
21
22
23
24
25
26
27
28
29
30
31
32
33
34
35
36
37
38
39
40
41
42
43
44
45
46
47
48
49
50

Tourenauswahl und -anforderungen

Die vorgestellten Wanderungen reichen vom kurzen Spaziergang über tagesfüllende Unternehmungen bis zu Mehrtagestouren im Fjäll. Jede dieser Touren hat ihren Reiz, aber nicht für jeden in gleichem Maß und nicht zu jedem Zeitpunkt. Als Entscheidungshilfe dienen eine Einführung und eine Kurzinfo, die die wesentlichen Elemente und Besonderheiten der jeweiligen Wanderung beschreibt sowie die Anforderungen definiert:

- **Gehzeit:** Da Kondition, Wetter und Zustand des Weges erheblich auf die Gehgeschwindigkeit Einfluss nehmen können, sind die Gehzeiten nur als grober Anhaltspunkt zu verstehen. Um die Gesamt-Tourdauer abschätzen zu können, müssen zur angegebenen reinen Gehzeit individuelle Pausen und Fotostopps (erfahrungsgemäß ca. 10–30 % mehr) sowie idealerweise eine »zeitliche Reserve« addiert werden.
- **Höhenunterschied:** Bei den Höhenmetern im Auf- und Abstieg ist die Brutto-Differenz – also die tatsächlich zu bewältigenden Höhenmeter einschließlich Zwischenaufstiegen – aufgeführt.
- **Schwierigkeit:** Steilheit, Exponiertheit, Wegbeschaffenheit und Zustand der Watstellen bestimmen den Schwierigkeitsgrad einer Wanderung. Je nach Ausprägung dieser Faktoren bestehen unterschiedliche Anforderungen an die Tritt- und Watsicherheit sowie die Schwindelfreiheit. Vor allem im Fjäll sind Blockfelder zu queren, Feuchtstellen zu umgehen und breitere Bäche zu durchwaten, sodass dort generell mit einem höheren Schwierigkeitsgrad zu rechnen ist.
- **Orientierung:** Die Erkennbarkeit und Verfolgbarkeit von Wegen im Gelände sowie Dichte und Qualität von Wegweisern und Markierungen bestimmen, welche Anforderungen an das Orientierungsvermögen gestellt werden bzw. welcher Aufwand zur Orientierung getrieben werden muss. Die Anforderungen steigen, wenn Wege nur schwach sichtbar sind oder Teilabschnitte von Touren durch wegloses Gelände führen.
- **Exponiertheit:** Die Exponiertheit ist v. a. bei Touren im Fjäll ein relevanter Aspekt. Baumlose Hochebenen, Grate und Gipfel sind stark dem Wetter ausgesetzt, das – wie in den Alpen auch – rasch wechseln kann. Insgesamt sollte man sich auf höhere Windgeschwindigkeiten und kühlere Temperaturen einstellen, als man es von vergleichbaren Lagen in Mitteleuropa gewohnt ist, und mit einem deutlich höheren Windchill-Effekt rechnen.

Die genannten Aspekte führen zu einer »Gesamtcharakteristik«, die sich in drei Wegkategorien niederschlägt. Bitte bedenken Sie, dass dieser Einstufung nur diejenigen Merkmale zugrunde liegen, die den Weg in einer »durchschnittlichen« Situation charakterisieren. Ungünstige Bedingungen können dazu führen, dass sich der Schwierigkeitsgrad erhöht.

Leicht Wanderungen und Bergwanderungen auf markierten Wegen. Überwiegend gute Wege, jedoch auch mit einzelnen steinigen oder feuchten Stellen. Flüsse und Bäche werden auf Brücken (darunter auch Hängebrücken) überquert, Moore und Feuchtstellen sind in der Regel durchgängig beplankt. Gering dem Wetter ausgesetzt. Geringe Anforderung an die Orientierung.

Mittel Bergwanderungen und -touren auf schmalen Wegen und Pfaden, die Trittsicherheit erfordern. Wege mit häufig steinigen und feuchten Stellen. Einzelne Blockfelder und leichte Watstellen können vorkommen. Mäßig dem Wetter ausgesetzt. Geringe bis mittlere Anforderung an die Orientierung und an die Kondition.

Schwierig Anspruchsvolle Bergtouren, auch durch wegloses und unmarkiertes Gelände. Neben Trittsicherheit, Schwindelfreiheit und gutem Orientierungssinn sollte man Erfahrung in der Einschätzung alpiner Gefahren besitzen. Die Wege können sehr steinig (Blockfelder) und feucht bis nass sein, Schneefelder sowie zahlreiche und/oder schwierige Watstellen aufweisen. Auch können sie stark dem Wetter ausgesetzt sein. Hierher auch: Touren hoher Länge und/oder mit Gepäck für mehrere Tage. Mittlere bis hohe Anforderung an die Kondition.

Besondere Tourenmerkmale und Sehenswürdigkeiten

Tour	Eigenschaften			Merkmale (1–8)
	ÖNV	EK/Ü	Ki	
1 Lillhärjåbygget				2, 8
2 Sånfjället				2, 3, 5, 6
3 Rogen				2, 3, 4, 5, 6
4 Hamrafjället				3, 5, 7
5 Anderssjökölen				2, 4
6 Klinken	x		x	2, 8
7 Grubentour und Stor-Mittåkläppen	x	x		2, 3, 7
8 Almentour bei Djupdalsvallen			x	2, 4, 5, 8
9 Im Tal des Mittån				2, 4, 5, 8
10 Öjön	(x)			2, 3, 5, 6
11 Auf alten Pilgerwegen zum Helagsmassiv		Ü		2, 3, 4, 5, 6
12 Ånnfjället				2, 3, 5, 6
13 Anådalen und Kappruet				2, 3, 5, 6, 8
14 Ruändan				3, 4, 5, 6, 7, 8
15 Klövsjöfjällen	x			2, 3, 6, 8
16 Forsaleden				2, 7
17 Döda Fallet	x		x	2, 4
18 Auf der Halbinsel Rödön		x	x	2, 4, 5, 7

Tour	Eigenschaften			Merkmale (1–8)
	ÖNV	EK/Ü	Ki	
19 Andersön			x	2, 5
20 Rund um das Anarisfjällen	x	Ü		2, 3, 4, 5, 6
21 »Pyramiden« und Issjödalen	x	(Ü)		2, 3, 4, 5, 6
22 Lunndörren		Ü		2, 4, 5, 6
23 Blanktjärnrundweg	x		x	2, 4, 5, 6
24 Große Vålådalen-Tour	x	Ü		2, 3, 4, 5, 6
25 Südlicher Kungsleden/Jämtlandsleden	x	Ü		2, 3, 4, 5, 6
26 Jämtlands-Dreieck	x	Ü		2, 3, 4, 5, 6
27 Am Ufer des Ånnsjön	x		x	2, 3, 5
28 Mullfjället				2, 3
29 Fröjå Gruva	(x)	x	x	2, 7, 8
30 Glösa		x	x	2, 3, 7
31 Hällingsåfallet				2, 4
32 Ankarede und Lejarfallet			x	2, 8
33 Bjurälven				2, 4, 5, 6
34 Öreälven	(x)		(x)	2, 5, 7
35 Lögdeälven und Drakryggen	x		x	2, 4, 5
36 Långvattnet			x	2, 4, 5
37 Graninge Bruk	x	x	x	2, 4, 7, 8
38 Skuleskogen Nord				1, 2, 3, 4, 5, 6
39 Skuleskogen Süd				1, 2, 3, 4, 5, 6
40 Ulvön	x	x	x	1, 2, 3, 8
41 Norrfällsviken und Storsanden	x			1, 4, 8
42 Nordingrå und seine Seen	x	(x)		2, 3, 5
43 Rotsidan und Fällsviken			x	1, 4, 8
44 Jon-Nilsberget und Skiringen				1, 2, 3
45 Smitingen und Klubbsjön	x			1, 2, 4
46 Lörudden		x	x	1, 8
47 Zwischen Delsbo und Bjuråker	x	x	(x)	2, 4, 8
48 Hölick	(x)		x	1, 4, 8
49 Rund um Växbo	x	x	x	2, 7
50 Von Runemo nach Söräng	x		x	2, 5

ÖNV = Erreichbarkeit mit öffentlichem Nahverkehr: x direkt erreichbar, (x) mit zusätzlicher Anmarschstrecke erreichbar (hin/zurück bis 4 km).
EK/Ü = Einkehr-/Übernachtungsmöglichkeit: x Einkehrmöglichkeit direkt am Weg, (x) Einkehrmöglichkeit abseits des Wegs (bis 500 m), Ü Tour mit Übernachtungsmöglichkeit, (Ü) Tourvariante mit Übernachtungsmöglichkeit.
Ki = Eignung für Kinder: x für Kinder geeignet, (x) für Kinder geeignete Tourvariante vorhanden.
Besondere Merkmale und Attraktionen: 1 = Meer, Küste; 2 = Binnengewässer; 3 = Berg, Gipfel, Aussicht, Aussichtsturm; 4 = Besondere Geologie oder Geomorphologie; 5 = Besondere Pflanzen- oder Tierwelt; 6 = Großflächige Wildnisgebiete und/oder Nationalparks; 7 = Archäologische oder Industrie-Denkmäler; 8 = Bemerkenswerte Gebäude, historische Siedlung, Alm oder sehenswertes Dorf.

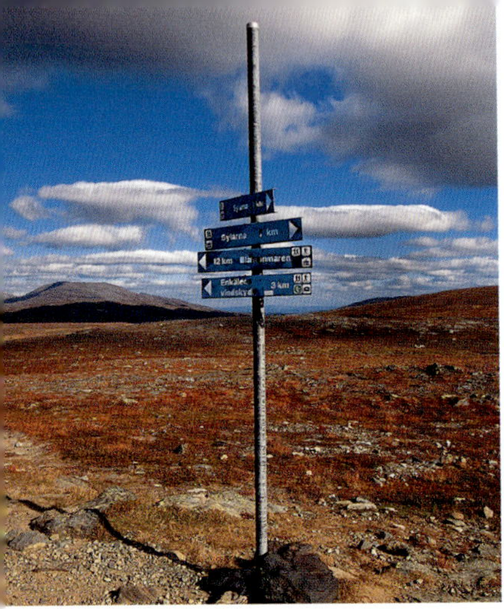

Wege im Fjäll sind meist gut beschildert.

Ortsnamen

Ortsbezeichnungen richten sich – um Missverständnisse auszuschließen – nach der Schreibweise der »Fjällkartan« bzw. »Terrängkartan«.

Markierung, Wegweiser, Hinweisschilder

Zu unterscheiden sind im Fjäll Wegweiser für Sommer- und Winterwanderwege, die durch unterschiedliche Piktogramme auf den Schildern kenntlich gemacht werden. Die Wegmarkierung besteht meist aus einem roten Punkt, der in unterschiedlichen Abständen – manchmal unregelmäßig – zu finden ist. Folgen Sie – außer bei ausdrücklichem Hinweis – nicht der Wintermarkierung (rotes Andreaskreuz); sie führt häufig durch sumpfiges und unzugängliches Terrain, das zwar im Winter mit Skiern, nicht aber im Sommer zu Fuß durchquert werden kann. Außerhalb des Fjälls variieren Art und Intensität der Beschilderung und Markierung.

Im Gegensatz zur Handhabung in Mitteleuropa und den Alpen sind auf Schildern nicht die Gehzeiten, sondern die Kilometer angegeben. Um trotzdem Wegzeiten kalkulieren zu können, behilft man sich damit, einen Stundenschnitt von 3 bis 3,5 km/h zugrunde zu legen. Nur in einfachem Gelände und ohne Gepäck erreicht man eine höhere Stundenleistung von bis zu 4,0 km/h.

Brücken, Watstellen, Planken

Die meisten Gebirgsflüsse, an die man auf markierten Hauptwegen gelangt, werden mit Brücken überwunden; an einigen Stellen trifft man jedoch auf Watstellen (diese sind in den Kärtchen mit einem liegenden Andreaskreuz gekennzeichnet). Bei Niedrig- und Mittelwasser sind die bei den vorgeschlagenen Touren vorhandenen Watstellen mit Schuhen zum Waten und Wanderstock i.d.R. mit geringem Risiko zu bewältigen; bei Niedrigwasser ist es meist möglich, den Fluss von Stein zu Stein balancierend zu überqueren. Viele Feuchtstellen und Moore können auf Planken trockenen Fußes überquert werden. Abweichende Verhältnisse werden in den Tourbeschreibungen erwähnt.

Windschutzhütten

Auf langen oder dem Wetter ausgesetzten Wegabschnitten des Kalfjälls finden sich kleine (Wind-)Schutzhütten (Vindskydd), die dem Wanderer für Pausen

Tipps für das Waten

- Suchen Sie eine Stelle, an der der Fluss breit und flach ist und langsam fließt; die Tiefe sollte Kniehöhe nicht überschreiten.
- Niemals barfuß waten! Verwenden Sie immer Schuhe (Turnschuhe, Sandalen, Crocs u.ä.).
- Benutzen Sie einen Wanderstab oder Wanderstöcke.
- Lösen Sie den Hüftgurt des Rucksacks und stellen Sie die Tragriemen weiter, damit Sie ihn im Fall eines Sturzes leicht abstreifen können.
- Waten Sie einzeln; versuchen Sie nicht, sich gegenseitig zu stützen.
- Schauen Sie nicht direkt nach unten (Schwindelgefahr).
- Brechen Sie eine Durchquerung ab, wenn Ihnen das Risiko unkalkulierbar erscheint.

und natürlich für Notlagen offen stehen. Aus (leider!) gegebenem Anlass die dringende Bitte: Verbrauchen Sie bitte nicht den Holzvorrat. Dieses Holz ist dazu da, Leben zu retten, und dient nicht dazu, die Wanderpause etwas komfortabler zu gestalten.

Ausrüstung

Schuhe: Für die meisten Wanderungen sind knöchelstabilisierende Leichtbergstiefel bzw. Trekkingstiefel geeignet. Eine Goretexmembran ist sinnvoll, da feuchte bis nasse Verhältnisse weit verbreitet sind. Spezielle Wander-Gummistiefel können bei Wanderungen durch Moorlandschaften oder früh im Jahr eine Alternative sein; sie eignen sich i.d.R. jedoch nicht für felsigen und geröllreichen Untergrund und sind daher sowohl für die meisten Mehrtagestouren wie auch für steilere An- und Abstiege eher ungeeignet. Einfache und kürzere Wanderungen oder Spaziergänge können auch in anderen eingelaufenen Schuhen mit profilierter Sohle durchgeführt werden. Zum Waten empfehlen sich Trekking-Sandalen oder Crocs-ähnliches Schuhwerk.

Auf ausgesetzten oder langen Etappen im Kalfjäll finden sich robuste Windschutzhütten.

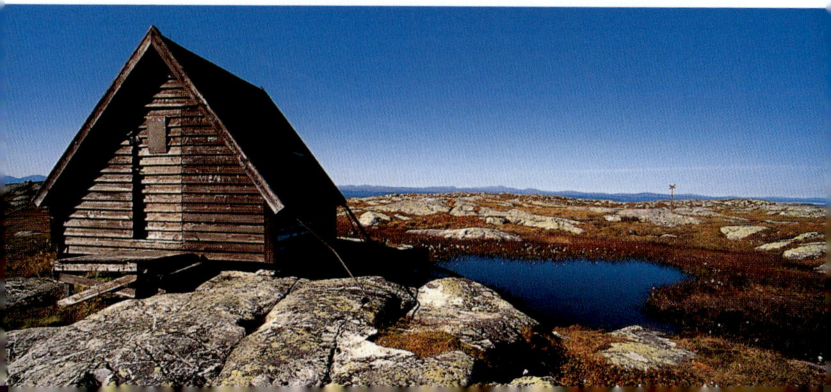

Top-Touren in Schweden – Mitte

Zum See Rogen

Seen und Schotterrücken der Rogen-Moräne – ein spannendes Spektrum von urtümlich-wilder bis zu idyllischer Landschaft (Tour 3; 5.45 Std.).

Stor-Mittåkläppen, Almen und Mittån

Eine der abwechslungsreichsten Tageswanderungen Härjedalens (Tour 7 in Verbindung mit Tour 8 oder Tour 9; 5.30 Std. bis 8.00 Std.).

Auf alten Pilgerwegen zum Helagsmassiv

Zweitägige Wanderung auf schmalen Pfaden in großartiger Kalfjäll-Landschaft (Tour 11; 2 Tage).

Ruändan

Prähistorische Felsmalereien hautnah, schöne Ausblicke und ungewöhnliche Landschaftsformen (Tour 14; 2.00 Std.).

Forsaleden

Wildromantische Flusslandschaft mit Stromschnellen und Wasserfällen in zahlreichen Schattierungen von Blau- und Grüntönen (Tour 16; 4.15 Std.).

Lunndörren

Wanderung in eines der gewaltigsten und beeindruckendsten Trogtäler Jämtlands (Tour 22; 7.15 Std.).

Große Vålådalen-Rundtour

Abwechslungsreiche, sehr lohnende viertägige Tour mit einer Vielzahl unterschiedlicher Gebirgslandschaften (Tour 24; 4 Tage).

Bjurälven

Kleiner Karst ganz groß. Schlucklöcher, Erdfälle und ein unterirdischer Fluss formen eine überaus spannende Landschaft (Tour 33; 3.45 Std.).

Skuleskogen Süd

Eine dramatische Kluft, tolle Ausblicke auf eine wilde Küstenlandschaft mit zahlreichen Attraktionen am Wegesrand (Tour 39; 5.15 Std.).

Hölick

Mannigfaltige Küstenlandschaft mit allem was (in Schweden) so dazugehört: Fischerdorf, Sandstrand und ausgeprägte Strandwälle (Tour 48; 2.30 Std.).

Kleidung: Im Fjäll muss man auf rasch wechselndes Wetter und auf alle möglichen Wetterkapriolen gefasst sein. Schnee im August kann ebenso vorkommen wie starke Hitze, mehrtägige starke Regenfälle sind ebenso möglich wie große Trockenheit. Bereits auf mehrstündigen Tagestouren sollte daher warme und wetterfeste Bekleidung nicht fehlen, ergänzt durch Unterwäsche zum Wechseln sowie Handschuhe, Schal und Mütze. Bei Mehrtagestouren kommt eine zweite Garnitur Kleidung dazu.

Sonstiges: Folgende Ergänzung der Ausrüstung erscheint sinnvoll:

- Regenhülle für den Rucksack
- Wanderstöcke (sie sind auch beim Waten hilfreich)
- wirksames Mückenschutzmittel (v. a. von Mitte Juni bis Ende August)
- Erste-Hilfe-Set (u. a. mit Blasenpflaster und Rettungsdecke)
- kleiner Vorrat an »nicht-schmelzenden« Kalorien (Müsliriegel, Studentenfutter oder Trockenobst)
- Bei Hütten-Touren: (Jugendherbergs-)Schlafsack

Wandersaison

Die beste Wanderzeit ist abhängig von persönlichen Vorlieben und Interessen. Die nachfolgenden Ausführungen bieten dafür eine Entscheidungshilfe.

- In den niedrigen Lagen und an der Küste beginnt die Wandersaison Anfang Juni und geht bis Anfang Oktober. Im Fjäll ist die Saison kürzer, da bis in den Juni (in schneereichen Jahren bis in den Juli) hinein mit Schneefeldern und hohen Wasserständen infolge der Schneeschmelze und bereits gegen Ende September wieder mit einer bleibenden Schneedecke zu rechnen ist.
- Im Fjäll öffnen die Berghütten und Gebirgsstationen meist Mittsommer und sind bis in die vorletzte Septemberwoche geöffnet. Auskunft über die genauen Daten erhält man bei den örtlichen Informationsstellen oder auf der Homepage des Svenska Turistforeningen (STF).
- Für Liebhaber der Pflanzenwelt ist von der Blütezeit her der Juni (im Gebirge Juli) am besten geeignet, Sammler und Selbstversorger (Blaubeeren, Moltebeeren, Pilze) kommen v. a. im August und September auf ihre Kosten.
- Wer an Kultur interessiert ist, reist zwischen Mittsommer und dritter Augustwoche, da viele kulturelle Angebote nur in diesem Zeitraum geöffnet sind.
- Mücken und anderes Stechgetier können von Ende Juni bis in die letzte Augustwoche hochgradig lästig werden.
- In den Sommerferien zieht es die Schweden hinaus in ihre Natur. Selbst, wenn auch dann die meisten Wege nicht als überlaufen gelten können (jedenfalls im Vergleich zu mitteleuropäischen Verhältnissen), können Touristenattraktionen und Fjällhütten doch recht voll sein.
- Die Herbstfärbung setzt meist in der ersten Septemberwoche ein und erreicht ihren Höhepunkt in der zweiten oder dritten Septemberwoche. Es kühlt deutlich ab (Nachtfröste). Die Tage werden schnell kürzer.

Für die meisten Schweden gilt: keine Wanderung ohne Picknick! Wenn die Sonne scheint, umso besser.

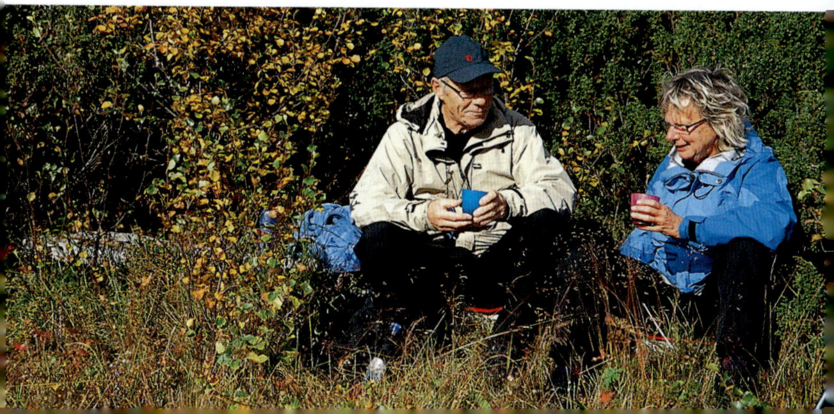

Jedermannsrecht / Allemansrätt

Das Jedermannsrecht (schw. Allemansrätt) gilt den Schweden als hochrangiges Kulturgut. Es regelt die Rechte, aber auch die Pflichten in freier Natur bzw. unkultiviertem Gelände (schw. utmark). Es umfasst folgende Kernpunkte:

- Man darf sich über fremden Grund und Boden bewegen, wenn dadurch kein Schaden entsteht.
- Man darf ein einzelnes Zelt im Außenbereich für eine Nacht aufstellen, wenn dadurch kein Schaden entsteht und wenn es hinreichend diskret, also außerhalb der Sichtbereiche von Wohnhäusern und Straßen geschieht (wichtig: Dies gilt nur für Zelte, nicht für Wohnmobile o. ä.).
- Natur und Landschaft sind so zu hinterlassen, wie man sie vorgefunden hat. Es darf kein Müll hinterlassen und auch nicht vergraben werden, Gewässer dürfen nicht verschmutzt werden.
- Bäume dürfen nicht gefällt oder beschädigt werden, indem z. B. Äste, Zweige oder Rinde abgesägt oder abgerissen werden.
- Pilze und Früchte dürfen gesammelt werden; das Ausgraben von Pflanzen hingegen ist grundsätzlich unzulässig.
- Es ist nicht erlaubt, Wildtiere zu beunruhigen, zu stören oder zu vertreiben (z. B. durch Lärm) sowie Tierbauten, Gelege oder Nester zu zerstören.
- Das Allemansrätt gilt auch für Radfahrer; sie sind gleichberechtige Nutzer.

Kultiviertes Land (schw. inägomark) – dazu gehören neben Äckern z. B. auch Mähwiesen, Aufforstungsflächen sowie Hof- und Gartenflächen – ist nicht Gegenstand des Jedermannsrechts und darf nicht betreten werden. Das liest sich überschaubar, ist im Detail aber wesentlich kniffliger, v. a. wenn man die Art der Flächennutzung nicht sicher beurteilen kann. Außerdem kann das Jedermannsrecht eingeschränkt sein, z. B. in Naturschutzgebieten (s. u. »Betretungsverbote«). Daher gilt: Falls man sich nicht sicher ist, ob das Allemansrätt anwendbar ist oder nicht, sollte man sich vor Ort nach dem Gebietsstatus sowie den aktuell gültigen Beschränkungen erkundigen und sich im Zweifel für die sichere Seite entscheiden, um Konfliktsituationen oder Fettnäpfchen zu vermeiden. Gerade als Tourist sollte man eher weniger als mehr Rechte in Anspruch nehmen, da ein unsensibles Verhalten die (durchaus vorhandenen) Bestrebungen weiter befeuern könnte, es für ausländische Besucher zu beschneiden. Beachten Sie außerdem, dass das Fjäll der Arbeitsplatz der Samen ist: Halten Sie Abstand zu Rentierherden und zerstreuen Sie sie nicht.

Betretungsverbote / Einschränkungen in Naturschutzgebieten

In vielen Natur- und Vogelschutzgebieten herrschen Betretungsverbote während der Brutzeit; meistens handelt es sich dabei um den Zeitraum zwischen 15.03. und 15.07. In Naturschutzgebieten ist darüber hinaus das Zelten und das Pflücken und Ausgraben von Pflanzen generell verboten. Über weitere Einschränkungen informieren Informationstafeln – meist auch auf Englisch oder Deutsch – an den wichtigsten Zugangspunkten.

Angeln

Angeln in Binnenseen und Flüssen ist nicht Bestandteil des allgemeinen Nutzungsrechts, sondern nur mit Angelkarte zulässig, die meist vor Ort erworben werden kann. Das Angeln im Meer ist zwar erlaubt, unterliegt aber verschiedenen Einschränkungen sowohl hinsichtlich der Fischart als auch der Mindestfanggrößen und kann in manchen Küstenschutzgebieten völlig untersagt sein.

Brandgefahr und Feuerverbote

In trockenen Sommern kann die Brandgefahr erhöht sein. Das Entzünden offener Feuer wird unter diesen Umständen von behördlicher Seite per Verordnung verboten (schw. eldningsförbud). Dies bezieht sich i. d. R. nicht auf angelegte Grillplätze und Campingkocher, sofern sie verantwortlich verwendet werden. Sie dürfen nur auf einem nicht-brennbaren Untergrund betrieben werden und es müssen Löschutensilien in Reichweite sein. Bei einem verschärften Verbot (schw. skärpt eldningsförbud) ist auch die Nutzung von angelegten Grillplätzen und Campingkochern untersagt. Als weitere Vorsichtsmaßnahme sollte man darauf achten, keine Glasflaschen oder Glasscherben im Gelände zu hinterlassen (Brennglaseffekt) und nicht auf hochwüchsigem, trockenem Gras zu parken (es könnte am erhitzten Katalysator Feuer fangen).

Gefahren

Im Fjäll und/oder bei einigen der exponierteren Wanderungen an der Küste können eine Reihe von Gefahrensituationen eintreten.

- **Absturz und Abrutschen:** Steile Grashänge, flechtenbewachsene Felsen, Block- und Altschneefelder bergen die Gefahr abzustürzen oder abzurutschen. Wählen Sie daher ihre Schritte überlegt. Vermeiden Sie Risiken.
- **Schlechtes Wetter und Temperaturstürze:** Im Fjäll kann es zu jeder Jahreszeit – auch im Hochsommer – zu Kälteeinbrüchen mit Schneefall kommen. Starke Regenfälle können dazu führen, dass Watstellen nicht mehr passierbar sind. Unterbrechen Sie die Tour und suchen Sie Schutz, wenn Sie von schlechtem Wetter oder einem Temperatursturz überrascht werden.
- **Nebel und schlechte Sicht:** Durch Nebel und niedrige Wolken können sich die Sichtverhältnisse so verschlechtern, dass die Orientierung erschwert sein kann. Dies kann besonders dort problematisch sein, wo Wege nicht klar definiert sind, z. B. auf steinigem oder felsigem Untergrund, oberhalb der Baumgrenze (Kalfjäll) oder in feuchtem Terrain.
- **Waten:** Risikoreiches Waten ist eine der Hauptursachen für Unfälle im Fjäll. Die richtige Einschätzung einer Watsituation ist daher essenziell. Eine Wattiefe von mehr als 50 cm (knietief) kann in schnell fließendem Wasser bereits problematisch sein. Sollten Sie – bei kleineren Bächen, bei Niedrigwasser oder an seichten Watstellen – die Möglichkeit haben, von Stein zu Stein zu balancieren, bedenken Sie außerdem: lieber ein nasser Fuß als ein umgeknickter Knöchel.

- **Tiere:** In einigen Teilen Jämtlands und Härjedalens finden sich Populationen von Bär, Vielfraß, Wolf und Luchs. Alle Arten sind sehr selten und überaus scheu und weichen dem Menschen aus; eine Begegnung ist daher äußerst unwahrscheinlich. Halten Sie in Ihrem eigenen Interesse große Distanz, wenn Sie Elche – insbesondere Kälber führende Elchkühe – sehen.
  Die Tiere, auf die man zum allgemeinen Leidwesen am häufigsten stoßen wird, sind Stechmücken (schw. Mygg) und Kriebelmücken (schw. Knott). Zwar handelt es sich dabei nicht um eine Gefahren- oder Notsituation im engeren Sinn, aber der Grad der Belästigung kann zwischen Mitte Juni und Mitte August erheblich sein. Ein Vorrat wirksamer (!) Mückenschutzmittel gehört in dieser Zeit daher unbedingt zur Ausrüstung.
- **Erschöpfung:** Viele Unfälle und Verletzungen haben ihre Ursache in Erschöpfung. Beugen Sie deshalb vor: Schätzen Sie Ihre Kondition realistisch ein und überfordern Sie sich nicht. Planen Sie bei allen Touren immer Reservezeiten, bei Mehrtagestouren zusätzlich Rast- und Reservetage ein. Unterwegs gilt: trinken, bevor man durstig ist; essen, bevor man hungrig ist; rasten, bevor man müde ist!

Notfall/Bergrettung

Die in ganz Schweden gültige Nummer für Notfälle jeder Art lautet 112.
In Schweden ist die Netzabdeckung für den Handyempfang deutlich geringer als in Mitteleuropa. Dies gilt insbesondere für das Fjäll. Tritt eine Notsituation ein, kann dort über Nottelefone (»Hjälptelefon«), die sich in jeder Hütte und in einem Großteil der Windschutzhütten finden, Hilfe angefordert werden. Die Bedienungsanleitung dieser Nottelefone ist mehrsprachig.

Karte, Kompass, GPS

Als Straßenkarten eignen sich die Übersichtskarten von Freytag & Berndt »Schweden Nord – Schwedisch Lappland, Umeå, Östersund« (1:400.000) und »Schweden Mitte – Sundsvall, Falun, Gävle« (1:250.000) sowie von Kümmerly & Frey »Nord-Schweden (Süd)« (1:400.000) und »Mittel-Schweden« (1:250.000).
Für die Wanderungen stehen verschiedene Kartenreihen zur Verfügung:

- **Im Gebirge:** Für das Gebirge stehen unterschiedliche Kartenreihen zur Verfügung. Der Klassiker ist die »Fjällkartan« des staatlichen Vermessungsamtes, Lantmäteriet, entweder im Maßstab 1:100.000, oder 1:50.000; letztere liegen allerdings nicht flächendeckend, sondern nur für einige bekannte Wanderregionen vor. Bei Wanderungen im Gebirge wird im Toursteckbrief auf diese Kartenreihe Bezug genommen. Vom Calazo-Verlag existiert eine Kartenreihe im Maßstab 1:100.000 mit zweiseitig bedruckten Blättern, vom Verlag Norstedts eine ebenfalls zweiseitig bedruckte Kartenreihe im Maßstab 1:75.000. Karten im Maßstab 1:100.000 und 1:75.000 eignen sich für Wanderungen auf den Hauptwegen bzw. von Hütte zu Hütte, Karten im Maßstab 1:50.000 auch für Touren durch wegloses Terrain. In allen Kartenreihen sind markierte Sommer- und Winterwanderwege, Berghütten und Windschutzhütten, Brücken und Watstellen hervorgehoben dargestellt.

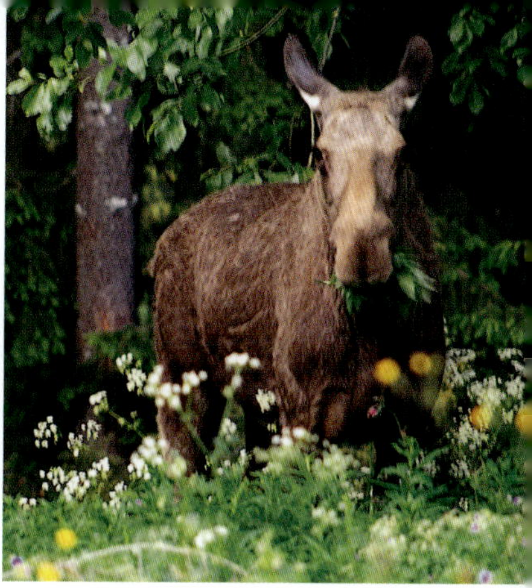

Elche laufen dem Wanderer nicht jeden Tag über den Weg.

- **Außerhalb der Gebirge** übernimmt seit 2019 die analoge Kartenreihe »Sverigeserien Topo 50« vom Verlag Norstedts im Maßstab 1:50.000 Zug um Zug die Funktion der bisher vom schwedischen Vermessungsamt, Lantmäteriet, herausgegebenen »Terrängkartan«. Letztere wird zwar nicht mehr nachgedruckt, dürfte jedoch zumindest für eine gewisse Zeit in dezentralen Verkaufsstellen noch erhältlich sein. Aus diesem Grund wird in den Toursteckbriefen sowohl auf die alte als auch auf die neue Kartenserie verwiesen.

Das staatliche Vermessungsamt, Lantmäteriet, bietet sämtliche Karten landesweit flächendeckend in digitaler Form an (siehe unter »Nützliche Links« auf Seite 35).

Wer Wanderungen abseits der Wege plant, braucht Kompass oder GPS und sollte mit ihrem Gebrauch vertraut sein. Über die aktuelle Missweisung geben topographische Karten Auskunft.

GPS-Tracks und Koordinaten der Ausgangspunkte

Auf **gps.rother.de** stehen zu diesem Wanderführer GPS-Tracks und die Koordinaten der Ausgangspunkte zum kostenlosen Download bereit. Dieser QR-Code führt direkt zum Download.

4. Auflage, Passwort: **440604mch**

Die GPS-Tracks können in die **Rother App** importiert werden. In der App kann man unterwegs stets sehen, wo man gerade ist und wo es langgeht. **Anleitungen dazu: rother.de/gps**

Trotz sorgfältiger Prüfung können wir Fehler und zwischenzeitliche Veränderungen nicht ausschließen. Verlassen Sie sich für die Orientierung niemals einzig und allein auf die GPS-Daten, sondern beurteilen Sie die Verhältnisse vor Ort.

Natur und Landschaft

Geologie und Entstehung

Vor etwa 400 Mio. Jahren kollidierten infolge der Plattentektonik der skandinavische Schild und die amerikanische Kontinentalplatte miteinander. Die westlichen Bereiche des Skandinavischen Schildes, die bis dahin ein Flachmeer gebildet hatten, in dem sich im Lauf von Jahrmillionen unterschiedliche Sedimente abgelagert hatten, wurden entlang der Kollisionslinie emporgepresst und durch Druck und Hitze verändert und aufgefaltet (sog. Kaledonische Gebirgsbildung). Entlang dieser tektonischen Schwächelinie kam es – so wie es heute bei den amerikanischen Kordilleren zu beobachten ist – zu vulkanischer Tätigkeit. Diese Entwicklungen griffen nicht auf das Grundgebirge (vorwiegend Gneise, Granite, Amphibolite, stellenweise Diabase) im Osten über, wo die ältesten Gesteine anzutreffen sind. Die Grenze zwischen diesen geologisch völlig unterschiedlichen Bereichen verläuft etwa entlang einer Linie von Strömsund über Brunflo bis Linsell.

So mächtig die im Westen aufgefalteten Gebirge bei ihrer Entstehung auch waren: Millionen von Jahren nagten an ihnen und ließen nur Gebirgsrümpfe zurück, die aus unterschiedlichen Gesteinsarten bestehen (u.a. Schiefer, Kalk, Amphibolit, Sandstein, Diabas, Serpentinit). Die abgetragenen Gesteinsmassen lagerten sich westlich der Gebirge als Kontinentalsockel in der Nordsee, östlich der Gebirge in den Tälern ab, füllten sie auf und schufen somit breite Talräume. Vor ca. 60 Mio. Jahren führte eine gegenläufige tektonische Bewegung der Kontinentalplatten zu einer Kippung der Landmasse von West nach Ost, was zu einem steileren Abfall im Westen und zu einer sanften Neigung in Richtung Osten führte. Damit war bereits die Grundlage für die heutige Landform gelegt.

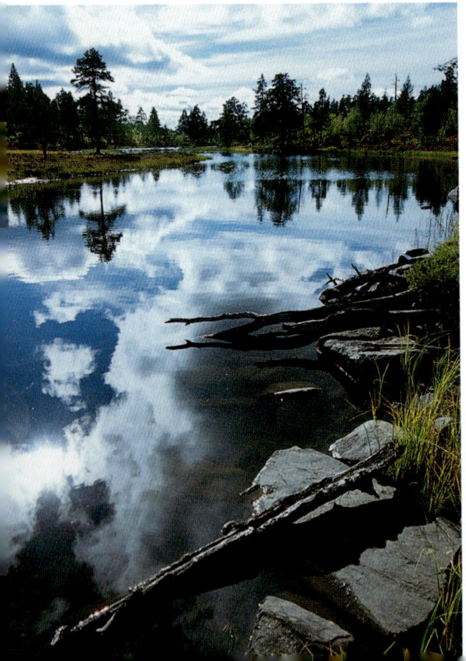

Schwedischer Dreiklang: Wasser, Steine, Bäume im Naturreservat Rogen.

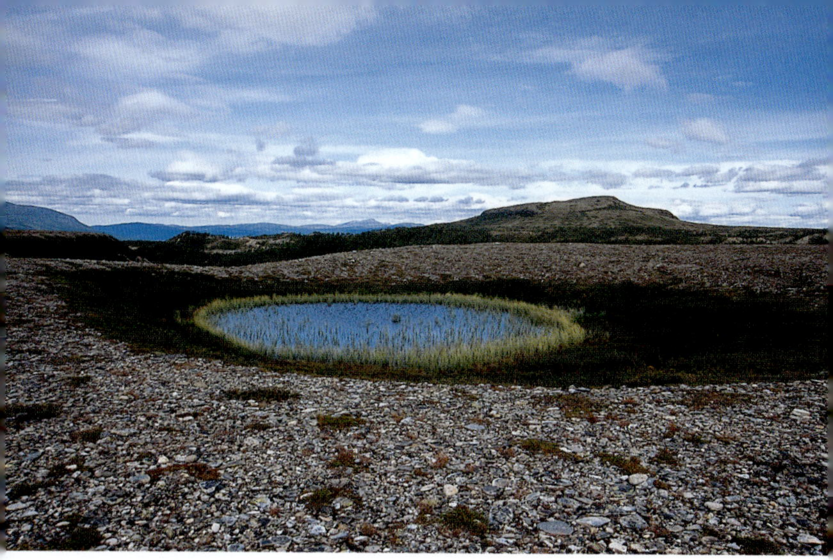

Wassergefülltes Toteisloch, eine der vielen Hinterlassenschaften der letzten Eiszeit, südöstlich des Issjödalen.

Im Laufe mehrerer Eiszeiten (Beginn vor ca. 10 Mio. Jahren), deren Gletscher die gesamte Landmasse Skandinaviens und den Bottnischen Meerbusen bis zu 3000 m hoch bedeckten, kam es zu einer weiteren Überformung der Landschaft. Durch die Gletscher entstanden gewaltige Trogtäler, und es wurden Senken – überwiegend von NW nach SO – ausgeschürft, die die Voraussetzung für ein Gewässersystem mit lang gestreckten Seen und mächtigen Flüssen schufen. Sie hinterließen Seenplatten, Sanderflächen, Moränen und Toteislöcher. Während des Rückzugs des Eises zum Ende der letzten Eiszeit (Weichsel-Eiszeit) entstanden große Süßwasserseen, deren größter sich von den Ausläufern der Skanden bis zu einer Eisbarriere im heutigen Finnland erstreckte. Hinterlassenschaften dieser Seen, z. B. Strandlinien, Deltas der in sie mündenden Flüsse sowie ihre Sedimente sind an vielen Stellen anzutreffen. Nach dem Zusammenbruch der Eisbarriere (7000–8000 v.Chr.) entleerten sich die Seen bis auf einen kleinen Rest, der auch heute noch vorhanden ist: der Storsjön bei Östersund.
Mit dem Rückgang des Eises und der damit verbundenen Gewichtsentlastung setzte eine Landhebung ein (isostatische Hebung), die im Zentrum der Hebung (Höga Kusten) bis in die Gegenwart bis zu 300 m beträgt. Sie ist nicht abgeschlossen, sondern setzt sich auch heute noch mit bis zu 0,8 cm (!) pro Jahr fort.

Landschaft

Im Westen des südlichen Norrlands befinden sich Gebirgslandschaften (Fjäll), im Osten die Küste des Bottnischen Meers. Dazwischen erstreckt sich eine dicht bewaldete Hügellandschaft.

Der Gebirgszug der Skanden besteht nicht – wie die Alpen – aus hintereinandergestaffelten, parallelen Ketten, sondern aus einzelnen Gebirgsmassiven, die durch Täler und breite Senken getrennt sind. Die Gebirgslandschaft wird von abgerundeten Kuppen, breiten Rücken und ausgedehnten Hochebenen dominiert. Nur vereinzelt finden sich schroffe Gipfel und Grate, z. B. in den südlichsten Hochgebirgen Schwedens, Helags, 1796 m, und Storsylen, 1761 m, die aus harten Amphiboliten bestehen; dies entspricht einer Höhe von 3000–3200 m in den Alpen).

Die vier großen Ströme Ångermanälv, Indalsälv, Ljungan und Ljusnan streben – ebenso wie zahlreiche kleinere Flüsse – der Schürfrichtung des Eises folgend, von NW nach SO dem Bottnischen Meerbusen zu und durchqueren dabei das Hügelland, das durch runde und wellige Landschaftsformen gekennzeichnet ist und mit Ausnahme von Mooren, Seen und Rodungsinseln durchgängig mit Nadelwald der borealen Zone bedeckt ist.

Die Küste wird, abgesehen von den Mündungsbereichen der Flüsse, überwiegend von Felsformationen bestimmt. Eine Besonderheit stellen die ausgeprägten Strandwälle (schw. »Klappersten«) der ehemaligen Brandungszone dar. An einigen Abschnitten findet sich eine Schärenküste.

Klima

Die Gebirgsregion im Westen und die Küste im Osten unterscheiden sich sowohl hinsichtlich der Temperaturen als auch der Niederschläge. Im Westen herrschen ozeanisch geprägte Klimaverhältnisse mit kühlen Sommern und hohen Niederschlägen, die ihr Maximum zwischen Juni und September erreichen. Die Bottenküste weist hingegen kontinentaler geprägtes Klima mit höheren Sommertemperaturen und geringeren durchschnittlichen Niederschlägen (500–600 mm) auf, die ihr Maximum recht gleichmäßig auf den Zeitraum zwischen Juli und Dezember verteilen.

Durchschnittliche Tage (T) mit Niederschlägen (Quelle: SMHI)

	Monat	1	2	3	4	5	6	7	8	9	10	11	12
Storlien	**T**	12	11	13	11	12	13	14	13	12	12	10	12
Östersund	**T**	9	7	7	7	9	9	10	10	9	8	9	8
Funäsdalen	**T**	11	9	10	9	11	12	13	12	10	10	10	9
Söderhamn	**T**	7	7	6	6	7	8	9	9	8	8	9	8
Härnösand	**T**	9	7	6	6	7	7	8	9	7	8	9	9

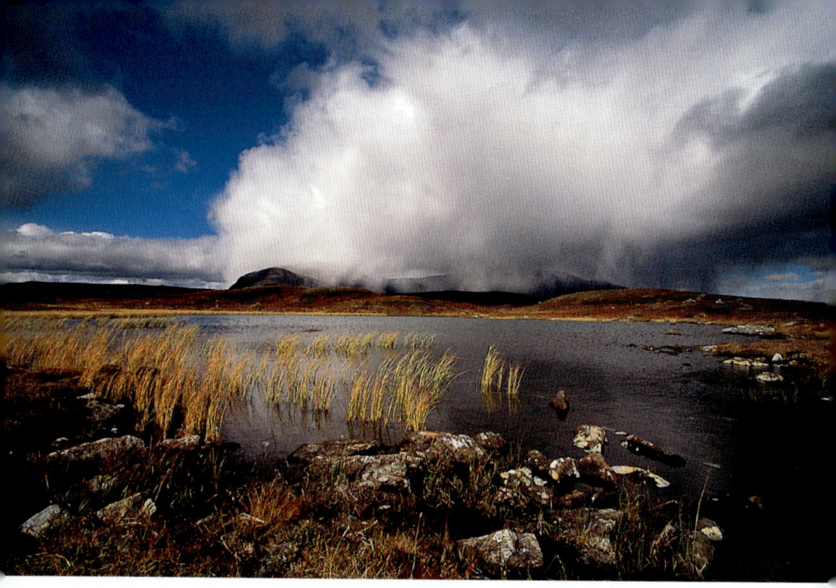

Im Gebirge können die Wetterverhältnisse rasch und kleinräumig wechseln.

Vegetation

Die wesentlichen Vegetationstypen, die die klimatischen Bedingungen entlang eines Klimagradienten widerspiegeln, sind nördliche Nadelwälder, der Birkenwald der Waldgrenze und die Fjälltundra oberhalb der Baumgrenze. Zu diesen gesellen sich Moore unterschiedlicher Ausprägung.
Vom Hügelland bis in die montane Stufe, bis etwa 800–850 m üNN, sind boreale Fichtenwälder (»westliche Taiga«) der dominierende Waldtyp. Er wird sowohl auf trockeneren als auch auf feuchten Standorten von der Kiefer begleitet bzw. abgelöst. Auf eher trockenen Standorten finden sich flechtenreiche

Mittlere Monatstemperaturen (Quelle: SMHI)

	Monat	1	2	3	4	5	6	7	8	9	10	11	12
Storlien	°C	-7,2	-6,8	-4,6	-0,5	3,6	8,5	12,0	10,9	7,1	1,4	-3,3	-6,4
Östersund	°C	-6,6	-6,2	-3,4	1,3	7,2	11,5	14,5	13,2	9,0	3,1	-1,4	-4,9
Funäsdalen	°C	-8,7	-7,9	-5,3	-0,4	4.5	9,2	12,3	10,8	6,7	1,0	-3,7	-7,7
Söderhamn	°C	-3,2	-2,9	-0,3	4,5	9,5	14,0	17,3	16,3	12,3	6,3	2,2	-1,2
Härnösand	°C	-3,9	-4,0	-1,6	3,0	8,1	12,8	16,4	15,4	11,4	5,5	1,3	-1,9

Ausprägungen, auf mittleren Standorten geben Zwergsträucher und niedrige krautige Pflanzen den Ton an. Feuchte Standorte weisen eine üppige und hochwüchsige Vegetation mit Hochstauden und Farnen auf.
Der Birkenwaldgürtel schließt sich oberhalb an die Nadelwaldzone an und bildet die Waldgrenze. Dieser Birkenwaldgürtel ist schmal und erstreckt sich in Höhen bis ca. 850–900 m üNN. Die Waldgrenze ist meist nicht scharf definiert, sondern infolge der Beweidung durch Rentiere aufgelichtet. Ebenso wie bei den Fichtenwäldern existieren, je nach Feuchte des Standorts, unterschiedliche Ausprägungen der Krautschicht (s.o.).
Oberhalb der Baumgrenze beginnt die alpine Tundra. In der unteren alpinen Stufe bedeutet dies einen zuweilen recht üppigen Bewuchs mit Zwergsträuchern sowie, in feuchterem Gelände, Buschweiden. Auch Grasheiden können auftreten. Je höher man gelangt, umso niedriger wird der Bewuchs und umso lückiger wird die Vegetation der Gefäßpflanzen, bis schließlich in der oberen alpinen Stufe nur noch Flechten existieren können.
Von den niedrigen bis in die alpinen Lagen unterbrechen Moore unterschiedlicher Ausprägung die o.g. zonalen Vegetationstypen. Voraussetzungen für die Moorbildung ist entweder die Wasserzufuhr durch Grundwasser (Niedermoore) oder Niederschläge (Hochmoore). Moore verfügen über einen enormen Formenreichtum, der von Kesselmooren und Überflutungsmooren in Flusstälern bis hin zu großflächigen Versumpfungsmooren reicht. Dem entsprechend vielfältig ist die Vegetation. Sie reicht von sauergrasdominierten Beständen und zwergstrauchreichen Ausprägungen bis zu den Torfmoosgemeinschaften der Hochmoore.

Tierwelt

Die »großen Vier«: Bei den »großen Vier« handelt es sich um Bär, Vielfraß, Luchs und Wolf. Alle genannten Arten sind so selten, dass ein Sichtkontakt als

Rentiere werden extensiv gehalten und sind an vielen Stellen im Fjäll anzutreffen.

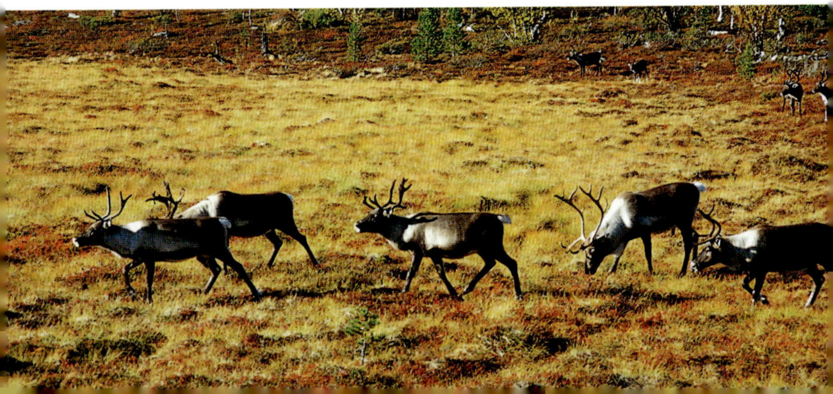

außerordentlicher Glücksfall einzustufen ist. Während sich die Bestände des Bären in den letzten Jahrzehnten wieder erholt haben (so dass er inzwischen sogar wieder gejagt werden kann), verharrt der Bestand des Vielfraßes auf niedrigem Niveau.

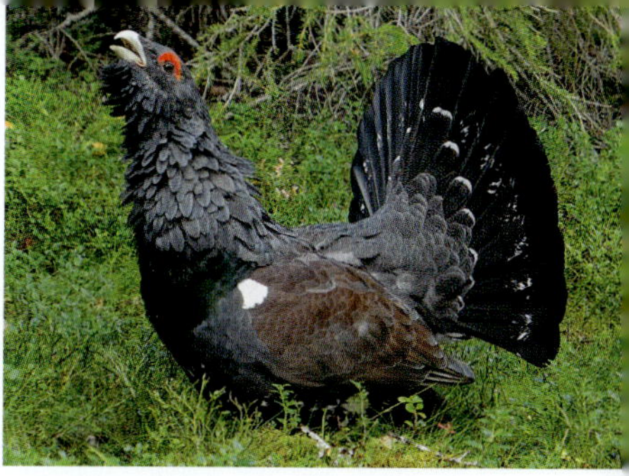

Balzender Auerhahn mit aufgefächerten Schwanzfedern.

Sonstige Säugetiere: Im Fjäll wird man häufig auf Rentiere treffen, die halb domestiziert und Grundlage der von Samen betriebenen Weidewirtschaft sind (der Bestand in Jämtland liegt bei ca. 45.000). Ebenfalls im Fjäll ist ein Tier zu Hause, das in manchen Jahren auffällig häufig zu beobachten ist: der Berglemming. Da von der Populationsdichte des Lemmings auch der Reproduktionserfolg zahlreicher Prädatoren abhängt, spielt er bei der Räuber-Beute-Regulation eine wichtige Rolle. Einer dieser Räuber ist der Polarfuchs, dessen Bestand in den letzten Jahren rückgängig ist. Elche sind v.a. in den Waldgebieten beheimatet; sie sind – trotz ihrer Größe – sehr heimliche Tiere, von denen man meist nur die »Hinterlassenschaften« (Fährten, Köttel) zu sehen bekommt. In den Flüssen sind Biber und Otter zu Hause. Insbesondere der Otter ist eher selten zu beobachten, die Dämme und Burgen des Bibers kann man jedoch problemlos identifizieren. Die Küste ist Lebensraum von Kegel- und Ringelrobbe.

Vögel: Auf der Fjälltundra stößt man mitunter auf das Alpenschneehuhn und den Steinschmätzer; auch Sporn- und Schneeammer haben dort ihren Sommerlebensraum. Mit Glück kann man sowohl den größten (Gerfalke) wie auch den kleinsten Falken (Merlin) beobachten. Am Himmel sind zudem mitunter Steinadler, Kolkrabe und Rauhfußbussard sowie die elegante Falkenraubmöwe zu sehen. In den Birkenwäldern entdeckt man Birken- und Lapplandmeise. In den Nadelwäldern tummeln sich neben zahlreichen auch in Mitteleuropa beheimateten Arten (z. B. Fitis, Weidenmeise, Wintergoldhähnchen, Schwarzspecht) auch Arten mit nördlicher Verbreitung, z. B. Unglückshäher, der häufig in kleinen Schwärmen auftritt, sowie Dreizehenspecht. In lichten, kiefernreichen Wäldern oder in Kiefernwald-Moorkomplexen trifft man auf das Auerhuhn. Regenbrachvogel, Goldregenpfeifer und Grünschenkel sind in Moorgebieten nicht selten. Auf den Seen halten sich neben zahlreichen auch in Mitteleuropa vertretenen Arten die nördlich verbreiteten Arten Samt-, Berg- und Eisente sowie Stern- und Prachttaucher und verschiedene Säger auf. Auch Singschwäne sind regelmäßige Brutvögel. Häufig sieht man den Kranich auf Nahrungssuche auf Feldern und Wiesen. Typische Vögel der Küste sind z. B. Küstenseeschwalbe, Eiderente, Gryllteiste, Trottellumme und Tordalk.

Informationen und Adressen

Verkehr

Öffentlicher Nahverkehr (ÖNV): Die verschiedenen Gegenden verfügen über eine unterschiedlich gute Anbindung mit öffentlichen Verkehrsmitteln.

- Die Gebirgsregion westlich von Östersund (Åre, Vålådalen, Storlien) ist verhältnismäßig gut mit öffentlichen Verkehrsmitteln zu erreichen.
- Auch der Südteil dieses Gebirgskomplexes (Ljungdalen, Ramundberget, Funäsdalen, Hamra) ist mit öffentlichen Verkehrsmitteln erreichbar, häufig gibt es jedoch nur eine Busverbindung am Tag.
- Deutlich ungünstiger stellt sich die Situation im Norden Jämtlands dar, wo fast kein ÖNV vorhanden ist.
- Viele der Ausgangspunkte für Wanderungen im Hügelland und an der Küste sind mit dem ÖNV erreichbar, erfordern aber zeitliche Planung und längere Anmarschwege von der nächstgelegenen Haltestelle.

Zug- und Busverbindungen sind an den Wochenenden meist deutlich (!) schlechter als unter der Woche.
Beachten Sie, dass bei Verbindungen mit Ruftaxis (»anropstyrd trafik«) eine telefonische Vorbestellung erforderlich ist, die mindestens einen Werktag vorab erfolgen muss (die Telefonnummer erfahren Sie auf den Fahrplänen, im Internet oder von der örtlichen Tourist-Information).
Anfahrt mit dem eigenen Auto: Bis auf wenige Ausnahmen (Tour 22 und Tour 40) sind alle Ausgangspunkte mit dem Kraftfahrzeug zu erreichen. Die Straßen sind meist gut ausgebaut; manchmal erfolgt die Anfahrt aber auch auf Schotterwegen. Erfolgt die Anfahrt auf Privatstraßen, wird mitunter eine Mautgebühr erhoben (Hinweis in der Kurzinfo). In den meisten Fällen stehen kostenlose Parkplätze zur Verfügung, in touristisch stark frequentierten Bereichen können jedoch kostenpflichtige Parkplätze vorhanden sein. Sollte die Entfernungsangabe »mil« auftauchen, ist damit die in Skandinavien verbreitete Meile gemeint, nämlich 10 Kilometer.

Wandern im Fjäll – einige Besonderheiten

Mehrere Aspekte unterscheiden Wanderungen im mittleren und nördlichen Schweden – speziell im Fjäll – von Touren in Mitteleuropa:

- Die Mitte und der Norden Schwedens besitzen mit ihren Fjällregionen riesige Areale unberührter Wildnis. Diese bieten die Möglichkeiten für grandiose Naturerlebnisse, erfordern aber selbst unter normalen Umständen eine gewisse Bereitschaft, sich – im Vergleich zu Mitteleuropa – deutlich »ungezähmteren« Verhältnissen auszusetzen, v. a. was Wegbeschaffenheit, Watstellen, Klima oder Markierungsdichte angeht.
- Trotz der in absoluten Zahlen verhältnismäßig niedrigen Höhe sollten Wanderungen im Fjäll nicht unterschätzt werden. Eine Höhe von 1000 möh (me-

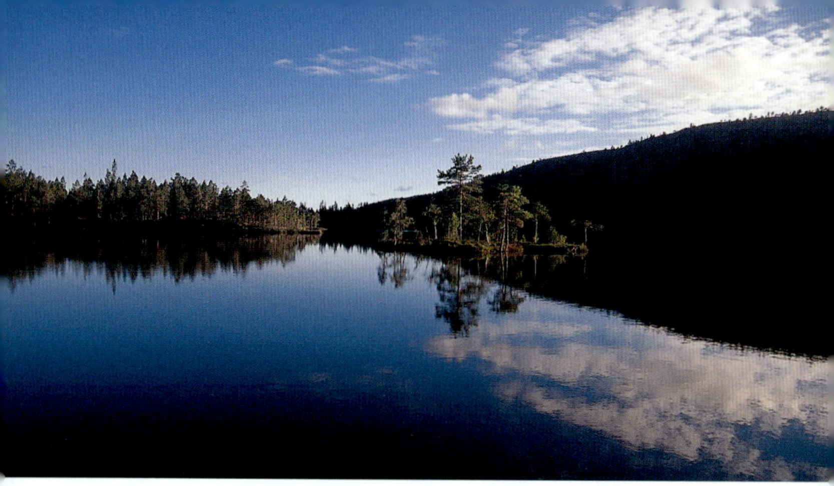

Abendstimmung am Högakusten-Leden.

ter över havet) in den Skanden entspricht etwa einer Höhe von 2200-2500 m ü. NN in den Alpen. Es handelt sich beim Gebirgszug der Skanden folglich nicht um ein Mittel-, sondern um ein Hochgebirge.

- Im Gegensatz zu Mitteleuropa und den Alpen mit ihrem dichten Netz an Wanderwegen ist das Wegenetz in Schweden deutlich weitmaschiger. Es besteht daher häufig keine Möglichkeit einer alternativen Wegewahl oder eines kurzfristigen Tourabbruchs, wenn die durchgeführte Wanderung nicht den Vorstellungen entspricht oder eine Notsituation eintritt.
- Die Schweden sprechen Warnhinweise von sich aus nur sehr zurückhaltend aus, da dies als Einmischung in die Privatangelegenheiten gewertet wird und sie der Meinung sind, dass jeder selbst wissen müsse, was er tut. Wanderer sind daher gut beraten, selbst die Initiative zu ergreifen und Erkundigungen einzuholen, was dann auf freundliches Entgegenkommen treffen wird. Man tut gut daran (evtl. auch vorsichtig formulierte) Ratschläge und Hinweise Ortskundiger unbedingt ernst zu nehmen.

Unterkunft

Hotels, Pensionen, Bed & Breakfast: Hotels und Pensionen finden sich v. a. in den bekannten Wintersportorten Åre, Duved, Storlien, Fundäsdalen und Ramundberget und den größeren Städten z. B. Östersund, Härnösand und Sundsvall sowie vereinzelt auch in anderen Arealen. Ihr Preisniveau liegt deutlich über dem vergleichbarer mitteleuropäischer Beherbergungsbetriebe. Bed & Breakfast-Anbieter (B & B, schw. rum & frukost) sind ebenfalls – wenn auch nicht in hoher Zahl – vorhanden, wobei die Preise stark variieren können.

Jugendherbergen und Wanderheime: Es gibt zahlreiche Jugendherbergen (schw. vandrarhem) des offiziellen schwedischen Wander- und Jugendherbergsverbands (STF – Svenska Turistföreningen). Diese Häuser stehen nicht nur Jugendlichen, sondern auch budgetbewussten Wanderern offen. Standard sind Mehrbettzimmer mit Stockbetten sowie Selbstversorger-Küchen, doch werden meistens auch Doppel- und Familienzimmer angeboten. Neben den Häusern des offiziellen Jugendherbergsverbands gibt es auch mehrere private Wanderheime.

Ferienhäuser und -wohnungen: Das Angebot an Ferienhäusern und -wohnungen in allen Variationen ist außerordentlich umfangreich: von historisch bis modern, von urig bis mondän. Ferienhäuser werden über regional oder international aufgestellte Agenturen oder Portale angeboten (siehe nützliche Links). Die international agierenden Agenturen greifen i. d. R. auf einen annähernd identischen Pool an Objekten zurück, während regionale schwedische Anbieter oder Vermieterportale eine breitere Spanne an Ferienhäusern im Programm haben. Einige schwedische Portale bieten eine englische oder deutsche Kurzfassung der Beschreibung, doch auch aus dem Schwedischen kann man sich viele Inhalte mit geringem Aufwand erschließen. Häufig bieten die schwedischen Portale die Möglichkeit, die Vermieter direkt anzuschreiben, wobei Englisch (fast) immer verstanden wird. Die Preise sind in der Nebensaison erwartungsgemäß sehr viel günstiger als in der Hauptsaison.

Campingplätze: Für Camper / Zelter stehen Campingplätze zur Verfügung, die oft landschaftlich besonders reizvoll liegen. Auch Wohnmobile sind willkommen. Häufig gibt es dort auch einfache Campinghütten zu mieten (nicht verwechseln mit »echten« Ferienhäusern). In der Nebensaison sind i. d. R. keine Vorab-Buchungen erforderlich, in der Hauptsaison hingegen unerlässlich.

Wohnmobilstellplätze: Das Wanderführergebiet eignet sich auch für Wohnmobilreisende: An vielen Stellen ist es zulässig, den Wagen über Nacht zu parken, allerdings ist es nicht erlaubt, abseits von Straßen und Wegen quer durchs Gelände zu fahren. In vielen Fällen sind die Aufstellflächen kostenfrei, in einigen Fällen erheben die Grundbesitzer bzw. die jeweilige Gemeinde ein geringes Entgelt. Es gibt allerdings auch Bereiche, in denen Wohnmobile nicht über Nacht abgestellt werden dürfen: diese Einschränkungen sind unbedingt zu respektieren.

Unterkunft im Fjäll: In den Hauptwandergebieten unterhält der STF (Svenska Turistföreningen, svenskaturistforeningen.se), der größte Schwedische Wanderverband, Hütten und Gebirgsstationen. Meist sind sie von Mittsommer bis in die vorletzte Septemberwoche geöffnet. Die genauen Öffnungszeiten für das jeweilige Jahr erfahren Sie auf der Homepage des STF oder bei örtlichen Informationsstellen. Über die Möglichkeiten der Unterkunft im Fjäll gibt die Tabelle rechts Auskunft.

Mitglieder des Jugendherbergswerks oder der Alpenvereine zahlen bei Übernachtungen dieselben Preise wie STF-Mitglieder, von Nichtmitgliedern wird ein höheres Entgelt erhoben. Neben Bargeld werden auch die verbreitetsten Kreditkarten akzeptiert (nicht Anarisstugan). Die Gebirgsunterkünfte können (bis auf die Vålådalen-Fjällstation, valadalen.se) vorab über die Website des STF reserviert und bezahlt werden, was den Übernachtungsplatz sichert. Doch auch ohne vorherige Buchung wird niemand abgewiesen. Für Leute, für die keine regulären Betten mehr vorhanden sind, werden Matratzen im Gemeinschaftsraum ausgelegt. Einen Preisnachlass gibt es dafür nicht.

- Die **Fjällstationen** sind größere Hüttenanlagen in unmittelbarem Anschluss an ausgedehnte Wandergebiete oder Fernwanderwege. Sie warten mit einer breiten Palette an Infrastruktur- und Serviceeinrichtungen auf. Man findet Informationen und Hilfestellung zu allen gebiets- und gebirgsrelevanten

Hütten

Name	Typ	Gebiet/ Betreiber	Betten	Höhe	Proviant/ Restaurant	Kfz/ÖNV	Tel.
Blåhammarens Fjällstation	Fs2	Sylarna/STF	30	1086 m	+/+*	-	+46 647 722 00
Storulvåns Fjällstation	Fs1	Sylarna/STF	148	725 m	+/+	+	+46 647 722 00
Sylarnas Fjällstation (= Sylstation)	Fs2	Sylarna/STF	75	1035 m	+/+	-	+46 647 722 00
Stensdalsstugorna	H	Vålådalen/STF	32	750 m	+/-	-	--
Vålådalens Fjällstation	Fs1	Vålådalen/privat	205	590 m	+/+	+	+46 647 353 00
Anarisstugan	H	Vålådalen/STF	10	834 m	+/-	-	--
Lunndörrsstugorna	H	Vålådalen/STF	24	802 m	+/-	-	--
Vålåstugorna (= Vålåvalen)	H	Vålådalen/STF	44	880 m	+/-	-	--
Helags Fjällstation	Fs2	Helags/STF	74	1043 m	+/+*	-	+46 687 201 50
Feltjägarstugan	H	Helags/STF	20	1050 m	+/-	-	--

Legende:

H: Selbstversorgerhütte mit Hüttenwart in der Hauptsaison, in der übrigen Zeit Schutzraum geöffnet (unbeheizt).

Fs1: Fjällstation nur in der Saison geöffnet, in der übrigen Zeit ohne Schutzraum.

Fs2: Fjällstation, nur in der Saison geöffnet, in der übrigen Zeit Schutzraum offen (unbeheizt).

Kfz/ÖNV mit dem Kfz und mit dem öffentlichen Nahverkehr erreichbar

\+ vorhanden, zutreffend

\- nicht vorhanden, unzutreffend

* ab 2028 ohne Restaurantbetrieb

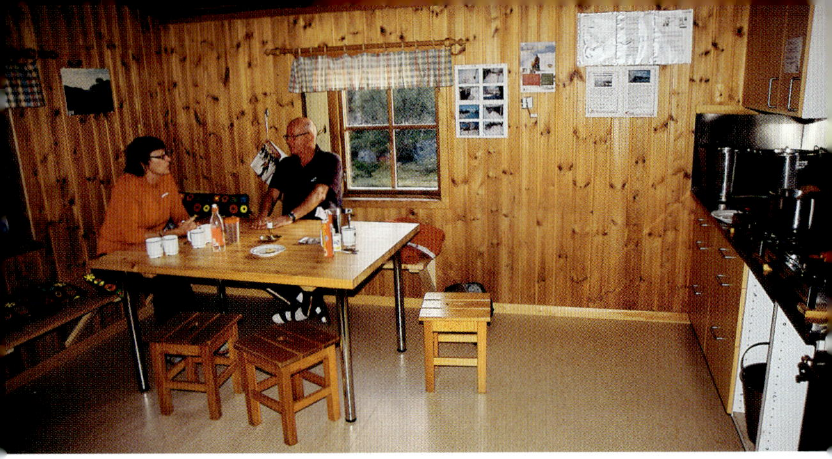

STF-Hütten sind beliebte, gemütliche Anlaufstellen im Fjäll. Hier in der Lunndörrs-Hütte.

Fragestellungen, sei es zu Wegbeschaffenheit, Hüttenöffnungszeiten oder Wettervorhersagen. Meist kann dort auch Ausrüstung ergänzt oder geliehen werden. Die Fjällstationen bieten Übernachtungen von Jugendherbergs- bis einfachem Hotelstandard. Zudem besitzen sie Einrichtungen für Selbstversorger (Küchen mit Koch- und Essgeschirr) und Aufenthaltsräume. In vielen Fjällstationen werden Aktivitäten (z. B. geführte Touren) angeboten. Reservierungen sind möglich und – in der Hochsaison – sinnvoll.

- Die **Gebirgshütten** sind Selbstversorgerhütten (keine Bewirtung!). Sie sind mit Gaskochern und einer Grundausstattung an Koch- und Essgeschirr ausgestattet. Auch Decken und Kissen sind vorhanden, die vom Besucher mit einem Jugendherbergsschlafsack oder Bettzeug zu beziehen sind. Die Größe und Bauart der Hütten variiert. Größere Hütten verfügen über einen großen kombinierten Aufenthalts- und Kochraum sowie mehrere separate Schlafräume mit Stockbetten. Viele der größeren Hütten verfügen außerdem über einen Trockenraum, einige zudem über eine Sauna. Kleinere Hütten haben dagegen kombinierte Schlaf- und Aufenthaltsräume mit einer kleinen Kochnische. Hunde dürfen nicht in die Hüttenräume gebracht werden, es sei denn, es sind spezielle »Hundezimmer« ausgewiesen. In der Saison sieht ein Hüttenwart (»Stugvärd«) nach dem Rechten, kümmert sich um die Gäste, kassiert das Übernachtungsgeld, verkauft Lebensmittel und wartet die technische Ausrüstung. Von den Gästen wird Mithilfe beim Auffüllen der Vorräte (Wasser, Holz), beim Saubermachen und bei der Mülltrennung erwartet. Außerhalb der Saison steht in den schwedischen Hütten immer ein (nicht beheizter) Notraum offen, in dem sich meist auch das Nottelefon befindet.

Kleines Hüttenwörterbuch

Bastu	Sauna	Slask	Schmutzwasser
Butik	Miniladen	Sopor	Müll
Disk	Abwasch	Spis	Herd
Diskbalja	(Spül-)Wanne	Städ	Putzutensilien
Fjällstation	Gebirgsstation	Stuga, -stugan	Hütte (Einz.)
Hej!	Hallo!	Stugor, -stugorna	Hütten (Mz.)
Hejdå!	Tschüs!	Stugplats	Hüttenbereich
Hink	Eimer	Stugvärd	Hüttenwart
Hjälptelefon	Notruftelefon	Täckning	(Handy-)Empfang
Källsortering	Mülltrennung	Torkrum	Trockenraum
Kamin	Ofen	Tvätt	Waschen, Wäsche
Obs!	Achtung!	(Ute-)Dass	Plumpsklo
Platschef	Stationsleiter	Vatten	(Trink-)Wasser
Säng	Bett	Ved	Feuerholz
Skogräns	Schuhgrenze	Vedbod	Holzschuppen

■ **Zelten** ist im Fjäll, unter Berücksichtigung des allgemeinen Nutzungsrechts sowie lokaler Beschränkungen, fast überall erlaubt. Die vielen hervorragenden Zeltstandorte, das unmittelbare Erleben der Natur und die Möglichkeit, die Tagesetappen selbst zu bestimmen, können Zelten im Fjäll – trotz des höheren Rucksackgewichts – zu einer Alternative zu einer Hüttentour machen. Hinsichtlich der Regeln zum Feuermachen sollte man vor Ort Erkundigungen einziehen, denn das Entzünden von Lagerfeuern kann zeitlich und räumlich beschränkt und in trockenen Sommern aufgrund der Brandgefahr gänzlich verboten sein (gilt nicht für Campingkocher). Zeltet man im direkten Umfeld einer Gebirgshütte, wird eine Abgabe erhoben, die zur Nutzung der Hütteneinrichtungen (Küche, Aufenthaltsraum, Trockenraum) berechtigt.

Naturnäher geht nicht – Zelten am oberen Vålån.

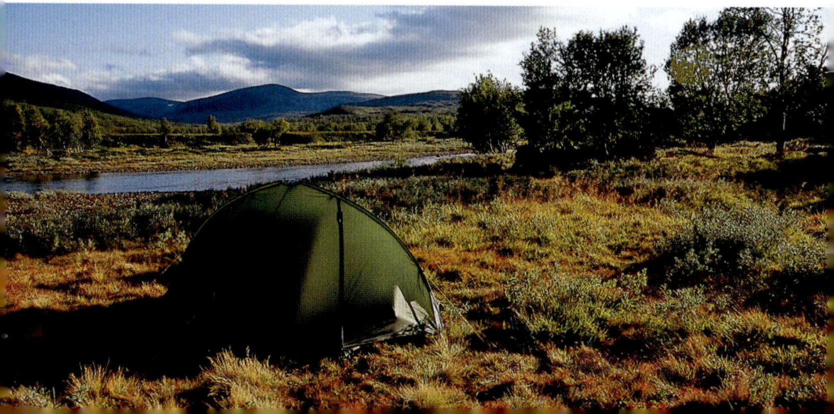

Wer weiter wandern will …

… findet dafür zahlreiche Möglichkeiten, denn das südliche Norrland ist ein Eldorado für Liebhaber von Weitwanderwegen.

Aus dem Tourenfundus dieses Wanderführers sowie einigen nicht beschriebenen Teilstrecken lässt sich eine Streckenwanderung von Hütte zu Hütte von gut 140 km zusammenstellen, die das Naturreservat Vålådalen und die angrenzenden Gebirgsregionen abdeckt. Durch die Einbeziehung der norwegischen Hütten auf der westlichen Flanke des Sylarna-Gebirges oder durch Gipfelbesteigungen sind zusätzliche Erweiterungen und Variationen möglich (siehe schematische Darstellung der Wanderwegeverbindungen):

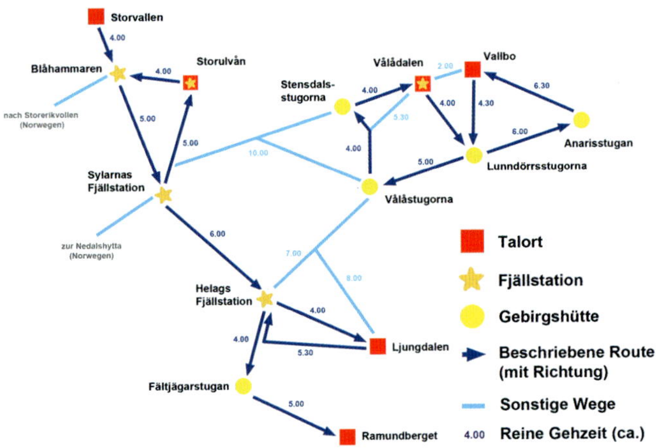

Wer mit dem Zelt unterwegs ist, hat darüber hinaus viele weitere Optionen. Die bekanntesten Weitwanderwege (Länge > 100 km) sind im Folgenden aufgeführt.

- Südlicher Kungsleden (Sälen – Storlien, ca. 360 km).
- Romboleden (Mora – Trondheim, Teilstrecke in Schweden ca. 290 km).
- Gästrikeleden (Rundtour Hemlingby – Gysinge – Hofors – Kungsberg – Rönnåsen – Högbo Bruk – Hemlingby; 270 km).
- Jämt-Norgeleden (Jämtkrogen – Trondheim, Teilstrecke in Schweden ca. 230 km).
- Högakusten-Leden (Hornöberg – Varvsberg; 127 km).
- Mittnordenleden bzw. St.-Olofs-Leden (Selånger – Borgsjö, Teilstrecke in Schweden ca. 125 km).

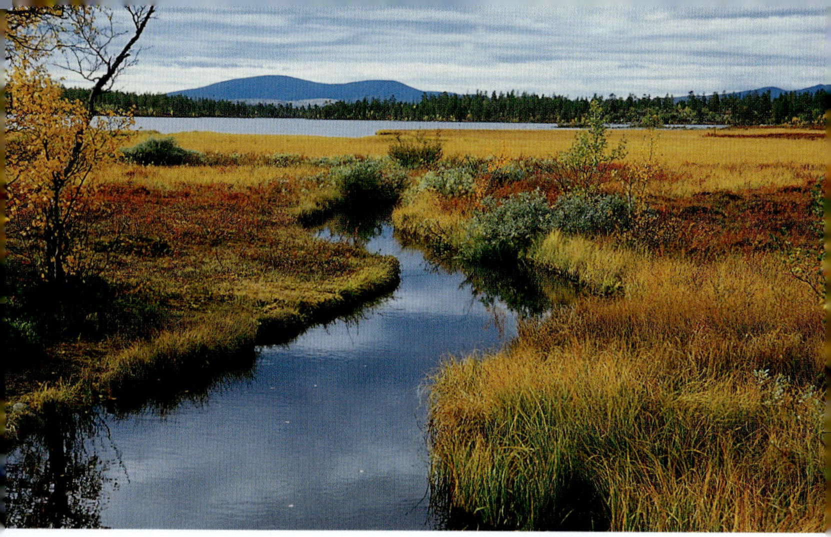

Rings um den See Rogen lassen sich Mehrtagestouren unternehmen.

- Grövelsjön-Rogen Rundweg (Grövelsjön – Storrödtjärn – Rogen – Skedbro – Grövelsjön, 107 km).
- Hälsingeleden (Harsa – Bollnäs – Mosjön; ca. 100 km).
- Världsarvsleden (Främmerveda – Mädan; ca. 105 km).

Weiterhin existieren zahlreiche Rundtouren und Streckenwanderungen unter 100 km Länge, z. B. (nicht abschließend) Mellanskogsleden (ab Gäddede; 55 km), Arnäsleden (ab Arnäsvall; 70 km), Ljusnanleden (Färila – Lassekrog; 56 km), Sjuvallsleden (ab Delsbo; 76 km), Öreälvsleden (zw. Malberget und Mündung; ca. 85 km), Lögdeälvsleden (zw. Övre Nyland und Mündung; ca. 95 km) und Finnskogsleden (ab Annefors; 35 km).

Wer auf andere Weise aktiv sein möchte …

… hat dazu viele Gelegenheiten, von denen ein kleiner Teil in Auswahl vorgestellt wird (für die Qualität der Angebote kann allerdings keine Gewähr übernommen werden). Viele Museen und sonstige Angebote sind auch in der Hauptsaison (Mittsommer bis zweite Augustwoche) oft nur eingeschränkt geöffnet und außerhalb der Hauptsaison geschlossen. Erkundigen Sie sich daher vor dem Besuch nach den Öffnungszeiten!

Für Reiten und Angeln sowie Fahrrad-, Boot-, Kanu- und Kajakausleihe sind die Anbieter so zahlreich, dass eine Nennung die Kapazität dieses Buchs übersteigen würde. Bitte informieren Sie sich auf den Internetseiten der einzelnen Regionen (s. u.) oder bei den örtlichen Informationsstellen.

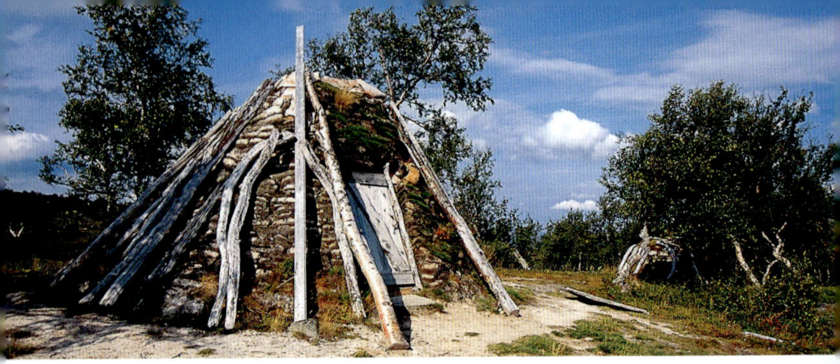

Traditionelle Samenkote.

Naturerlebnis, Tierbeobachtung, Abenteuer

Jämtland und Härjedalen

- Viele Outdoor-Aktivitäten, u. a. Höhlentour »Korallengrotte«, Wanderung mit Packpferden: Rid i Jorm, Jormvattnet 680, 83090 Gäddede, Tel. +46 672 20171.
- Biberbeobachtung: Auskunft STF Vandrarhem Björkvattnet, 83090 Gäddede, Tel. +46 672 24024.
- Rafting, geführte Kanutouren und andere Aktivitäten: Jope Fors & Fjäll, Hosbacken 7, 83010 Undersåker, Tel. +46 647 31465.
- Geführte Kanutouren und andere Aktivitäten: Åre Fjällturer, 83014 Åre, Klocka Gård, Tel. +46 647 71060.
- Biberbeobachtung und andere Aktivitäten: Camp Åre, 83014 Åre, Tel. +46 647 52525.
- Moose Garden: Elchpark Orrviken 145, 83194 Orrviken, Tel. +46 70 3636061.
- Biberbeobachtung, Moschusochsensafari und andere Aktivitäten: Toppsport, 84095 Funäsdalen, Tel. +46 684 21435.
- Bären–Safari: Auskunft Hede Turistbyrå, Ljusnevägen 14, 84093 Hede, Tel. +46 684 41080, oder Turistinformation Sveg, 84232 Sveg. Ljusnegatan 1 (im Folkets Hus), Tel. +46 680 10775.
- Biberbeobachtung/Elchsafari/Goldwaschen: Auskunft Lofsdalen Turistbyrå, Lofsdalsvägen 37, 84085 Lofsdalen, Tel. +46 680 41233.

Ångermanland und Medelpad

- Biberbeobachtung, Kanutouren, Goldwaschen u. a. m.: Öreälvens Kanotcenter, Storgatan 8, 91631 Bjurholm, Tel. +46 932 10215.
- Biberbeobachtung / Floßfahrten auf dem Ångermanälv und andere Aktivitäten: Westin-Adventure, Slåttervägen 10, 88160 Sollefteå, Tel. +46 70 6417100.
- Geführte Kanutouren auf dem Ångermanälv: Lököms Byalag, Stocked 207, 88160 Sollefteå, Tel. +46 620 32064.

- Klettern: Expedition Altitud Klätterförening Matfors, Tallskogsvägen 16 B, 86433 Matfors, Tel. +46 70 3022099.
- Goldwaschen: Sundsvalls Fiskeresor, Mjölnervägen 9, 85741 Sundsvall, Tel. +46 60 170835.
- Geführte Kanutouren am unteren Ljungan (Schwierigkeitsstufe 2): Nedre Ljungans Forspaddlere, Falkenbergsvägen 11, 85732 Sundsvall, Tel. +46 70 2555816.

Hälsingland und Gästrikland

- Järvsö Zoo (Tierwelt Skandinaviens): 82040 Järvsö, Tel. +46 651 41125.
- Goldwaschen: »Goldgräberschule« Edsbyn, Berthold Jonsson, Bergavägen 6, 82830 Edsbyn, Tel. +46 70 6748028.
- Älgpark Ockelbo: Elchpark, Vildmarksvägen 24, 81694 Ockelbo, Tel. +46 70 6770730.
- Elchpark: Kybacka Gård, Persbacksvägen 60, 81891 Valbo, Tel. +46 26 33096.

Samische Kultur

- Samenlager Njarka: Njarka Sameläger, Häggsjönäs 1952, 83015 Duved, Tel. +46 647 25042.
- Südsamisches Kulturzentrum: Gaaltije Sydsamiskt Kulturscentrum, Köpmangatan 58, 83121 Östersund, Tel. +46 63 556755.

Ausgewählte Museen und Informationszentren, Kultur- und Industriedenkmäler

Jämtland und Härjedalen

- Frostvikens Naturum, Gäddede: Natur und Landschaft im nördlichen Jämtland, Storgatan 40, 83090 Gäddede, Tel. +46 672 10500.
- Freilichtmuseum Fröå Gruva, Kupfergrube mit Bergwerksanlagen und -technik, 83013 Åre, Tel. +46 647 19003.
- Naturum Vålådalen: 83012 Vålådalen, Tel. +46 647 35232.
- MusOlles Museum, Kuriositätenkabinett, angelegt von einem leidenschaftlichen Sammler. Ytterån 2340, 83044 Nälden, Tel. +46 640 22060.

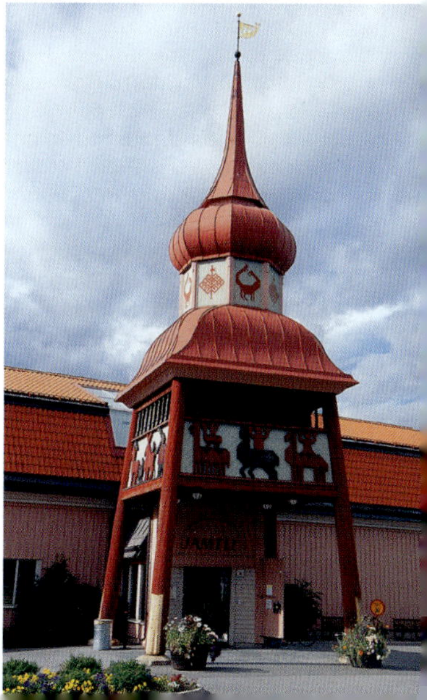

Das Wahrzeichen des Museums Jamtli.

- Jamtli Historieland: Bezirksmuseum von Jämtland, bedeutende Sammlung; mit einem großen Bauernhofmuseum im Außenbereich, Museiplan, 83128 Östersund, Tel. +46 63 150110.
- Stadtführung Östersund: Turist & Kongressbyrån Östersund, Rådhusgatan 44, 83182 Östersund, Tel. +46 63 144001.
- Härjedalen Fjällmuseum: Natur und Kultur im Fjäll, samische Kultur, historischer Bergbau; mit Außenbereich; Rörosvägen 30, 84095 Funäsdalen, Tel. +46 684 15580.

Ångermanland und Medelpad

- Olofsfors Bruk (Industriedenkmal): Eisenhütte von 1762 mit gut erhaltenem Ensemble aus Betriebsgebäuden, Arbeitersiedlung und Herrenhaus, Tel. +46 930 13196.
- Myckelgensjö Gammelgården, Bauernhof aus dem 17. Jh. mit Haupt- und vielen Nebengebäuden, Tel. +46 611 88600 (Länsmuseum Västernorrland).
- Gene Fornby, Domsjö (5 km südlich Örnsköldsvik): Rekonstruierter Hof aus der Eisenzeit. Tel. +46 66 88600 (Länsmuseum Västernorrland) oder +46 70 2864305.
- Mariebergs Sågverkssamhälle (Kulturreservat): historische Sägewerksindustrie und -siedlung nahe Bjärtrå; Tel. +46 612 53088, +46 70 3176162.
- Felszeichnungen Nämforsen und dazugehöriges Museum »StoneArt«, Nipvägen 7, 88030 Näsåker, Tel. +46 622 10630.
- Lögdö Bruk (Kulturreservat): Historische Eisenhütte von 1685 mit Ensemble aus Betriebsgebäuden, Tel. +46 60 80228 oder +46 73 2743178.
- Sollefteå Museum: Prähistorie, Waldwirtschaft und Flößerei: Storgatan 59, Tel. +46 620 682980.
- Informationszentrum Nationalpark »Höga Kusten«: Skule Naturum, 87033 Docksta, Tel. +46 613 40500.
- Murberget Landesmuseum mit Freiluftbereich, 87151 Härnösand, Tel. +46 611 88600.
- Norra Berget, Handwerks- und Seefahrtsmuseum mit Außenbereich: Norra Stadsberget, 85640 Sundsvall, Tel. +46 60 154000.
- Stadtführungen Sundsvall: Mehrere Anbieter, Tel. +46 60 174327, +46 70–6041310, +46 60 150340.

Hälsingland und Gästrikland

- Hälsingslands Museum, Storgatan 31, 82480 Hudiksvall, Tel. +46 650 19600.
- Finnskogs Museum: Finnskogs-Kolonisation und -Besiedlung, Skräddrabo Bygdegård, 82895 Viksjöfors (35 km südl. von Edsbyn), Tel. +46 271 10168.
- Gävleborgs Länsmuseum: Södra Strandgatan 20, 80128 Gävle, Tel. +46 26 655600.
- Forsbacka (15 km südwestlich von Gävle): historisches großindustrielles Stahl- und Walzwerk, Tel. +46 26 30303, oder The Foundation Forsbacka

Works, Stentorpsvägen 9, 81842 Forsbacka, Tel. +46 26 35731.

- Årsunda: Rekonstruierter Wikingerhof, Årsundavägen 899, 81022 Årsunda, Tel. +46 26 290116.
- Informationszentrum Nationalpark Färnebofjärden, Gysinge, Infos: Sandvikens Turistbüro Tel. +46 26-241380 oder Gysinge Turistbüro Tel. +46 291 21000.

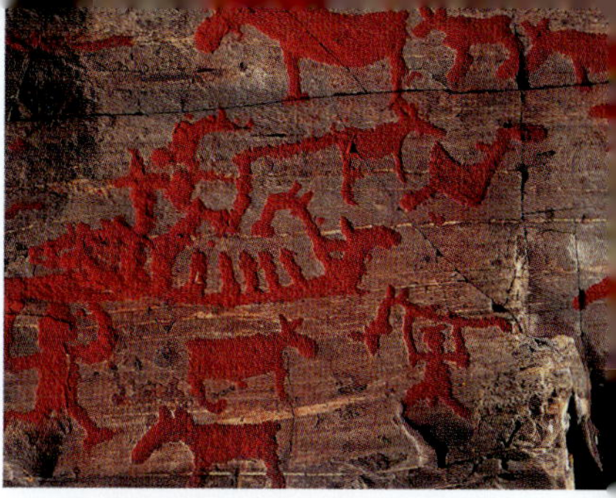

Kleiner Ausschnitt der prähistorischen Steinritzungen bei Näsåker.

Nützliche Links

Informationen zu den einzelnen Regionen (teils englisch und deutsch)

- Schwedisches Fremdenverkehrsamt: visitsweden.de
- Jämtland/Härjedalen: jamtland.info, jamtland.se, jht.se
- Ångermanland und Medelpad: angermanland.se
- Hälsingland: halsingland.se
- Gästrikland: gastrikland.se

Öffentlicher Personenverkehr

- Zugverkehr Schweden: sj.se; resplus.se
- Reiseplaner Zug und Bus: resrobot.se
- Busse Jämtlands Län: ltr.se
- Busse Västernorrlands Län: dintur.se
- Busse Gävleborgs Län: xtrafik.se

Übernachtung

- **Internationale Ferienhausvermittlungen** (Auswahl, alphabetisch): atraveo.de, casamundo.de, eurorelais.de, fewo-direkt.de, novasol.de, stugknuten.com
- **Regionale und schwedische Ferienhausvermittlungen und Vermieterportale** (Auswahl): stugnet.se, stugsidan.se, Schwedenstube
- **Schwedischer Jugendherbergsverband:** Svenska Turistföreningen (STF) svenskaturistforeningen.se
- **Campingplätze:** camping.se

Sonstige

- Karten und Luftbilder des Schwedischen Vermessungsamts (mit Browsing-Tool): minkarta.lantmateriet.se
- Landkarten, Bestellung per Internet: kartbutiken.se, norstedts.se
- Wetter: yr.no (meist gute Prognosequalität!), smhi.se

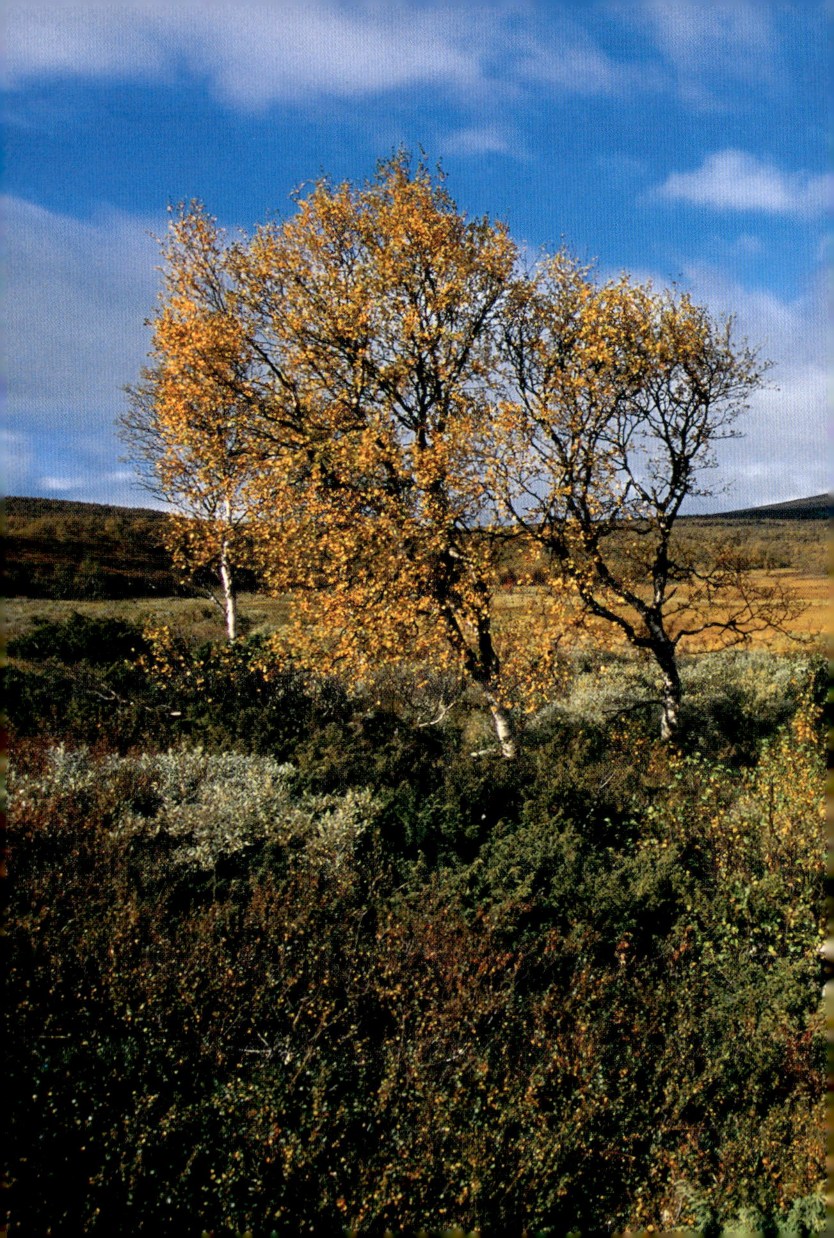

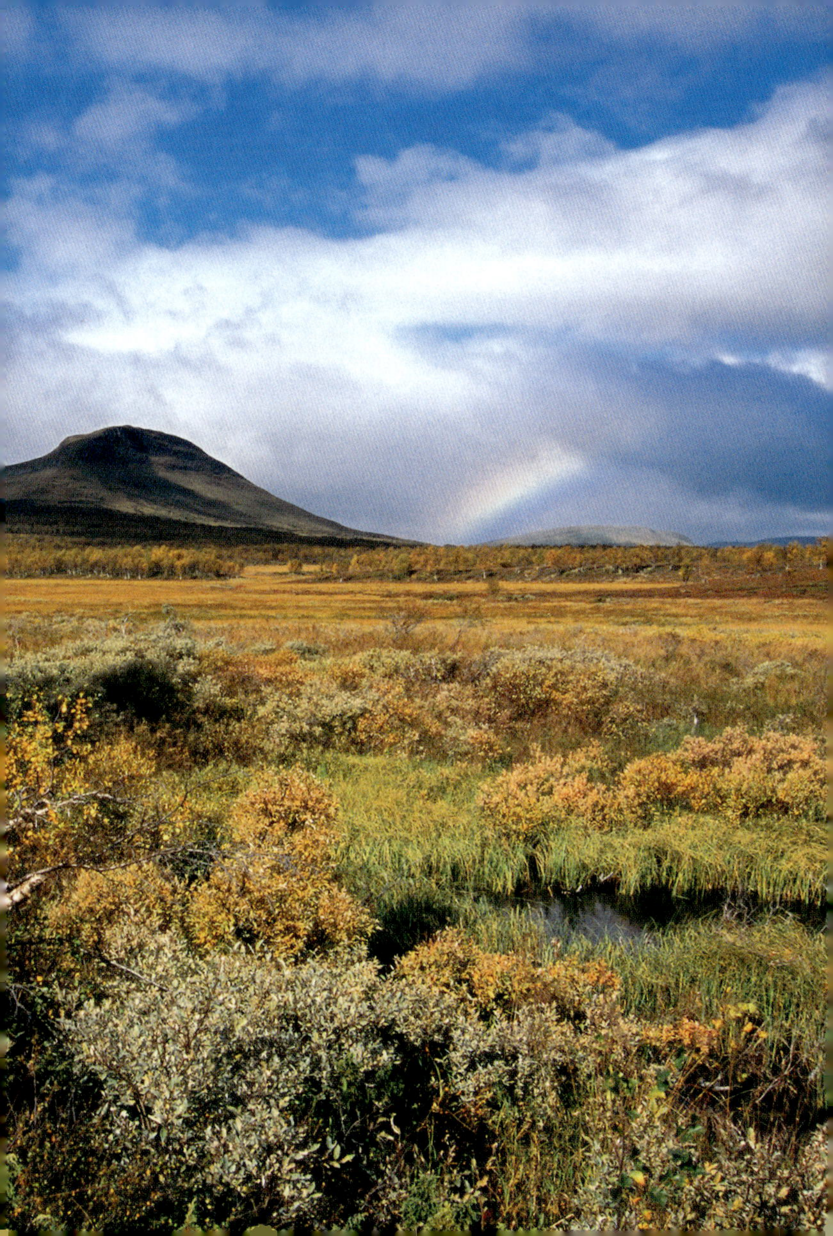

1 Lillhärjåbygget

4.15 Std.

Wanderung zum einsamsten Bauernhof Schwedens

Der Einödhof Lillhärjåbygget ist Schwedens einsamster, noch ganzjährig bewirtschafteter Hof. Zum nächsten Feldweg sind es 7 km, jeder Einkauf ist für die Bewohner eine Tagesexkursion. Zwar wird Strom mit einem Generator erzeugt und auch Solarenergie genutzt, gewirtschaftet wird aber wie eh und je mit größtmöglicher Autonomie: Gemolken wird von Hand, Käse auf traditionelle Weise hergestellt, Holz zum Heizen selbst geschlagen und Gemüse angebaut. Sogar ein kleines Sägewerk ist vorhanden. Seit 2002 ist dieser Hof als Kulturdenkmal geschützt.

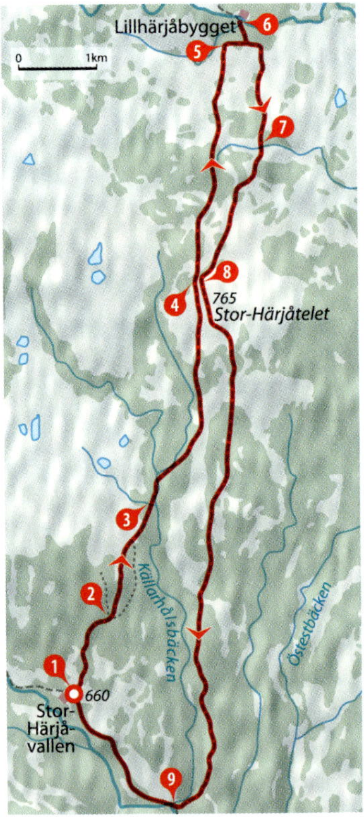

Ausgangspunkt: Parkplatz bei Stor-Härjåvallen. Auf der Straße von Lillhärdal in Richtung Särna. Nach ca. 30 km in Lövnäsvallen nach Norden auf einen holprigen Feldweg abbiegen (»Lillhärjåbygget«) und ihm 10 km bis zum Ende folgen. Bei vorsichtiger Fahrweise auch für zweiradgetriebene Kfz befahrbar.
Höhenunterschied: 180 m.
Anforderungen: Überwiegend nasser Untergrund, nur teilweise beplankt (Wandergummistiefel oder wasserdichte Wanderstiefel). Der Hinweg erfordert etwas Orientierungsvermögen.
Einkehr: Keine.
Karte: Fjällkartan 1:100.000 W1 Grövelsjön – Lofsdalen; Sverigeserien Topo 50, 090 Lillhärdal.
Tipp: In Lillhärjåbygget gibt es (nach Voranmeldung) Übernachtungsmöglichkeiten (Schlafsack und Verpflegung mitbringen): Fam. Eriksson, Tel. +46 680 45016.

Hinter dem Parkplatz bei **Stor-Härjåvallen (1)** weist uns das Schild »Lillhärjåbygget« nach rechts auf einen Quad-Track den Hang hinauf. Bei einer Dreifach-Gabelung **(2)** nehmen wir den mittleren Weg (blaues Schild »Kulturreservat«) und wandern auf dem Höhenrücken ent-

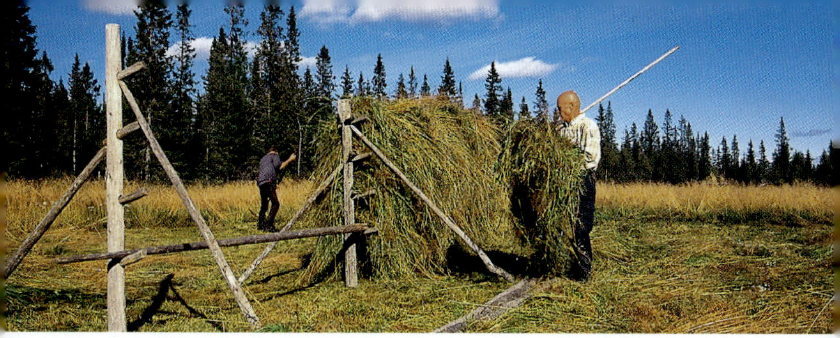

Traditionelle Heuernte auf Lillhärjåbygget.

lang. Wo der Track zu einer Hütte nach links abbiegt, gehen wir geradeaus auf einem schmalen Pfad weiter **(3)**. Mit etwas Höhenverlust gelangen wir zum Bach **Källarhålsbäcken**, überspringen ihn und wandern anschließend im Bachtal aufwärts. Über eine kleine Böschung erreichen wir den Rand einer ausgedehnten Moorfläche, an der unser Weg mit geringer Steigung und stellenweise beplankt entlang führt. An nassen Stellen verliert sich der Weg, doch finden wir in der abgeschlagenen Rinde mancher Bäume eine sporadische Orientierungshilfe.

Wir erreichen den höchsten Punkt des Rückens **Stor-Härjåtelet West (4)**, der mit einem Steinkegel markiert ist. Von dort geht es zunächst über Moore, anschließend durch einen Waldgürtel abwärts, wobei uns nördlich davon erneut (beplankte) Moore erwarten. An einem Zaun gehen wir rechts **(5)**, biegen am Haupteingang links ab und sehen nach wenigen Schritten die ersten Gebäude von **Lillhärjåbygget (6)** und dahinter die Brücke über den Lill-Härjån mit weiteren Gebäuden vor uns. Wir machen uns bei den Bewohnern bemerkbar: Immerhin befinden wir uns auf Privatgrund.

Zurück geht es auf dem Quad-Track, der hinter dem Zaun links abbiegt und über zunächst sehr nasses Terrain führt **(7)**. Die Anhöhe **Stor-Härjåtelet Ost (8)** erreichen wir unweit der Stelle des Ankunftsweges, dann jedoch schwenkt der Quad-Track nach Südsüdosten und führt – nun auf etwas trockenerem Untergrund – in leicht welligem Gelände zunächst durch lichten Kiefernwald, später durch Fichtenbestände 5 km hinunter zum Feldweg **(9)**. Dort biegen wir rechts ab und erreichen wieder **Stor-Härjåvallen (1)**.

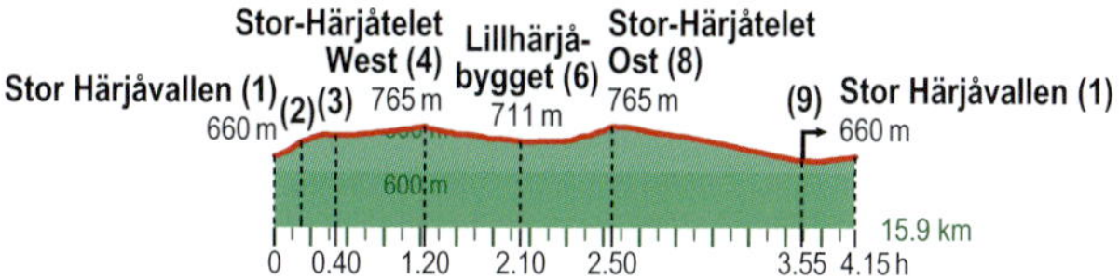

2 Sånfjället

4.00 Std.

Urwaldlandschaft am Osthang des Sånfjällets

Urwald-Fans aufgepasst! Diese Wanderung erschließt ein ausgedehntes Fichten-Urwaldgebiet am Osthang des Sånfjällets. Dabei geht es buchstäblich über Stock und Stein, vorbei an flechtenbehangenen Fichten, über schlängelnde Waldbäche und schließlich auf ein Hochplateau an der Baumgrenze. Die neugierigen Unglückshäher lassen sich leicht anlocken; möglicherweise scheucht man aber auch ein paar Auerhühner auf, die unmittelbar vor den Füßen auffliegen – sehr zum Schrecken des Wanderers! Und natürlich kommt auch der Blick auf das Sånfjället nicht zu kurz. Die Wahrscheinlichkeit, dass man die im Gebiet lebenden Bären zu Gesicht bekommt, ist hingegen eher gering.

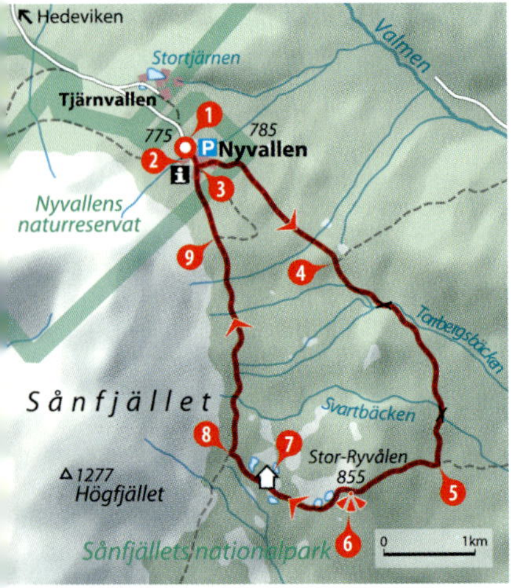

Ausgangspunkt: Parkplatz bei der Alm Nyvallen. Sånfjällets Nationalpark ist vom Väg 84 auf Höhe Hedeviken ausgeschildert. Die Zufahrt erfolgt auf einem gut ausgebauten Schotterweg.
Höhenunterschied: 250 m.
Anforderungen: Schmale Pfade, die über weite Strecken über sehr geröll- und wurzelreichen Untergrund führen. Querung zweier Bäche. Trittsicherheit ist erforderlich.
Einkehr: Kaffeestube in Nyvallen (geöffnet während des Almbetriebs, etwa von Anfang Juli bis Mitte September).
Karte: Fjällkartan 1:50.000 Z61 Sånfjället.

Wir gehen vom **Parkplatz (1)** ein paar Schritte hinüber zu den Almhütten von **Nyvallen (2)**. Eine davon (rechts) ist als kleines Naturum eingerichtet (interaktiv, auch auf Deutsch), eine andere als (sehr individuelle) Kaffeestube. Von dort geht es über einen kleinen Bach, hinter dem wir auf einen Wegweiser treffen. Wir orientieren uns halb links in Richtung »Valmen«. Nach 50 m geht es erneut halb links (ebenfalls »Valmen«, **3**) und anschließend ein kleines Stück hangabwärts, bis wir bei einer Hinweistafel den Nationalpark Sånfjället betreten. Von hier aus wandern wir hangparallel bis zu einer unbeschilderten Wegverzweigung, bei der wir uns halb rechts halten **(4)**. Nun geht es ca. 2,5 km auf einem sehr schmalen Pfädchen mit

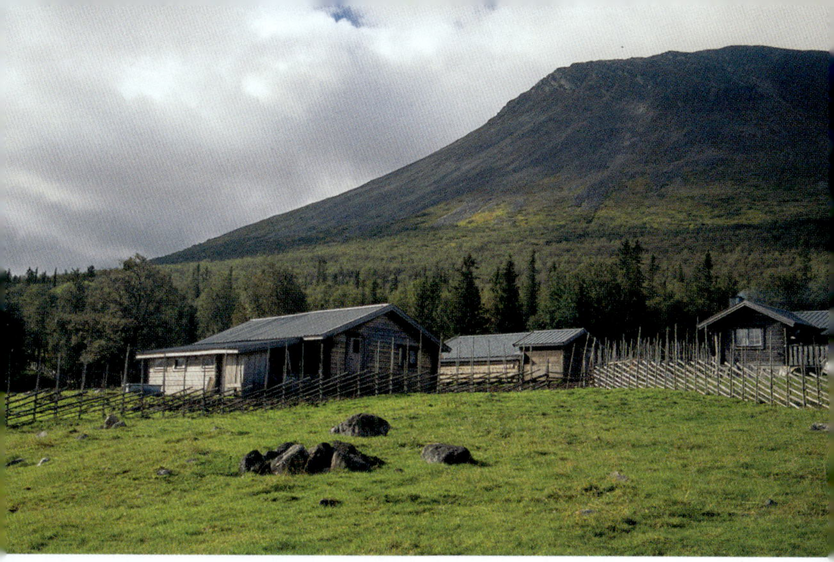

Die Alm Nyvallen vor dem Steilanstieg des Sånfjället.

leichtem Höhenverlust abwärts, abwechselnd durch trockenen Kiefern- und feuchten Fichtenurwald, letzterer telweise mit dichtem Unterwuchs aus Farnen. Dabei müssen auch mehrere Bäche überquert werden (keine Brücken). Schließlich gelangen wir an eine beschilderte Wegkreuzung, bei der wir rechts abbiegen (»Vindskydd 1 km«, **5**) und anschließend zügig den Hang hinaufsteigen.

Eine Weile führt der Weg durch zunehmend lückiger werdenden Fichtenwald aufwärts, bevor ihn eine Fjällbirkenheide ablöst. Auf der Kuppe des **Stor-Ryvålen (6)** angelangt, haben wir einen hervorragenden Blick auf den Ostteil des Sånfjällets und das vor uns liegende Plateau mit seinen kleinen Seen, über das sich unser Weg schlängelt. An mehreren Stellen queren wir kleine Ravinen, die kurze Ab- und Aufstiege erfordern. Wir erreichen den **Windschutz (7)** nach zwei Kilometern und bald darauf eine Wegkreuzung **(8)**, bei der wir rechts abbiegen (»Nyvallen«). Zuerst weitgehend eben, später leicht abwärts führt unser Weg dann durch Birkenwald geradeaus über eine Wegkreuzung **(9)** zurück zum Almbereich von **Nyvallen (2)** und zu unserem Ausgangspunkt am **Parkplatz (1)**.

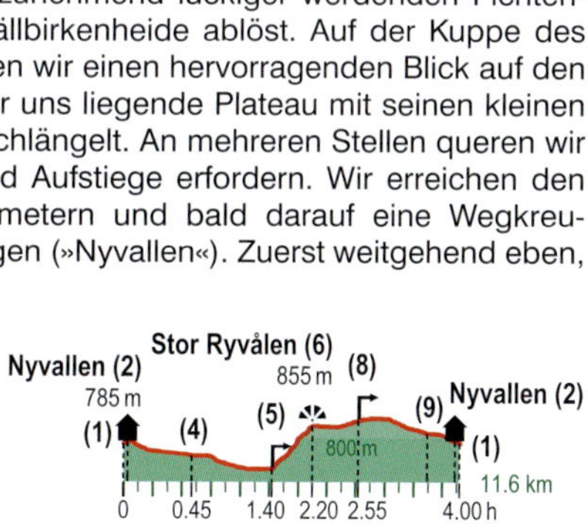

TOP **3** # Rogen

5.45 Std.

Zwischen Moränen, Seen und alten Kiefern zum See Rogen

Diese Wanderung führt durch eine urtümliche Seenlandschaft der Rogenmoräne zum See Rogen. Jede Biegung des Weges birgt neue Überraschungen und Ausblicke. Eine Zeit lang führt der Weg parallel zum See Rogen und bietet einen hervorragenden Blick über die weite Wasserfläche auf die Höhenzüge Dalarnas im Süden, bevor man einen idyllischen Flussabschnitt und anschließend das hübsche Ufer des Rogen erreicht. Zum Abschluss geht es der Aussicht wegen auf einen Ausläufer des Höhenrückens Handskinvålen.

Ausgangspunkt: Parkplatz am Hof Käringsjön (kostenpflichtig). Maut und Parkgebühr bezahlt man am Wohnhaus bei Ankunft. Mit dem Auto südlich von Tännäs nach Westen in Richtung Käringsjövallen abbiegen. In Käringsjövallen links. Nach 2 km hinter einer Linkskurve (Infotafel) links abzweigen (grünes Hinweisschild »Käringsjön«), anschließend 5 km mautpflichtiger privater Schotterweg (in mäßigem Erhaltungszustand) bis zum Hof Käringsjön.
Höhenunterschied: 180 m.
Anforderungen: Großteils geröll- und blockreicher, abschnittsweise nasser Untergrund. Trittsicherheit ist erforderlich.
Einkehr: Keine.
Karte: Fjällkartan 1:100.000; Z8 Helags – Funäsdalen – Rogen.

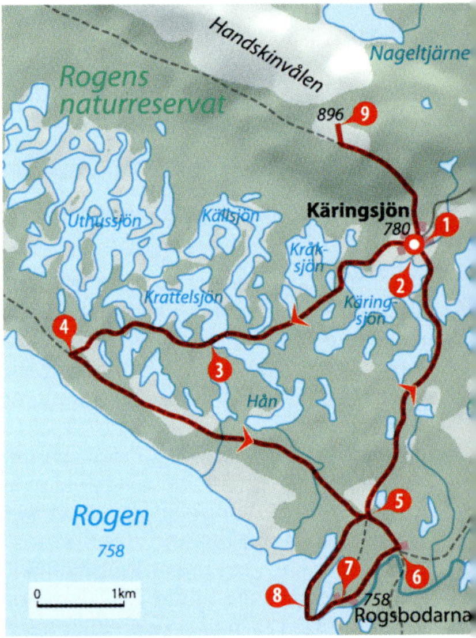

Vom **Parkplatz (1)** aus gehen wir am Wohngebäude vorbei nach Westen und erreichen über einen Holzsteg einen Pfad **(2)**, der uns zunächst am Ufer des **Käringsjön** entlang und anschließend durch ein Puzzle aus größeren und kleineren Seen, flachen Schotterrücken, Mooren und Kiefernbeständen hindurchführt, wobei einige steinige Passagen zu bewältigen sind. An einem Isthmus **(3)** überqueren wir einen Steg. Bald darauf mündet unser Pfad auf den Hauptweg **(4)** zwischen Skedbro- und Rogenhütte, dem wir nach links folgen. Trampelpfade, die unseren Weg kreuzen, ignorieren wir.

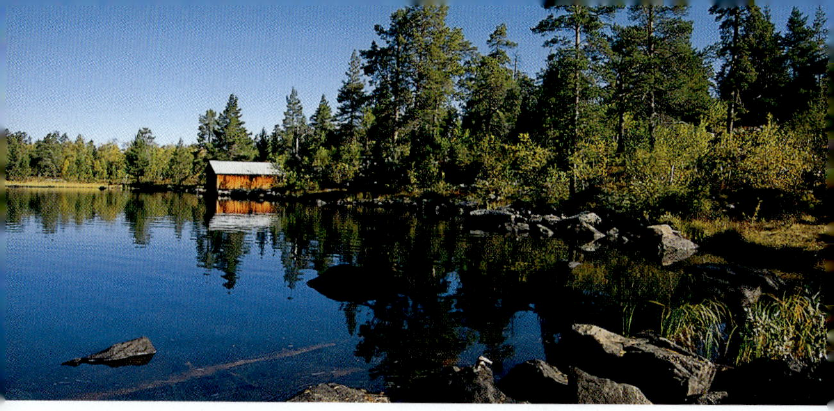

Seen, Wasserläufe, Blocksteinfelder und Kiefernwälder prägen das Naturreservat Rogen.

Nach ca. 4 km über stellenweise einfach zu laufendes, abschnittsweise aber auch steiniges und nasses Gelände erreichen wir eine Wegkreuzung **(5)** mit Wegweiser. Hier halten wir uns geradeaus in Richtung Käringsjövallen bzw. Storrödtjärnstuga und folgen dem undeutlichen Pfad bis zu einem idyllischen Fluss, an dem sich zwei Bootshäuser befinden. Dort biegen wir in spitzem Winkel rechts auf einen deutlicheren Weg ab **(6)** und gelangen nach knapp einem Kilometer an eine sandige Bucht des Sees Rogen, um die sich die Fischerhütten von **Rogsbodarna (7)** gruppieren. Wir folgen dem Ufer weiter in Richtung Westen und überqueren einen kleinen Bach, hinter dem der Weg halb rechts abknickt. Nach wenigen Metern passieren wir die **Rogenstuga (8)** und lassen uns vom Pfad in Richtung Nordosten leiten. Wir gelangen wieder an die Kreuzung **(5)**, an der wir vorhin schon standen und orientieren uns jetzt in Richtung Käringsjön. Abwechselnd über niedrige Moränenhügel mit Kiefernwald und kleine Feuchtstellen erreichen wir auf steinigen Pfaden wieder **Käringsjön (1)**. Vom Parkplatz geht es zunächst nach Norden (»Skedbrostugan«), später Nordwesten über sehr steinigen Untergrund leicht aufwärts bis zum Holzschild »Guldtur«. Dort rechts ab und den Hang hinauf auf einem Ausläufer des Höhenrückens **Handskinvålen (9)** bis zu einem Hochpunkt. Auf demselben Weg geht es vom Höhenrücken hinunter zum Querweg, dort links und auf ihm zurück zum **Parkplatz (1).**

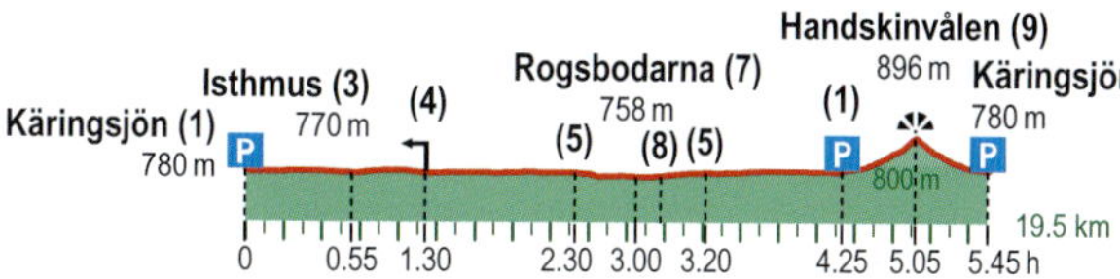

4 Hamrafjället, 1138 m

3.00 Std.

Blumen- und Blütenpracht sowie eisenzeitliche Fundstellen

Das Hamrafjäll ist ein bekannter Blumenberg und für seine Flora berühmt, die ihre Blütenpracht v.a. im Juli entfaltet. Seine Besonderheit liegt in der ausgesprochenen Südexposition der steilen Hänge. In diesem wärmebegünstigten Lokalklima gedeihen Pflanzen mit höheren Wärmeansprüchen, die normalerweise nur in einem sehr viel niedriger gelegenem Verbreitungsbiet befriedigt werden können. Ein Beispiel ist die in Mitteleuropa weit verbreitete Walderdbeere (Fragaria vesca). Zudem sorgen unterschiedliche Nährstoff-, Feuchtigkeits- und Nutzungsverhältnisse für ein breites Standortspektrum und damit für einen hohen Artenreichtum: Mit knapp 400 Gefäßpflanzen, darunter zahlreichen Orchideen, ist die Artenzahl ganz beachtlich! Damit nicht genug, ist das Hamrafjäll außerdem ein uralter Siedlungsplatz mit mehreren eisenzeitlichen Fundstellen.

Ausgangspunkt: Parkplatz am Väg 82, ca. 2 km nordwestlich der Langlaufüberführung am Hamrafjället.
Höhenunterschied: 420 m.
Anforderungen: Stellenweise steil, mitunter steiniger und nasser Untergrund; etwas Trittsicherheit und Orientierungsvermögen sind erforderlich. Im Wald evtl. viele Mücken.
Einkehr: Keine.
Kombinationsmöglichkeit: Über Verbindungswege mit Tour 5.
Karte: Fjällkartan 1:100.000; Z8 Helags – Funäsdalen – Rogen oder 1:50.000; Z 57 Funäsdalen – Fjällnäs.

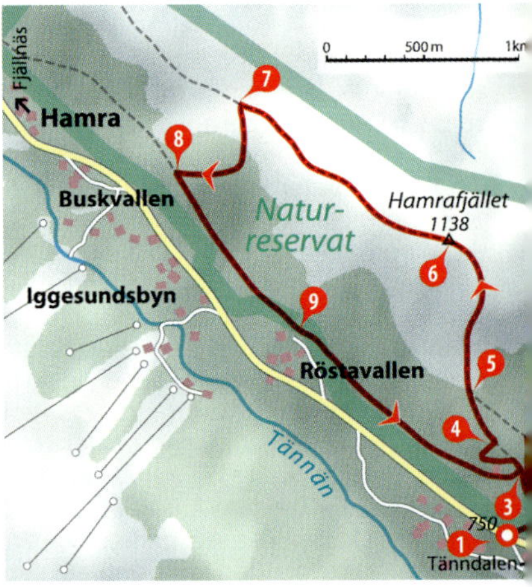

Über einige Treppenstufen erreichen wir vom **Parkplatz (1)** aus einen Weg den Hang hinauf und gehen durch den Wald und über mehrere Wiesenlichtungen (ehemalige Almweiden) zu einer Wegkreuzung **(2)**. Wir wenden uns zunächst nach links (»Sydbrantstigen«) und bei einer weiteren Kreuzung nach 50 m **(3)** rechts (»Hamrafjällsleden«). In einem Rechtsbogen – vorbei an eisenzeitlichen Fundstätten – mündet unser Weg auf einen Querweg **(4)**, dem wir nach links hangaufwärts folgen (orange Markierung). Mit einem kurzen, aber steilen Anstieg lassen wir an einer Hangkante die Waldgrenze hinter

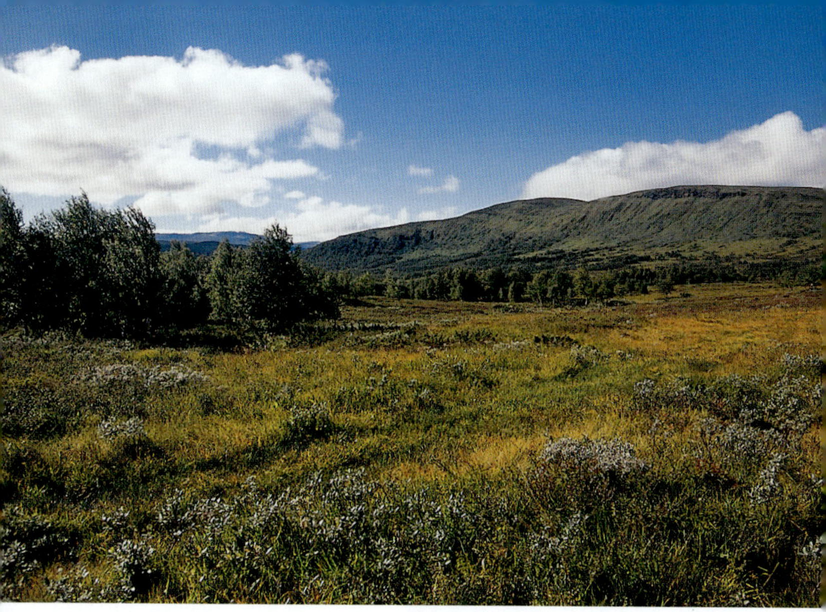

Blick auf das Hamrafjäll von Osten.

uns **(5)**. Anschließend geht es mit etwas geringerer Steigung hinauf zum Gipfel des **Hamrafjället (6)**. Von dort wandern wir auf dem Höhenrücken nach Nordwesten, zuerst mit geringer, dann etwas stärkerer Neigung hinunter in einen Sattel. Bevor der Weg wieder ansteigt, wählen wir bei der dortigen Wegkreuzung **(7)** den schmalen Pfad scharf links, auf dem wir bald wieder in den Birkenwald eintauchen und über stellenweise recht nassen Untergrund abwärtssteigen (orange Markierung beachten).

Am Unterhang bei **Buskvallen** gelangen wir an eine Kreuzung **(8)**, bei der wir links gehen (»Sydbrantstigen«) und mit mäßigen Höhenunterschieden – manchmal steil am Hang – durch hochstaudenreichen Birkenwald nach Südosten wandern. Nach einer Weile passieren wir die Schilder »Tänndalen, Hamravallarna« **(9)**, die uns zeigen, dass wir auf dem richtigen Weg sind. Schließlich erreichen wir einen uns schon bekannten Kreuzungspunkt **(2)** und machen – bevor wir rechts abwärts zum Parkplatz abbiegen – noch einen Abstecher geradeaus auf eine große Wiesenlichtung, wo wir weitere eisenzeitliche Fundstellen entdecken können.

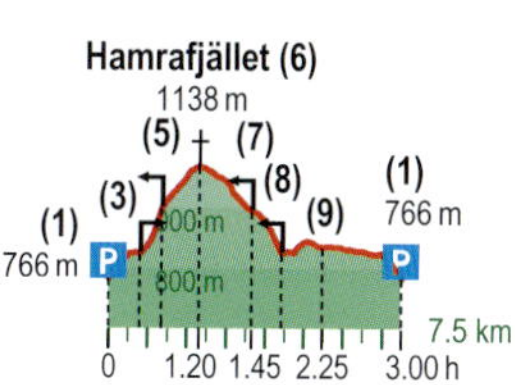

5 Anderssjökölen

4.00 Std.

Ein Puzzle aus Mooren, Seen, Bächen und Moränenrücken

Eines der Highlights wartet gleich zu Beginn der Tour, nämlich der beeindruckende Wasserfall des Anderssjöån. Auf dem Anstieg zur Hochebene lassen sich flussaufwärts zahlreiche weitere Stromschnellen erkunden. Oberhalb des Hangs betritt man dann die aus mitteleuropäischer Sicht recht exotisch wirkende Landschaft Anderssjökölen. Dabei handelt es sich um ein weitläufiges Becken zwischen den Höhenzügen des Skenörsfjället im Norden, Stor-Skarven im Osten und Hamrafjället im Süden, das aus einem Labyrinth aus Mooren, Seen, Gebirgsheiden, größeren und kleinen Birkenbeständen und trockenen Geländerücken besteht, das von vielen kleinen Bächen durchzogen wird.

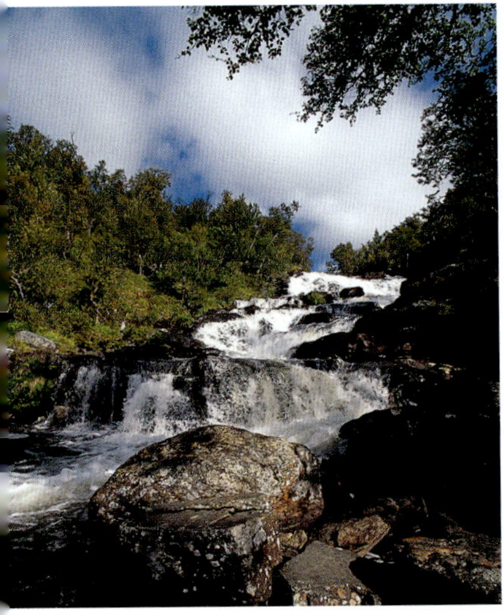

Der Anderssjöån stürzt über Kaskaden abwärts.

Ausgangspunkt: Ausgeschilderter »Naturrastplats« an der Brücke über den Anderssjöån am nordwestlichen Ortsrand der Siedlung Hamrafjället.
Höhenunterschied: 240 m.
Anforderungen: Schmale Wald- und Gebirgspfade, häufig über feuchtes/ nasses Gelände, wobei nasse Stellen nur teilweise beplankt sind. Einige kleine Bäche müssen auf Steinen überquert werden. Eine kurze Srecke undeutliche Wegführung, daher ist etwas Orientierungssinn erforderlich.
Einkehr: Keine.
Kombinationsmöglichkeit: Über einen Verbindungsweg mit Tour 4.
Karte: Fjällkartan 1:100.000; Z8 Helags – Funäsdalen – Rogen oder 1:50.000; Z57 Funäsdalen – Fjällnäs.

Vom **»Naturrastplats« (1)** an der Brücke über den Anderssjöån am nordwestlichen Ortsrand von Hamrafjället folgen wir dem Schild »Guldtur« unmittelbar am Fluss **Anderssjöån** entlang zu einem Wasserfall, an dessen Seite wir über eine Treppenanlage nach oben steigen. Dort, wo die Treppen enden, gehen wir auf einem Pfad weiter am Fluss entlang aufwärts bis zu einer Brücke **(2)**. Wir überqueren sie und folgen auf den nächsten 2 Kilometern einem markierten Mountainbike-Track («MTB«) durch Birkenwald und über

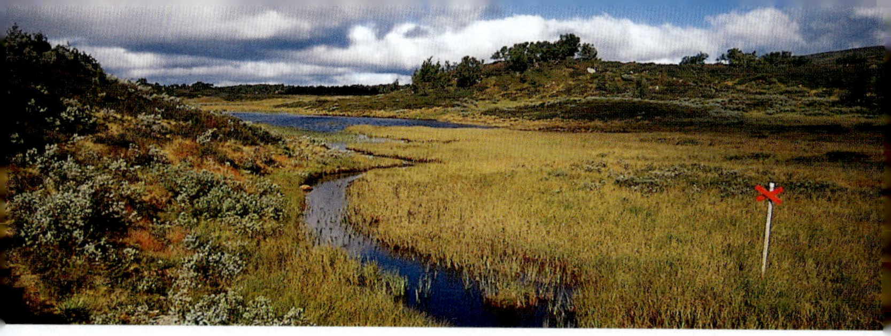

Anderssjökölen ist ein Labyrinth aus Seen, Mooren und Moränenrücken.

Flachmoore leicht aufwärts (Achtung: MTBler haben Vorfahrt!). Abzweigungen ignorieren wir. Nachdem sich der Weg mit kräftigen Schlangenlinien einen kleinen Geländerücken hinauf windet und oben eine Scooterschneise quert, heißt es aufpassen: Wir finden wenige Hundert Meter danach einen

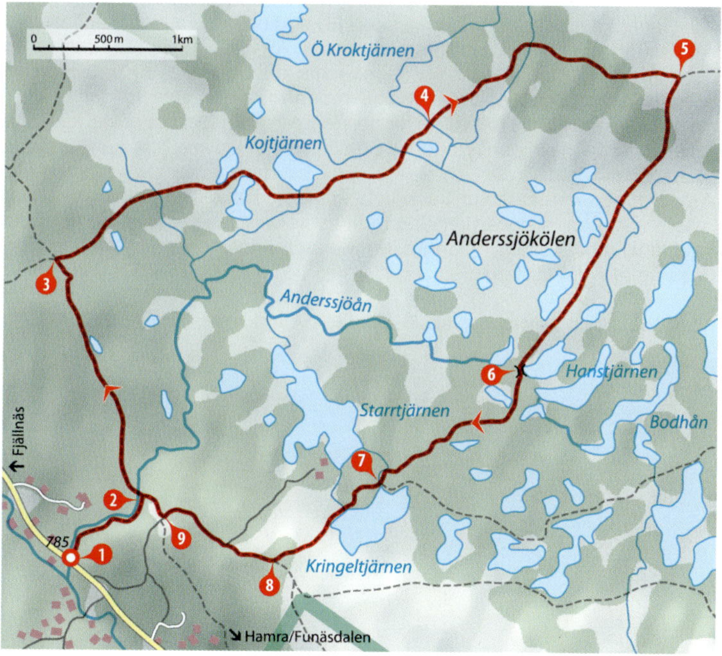

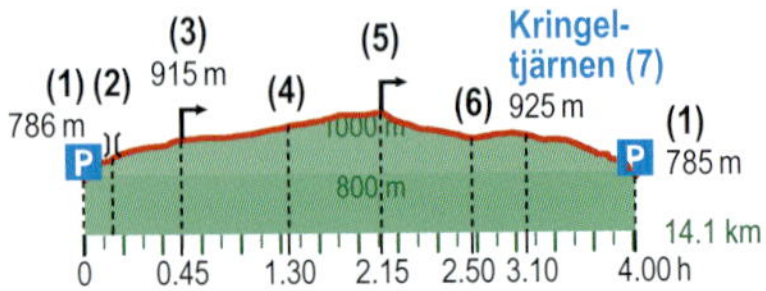

mit »Bruksvallarna« beschilderten, schmalen Pfad, auf den wir rechts abbiegen **(3)**. Auf dem gelegentlich mit einer roten Markierung versehenen Weg lassen wir den Birkenwald hinter uns. Mit geringen Höhenunterschieden geht es an dem etwas größeren **Kojtjärnen** (links des Weges) vorbei, später queren wir einen Wasserlauf mit einem Steg **(4)**. Von dort zeigt der Pfad eine leichte Aufwärtstendenz. Bei trockenen Verhältnissen kann man direkt über eine Quellmulde abkürzen, ansonsten schlägt man einen Bogen oberhalb und findet in beiden Fällen auf der östlichen Seite die Wegspur wieder. Bald sehen wir den Kreuzungspunkt am Fuß des Skenörsfjället vor uns, an dem wir rechts in Richtung Hamra abbiegen **(5)**. Von dort geht es ohne Markierung, aber auf deutlich ausgetretenem Weg nach Süden, dabei mehrfach hinunter in kleine Bachtäler oder Moore und wieder hinauf auf trockene Geländerücken. So erreichen wir den Oberlauf des **Anderssjöån**, überqueren ihn auf einem Plankensteg **(6)** und halten uns dahinter links.
Wir wandern weiter in kleinräumigen Auf und Ab bis zu einem Erddamm am See **Kringeltjärnen**, auf den wir nach rechts abbiegen **(7)**. Südwestlich des Sees folgen wir den Wegspuren halb links aufwärts und entscheiden uns bei einer Gabelung auf halber Höhe für den rechten Weg **(8)**, der etwas an Höhe verliert und nach einigen hundert Metern in einen Feldweg übergeht. Auf ihm geht es abwärts bis zum Schild »Fjällnäs«, bei dem wir rechts abbiegen **(9)**. Wir erreichen wieder die uns schon bekannte Brücke **(2)** und biegen davor links ab. Am Anderssjöån entlang geht es abwärts und schließlich über die Treppenanlage zügig nach unten, wo wir nach wenigen Metern auf den **»Naturrastplats«** **(1)** treffen.

Waten nicht nötig: Über den Oberlauf des Anderssjöån führt ein schmaler Holzsteg.

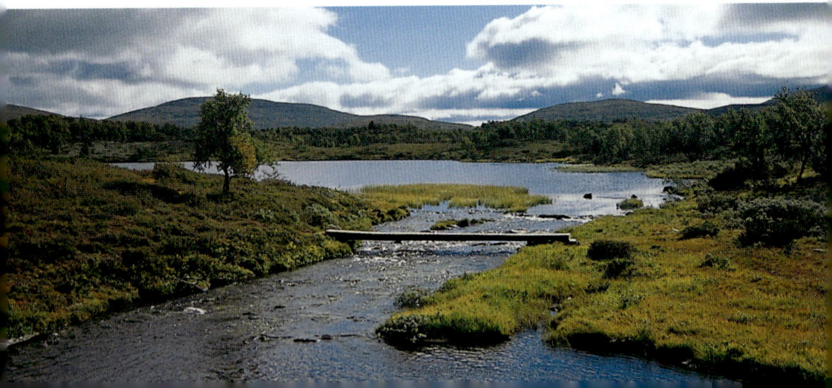

3.15 Std.

Klinken 6

Auf alten Pilgerpfaden im Tal des Ljusnan

Die Wanderung im Tal des Ljusnan ist Teil des mittelalterlichen Pilgerpfads »Romboleden«, der von verschiedenen Orten Mittelschwedens aus zum Grab des hl. Olav im Nidarosdom in Trondheim führte. Am westlichsten Punkt der Wanderung liegt die (ehemalige) Alm »Klinken«, die auch heute noch einen hübschen Anblick bietet. Informationstafeln (auch auf Deutsch) informieren sowohl über den Pilgerpfad als auch über andere Sehenswürdigkeiten und interessante Themen links und rechts des Weges.

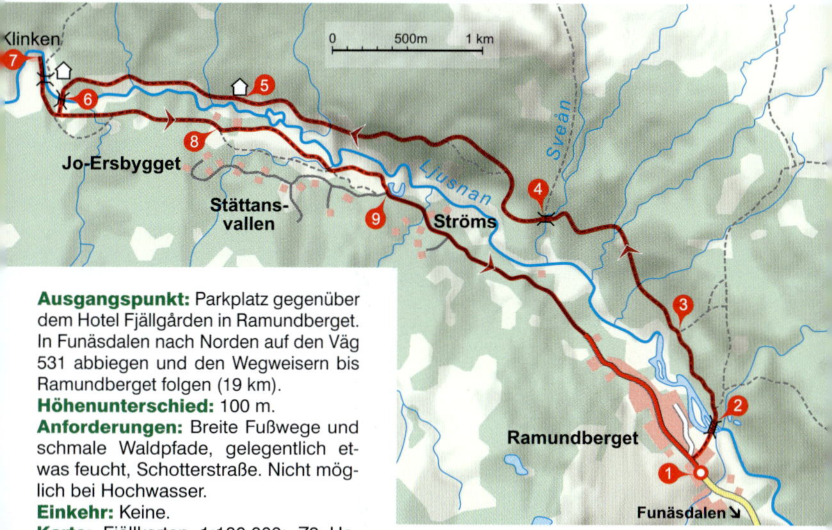

Ausgangspunkt: Parkplatz gegenüber dem Hotel Fjällgården in Ramundberget. In Funäsdalen nach Norden auf den Väg 531 abbiegen und den Wegweisern bis Ramundberget folgen (19 km).
Höhenunterschied: 100 m.
Anforderungen: Breite Fußwege und schmale Waldpfade, gelegentlich etwas feucht, Schotterstraße. Nicht möglich bei Hochwasser.
Einkehr: Keine.
Karte: Fjällkartan 1:100.000; Z8 Helags – Funäsdalen – Rogen oder 1:50.000; Z 57 Funäsdalen – Fjällnäs.

Vom Parkplatz beim Hotel Fjällgården in **Ramundberget (1)** gehen wir kurz auf der Straße weiter nach Nordwesten und biegen hinter dem Kinderlift »Lill Ramis« rechts hinunter zur Brücke ab. Hinter der Brücke über den **Ljusnan** halten wir uns zunächst geradeaus und erreichen nach wenigen Metern ein Pilgerzeichen **(2)**, das nach links auf einen schmalen Pfad weist. Diesem folgen wir und gelangen nach ein paar Schritten auf einen breiten Weg, auf

dem wir bequem entlangwandern. Bei einer Verzweigung (»Klinken«, **3**) halten wir uns links.
Der Weg schlängelt sich mit leichtem Auf und Ab durch Birkenwald und hochstaudenreiche Bachtäler, bevor wir die Brücke über den **Sveån (4)** erreichen, hinter der wir – uns weiterhin am Ziel »Klinken« orientierend – den Weg halb links wählen, der in der Folge etwas kurviger verläuft.

Die ehemalige Alm Klinken liegt anmutig in einer Flussschlinge des Ljusnan.

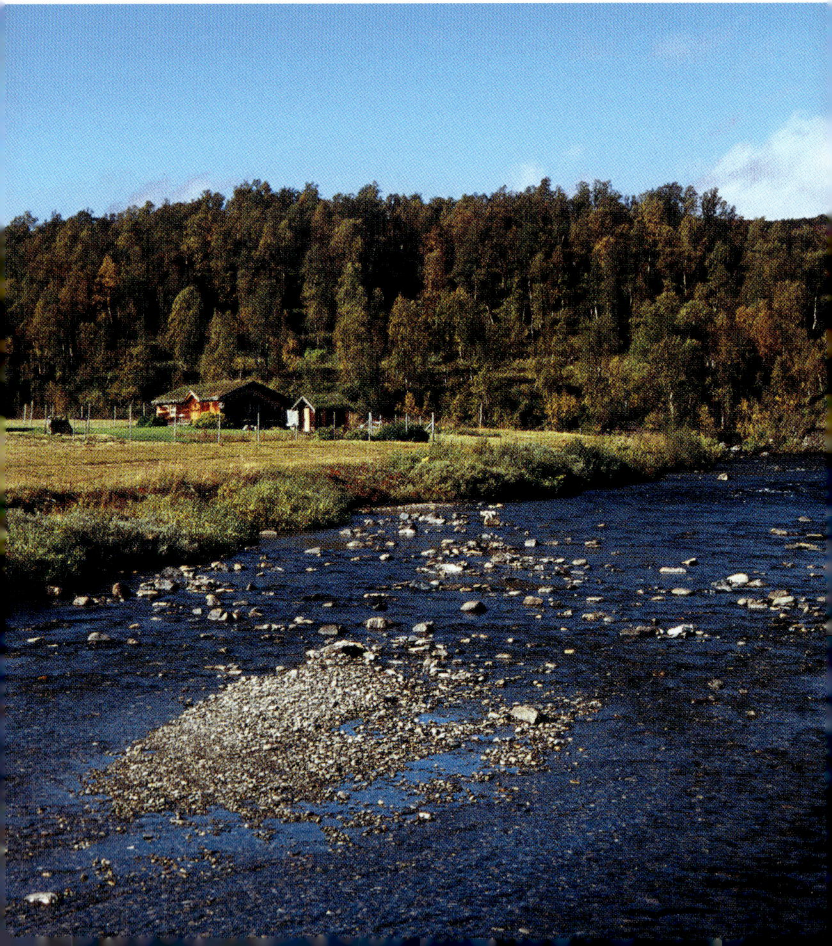

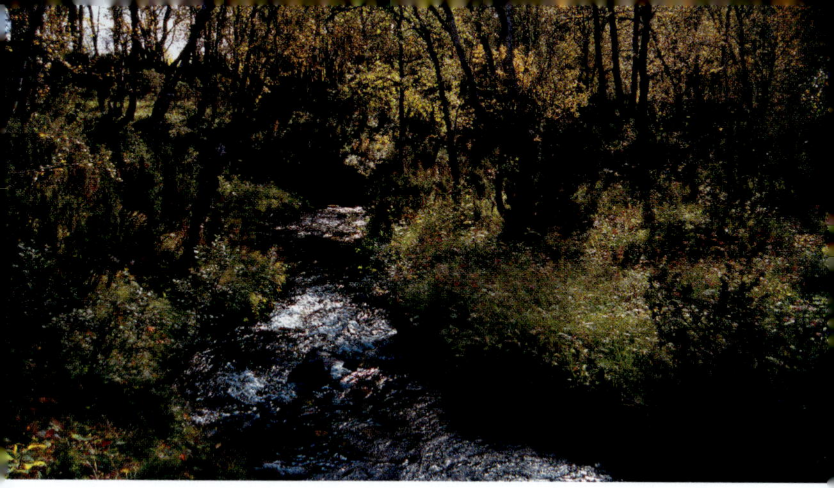

Einer der vielen Seitenbäche plätschert munter dem Ljusnan entgegen.

Nach etwa 600 m schlägt der Weg einen Bogen nach links, wobei sich die Wegspuren auf nassem Untergrund vorübergehend verlieren. Wir halten uns auf einer schmalen, ungefähr in Ost-West-Richtung verlaufenden Schneise und erreichen nach einer Weile auf wieder deutlich sichtbarem Pfad einen **Windschutz (5)**. Dort finden wir erneut einen Wegweiser »Klinken«, dem wir geradeaus folgen. Wir wandern am Ufer des Ljusnan entlang und erreichen hinter einer scharfen Linkskurve schließlich eine Hängebrücke **(6),** die wir überqueren. Wir entern das gegenüberliegende Hochufer und machen rechts einen Abstecher zur idyllisch in einer Flussschleife des Ljusnan gelegenen Alm Klinken (Privatgrundstück, **7**). Anschließend kehren wir zum Hochufer oberhalb der Brücke zurück, biegen nun aber nicht links zur Brücke ab, sondern finden geradeaus einen schmalen, uferparallelen Pfad. Auf ihm überqueren wir zwei Wasserläufe auf Trittsteinen und stoßen bald wieder auf den Hauptweg. Hinter einem Rechtsknick finden wir einen blauer Wegweiser »Ramundberget« nach links **(8)**. Der Pfad, durch Pfosten mit oranger Markierung kenntlich gemacht, führt nun dicht am Ufer des Ljusnan entlang und mündet schließlich auf eine Schotterstraße **(9)**, die links durch welliges Gelände zurück nach **Ramundberget (1)** führt.

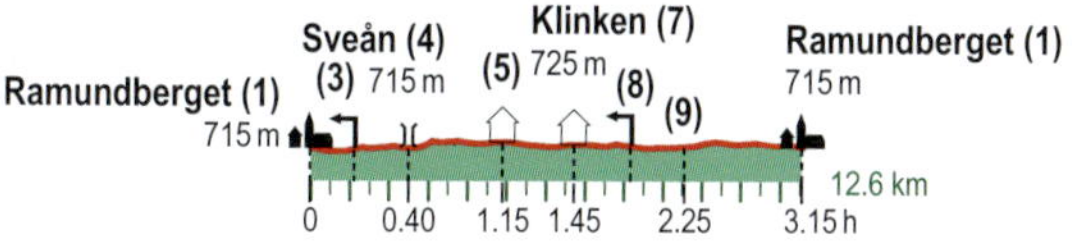

TOP **7**

Grubentour und Stor-Mittåkläppen, 1212 m

5.30 Std.

Auf den Spuren des Bergbaus auf einen aussichtsreichen Gipfel

Der Stor-Mittåkläppen ist mit seiner steil aufragenden Südseite eine der prägnantesten Berggestalten Härjedalens und bietet einen herrlichen Ausblick. Die spannendste Besteigung erfolgt von Ramundberget aus, vorbei an Resten von historischem Kupfer- und Eisenbergbau, Spuren eines Fanggrubensystems und Hügelgräbern aus der Wikingerzeit. Die Landschaft ist äußerst abwechslungsreich und bietet alles von üppigem Fjällbirkenwald über anmutige Bachtälchen und offene Gebirgsheiden bis zur Tundra oberhalb der Baumgrenze.

Ausgangspunkt: Parkplatz gegenüber dem Hotel Fjällgården in Ramundberget. In Funäsdalen nach Norden auf den Väg 531 abbiegen und den Wegweisern bis Ramundberget folgen (19 km).
Höhenunterschied: 630 m.
Anforderungen: Waldwege und Gebirgspfade mit stellenweise steinigen und feuchten Abschnitten. Aufstieg zum Stor-mittåkläppen auf mäßig steilen Wegen.
Einkehr: Djupdalsvallen (ab Mittsommer bis vorletzte Septemberwoche, täglich 11–16 Uhr).
Kombinationsmöglichkeit: Mit Tour 8 oder Tour 9.
Karte: Fjällkartan 1:100.000; Z8 Helags – Funäsdalen – Rogen oder 1:50.000; Z57 Funäsdalen – Fjällnäs.

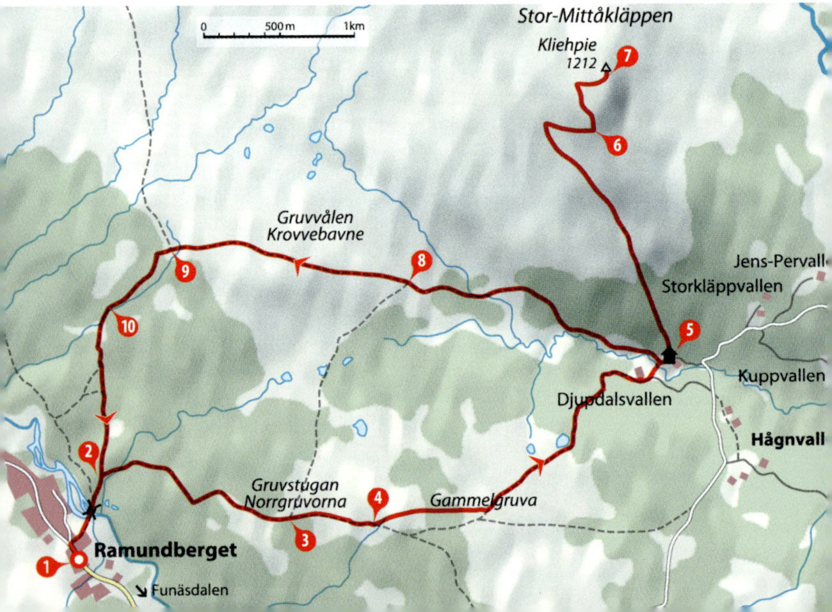

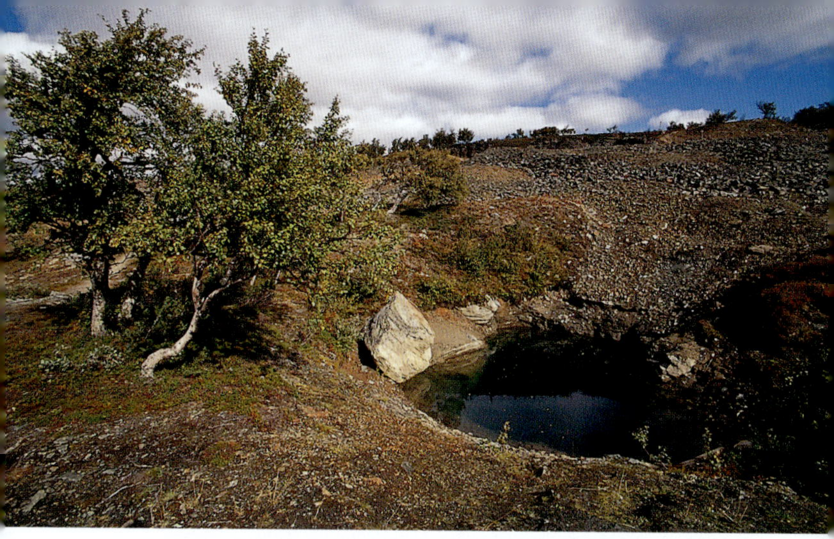

In der »Gammelgruva« wurde zwischen 17. und 19. Jhd. Kupfer abgebaut.

Vom Parkplatz beim Hotel Fjällgården in **Ramundberget (1)** aus gehen wir kurz auf der Straße weiter nach Nordwesten und biegen hinter dem Kinderlift »Lill Ramis« rechts hinunter zur Brücke ab. Hinter der Brücke geht es kurz geradeaus, bevor wir nach wenigen Schritten auf die Wegweiser »Gruvtur« und »Djupdalsvallen« treffen, die uns nach halb rechts lotsen **(2)**. Wir folgen dem mit orangen Pflöcken gekennzeichneten Pfad, überqueren eine Wegkreuzung geradeaus und steigen zügig im Birkenwald aufwärts, eine Abzweigung nach links ignorierend. An der Hangkante treffen wir auf Überreste des Bergbaus: offene Stollen und Abraumhalden sowie die »**Gruvstugan**« **(3)**.
Von dort geht es halb rechts in Richtung »Djupdalsvallen via Forngravar« über weitgehend ebenes Terrain. Vor uns sehen wir bereits die **»Gammelgruva«**, die älteste Kupfergrube, zu der wir links abbiegen **(4)**. Der mit orangen Pflöcken markierte Weg führt uns durch den Abbaubereich aufwärts

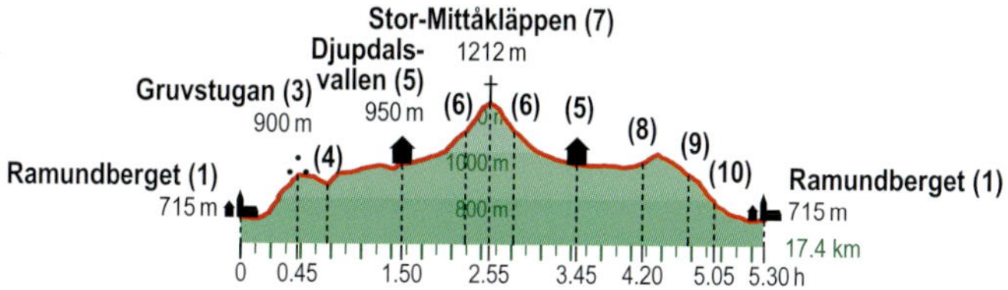

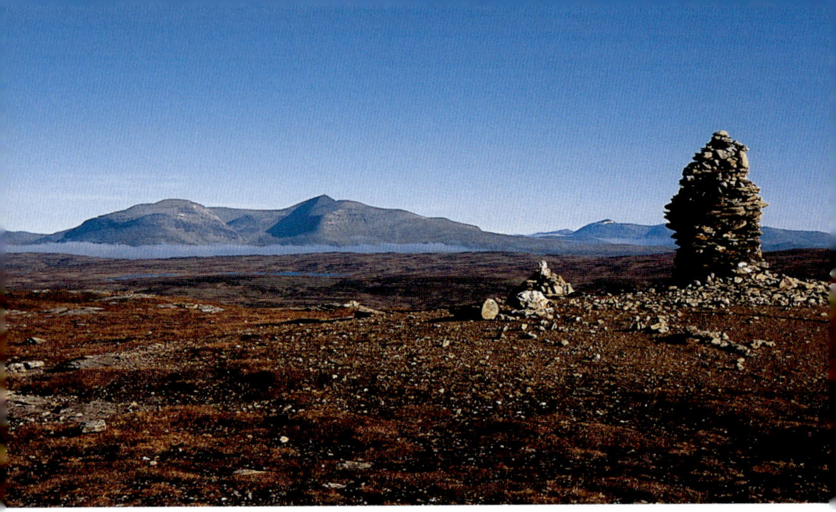

Grandiose Aussicht vom Gipfel des Stor-Mittåkläppen in Richtung Helags.

(Achtung: die Gruben sind nicht gesichert) zu dessen oberen Rand. Von dort geht es über offene Gebirgsheiden sanft abwärts, wobei unser Weg Grabhügel aus der Wikingerzeit (links von uns) passiert und einen von rechts einmündenden Pfad aufnimmt. Wieder im Birkenwald, folgen wir dem Weg, kleinere Trampelpfade nach links und rechts ignorierend, zunächst um eine Rechts-, dann um eine Linkskurve und anschließend über einen Steg. Dahinter rechts, sehen wir nach wenigen Schritten die Alm **Djupdalsvallen (5)** vor uns. Direkt nördlich der Alm beginnt der Weg auf den Stor-Mittåkläppen, der zunächst sanft durch Birkenwald ansteigt. Am Bergfuß oberhalb der Baumgrenze angekommen, schwenkt der Weg nach links (orangefarbige Markierungspfosten beachten) und führt in weitläufigen Serpentinen meist mäßig steil an der Südwestflanke nach oben. Bei einer Verzweigung entscheiden wir uns links für »Alternativ väg lätt« **(6)** und erreichen nach Kurzem den mit einem Steinkegel markierten Gipfel des **Stor-Mittåkläppen (7)**.
Zurück nach Djupdalsvallen **(5)** geht es auf demselben Weg. Westlich der Alm können wir uns am Wegweiser »Ramundberget via Gruvvålen« orientieren. Der Weg schlängelt sich am Nordrand eines Tälchens entlang und dann durch eine kleinräumig kupierte Landschaft. Zunächst leicht, später deutlicher aufwärts. Im Aufstieg zum Gruvvålen halten wir uns bei einer Verzweigung geradeaus **(8)**. Jenseits der Höhe geht es auf der anderen Seite sanft abwärts. Bei der Kreuzung an der Hangkante **(9)** gehen wir links (»Ramundberget«) und in der Folge kräftig den Hang hinunter. Ca. 100 m nach Überquerung eines Bachs in einer eingeschnittenen Kehle zweigt ein mit orange-

farbigen Pfosten markierter, schmaler Weg links ab **(10)**, auf dem wir, durch Birkenwald schräg abwärtsgehend und eine Scootertrasse querend, schließlich an eine Wegkreuzung gelangen **(2)**, auf der wir geradeaus den breiten Weg zur Brücke wählen und nach **Ramundberget (1)** zurückkehren.

Der Stor-Mittåkläppen ist eine der prägnantesten Berggestalten Härjedalens.

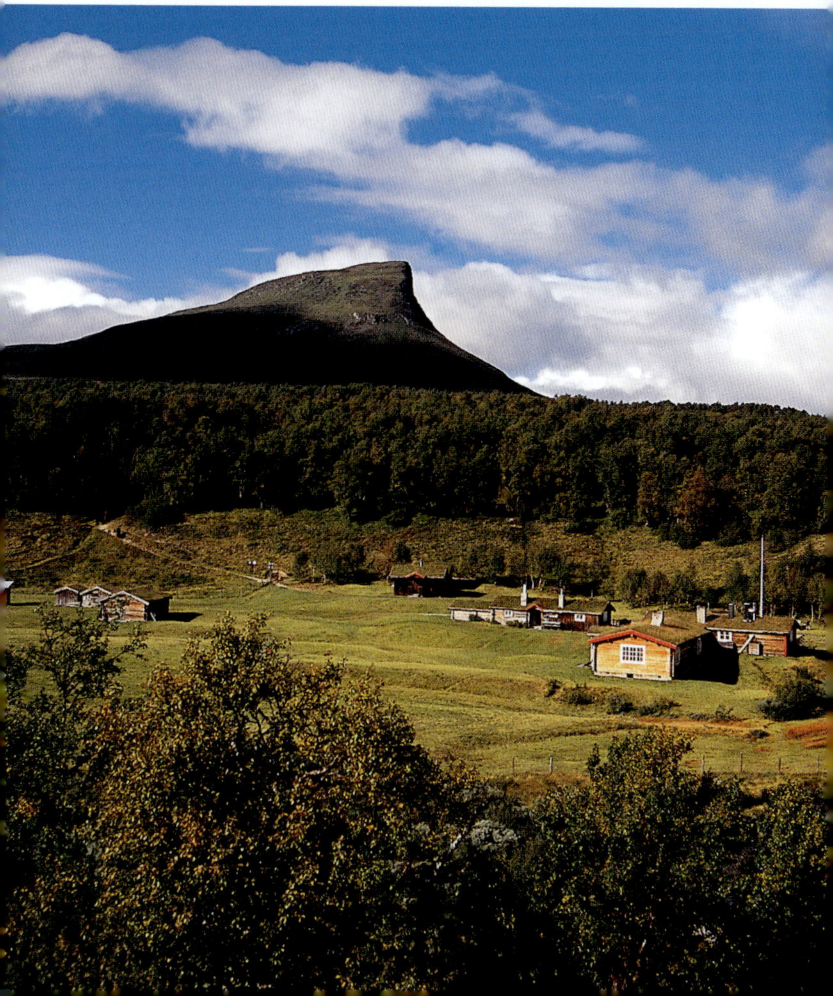

TOP

8 Almentour bei Djupdalsvallen

1.45 Std.

Spaziergang von Alm zu Alm

Diese kleine Runde hat es in sich: es liegen nicht nur sechs Almen auf dem Weg (davon eine noch traditionell bewirtschaftete), es bieten sich auch immer wieder neue Ausblicke auf den charakteristischen Stor-Mittåkläppen. Die weite Talmulde des Mittån und seiner Zuflüsse ist ebenfalls eine landschaftlich ansprechende und darüber hinaus spannende Angelegenheit, denn man kann hier Spuren der Anwesenheit von Bibern entdecken. Hinweistafeln am Weg (auch auf Deutsch) erläutern u. a. Details zur Almwirtschaft.

Ausgangspunkt: Parkplatz bei der Alm Djupdalsvallen. In Funäsdalen nach Norden auf den Väg 531 abbiegen (»Bruksvallarna«) und ihm bis Bruksvallarna folgen. Dort zweigt halb rechts der Kläppvägen ab. Auf einem mautpflichtigen (Kreditkarte), schmalen, aber gut befahrbaren Schotterweg geht es zunächst aufwärts, dann auf der Höhe entlang. Bei einer Gabelung nach ca. 9 km bleiben wir halb links auf dem Hauptweg und erreichen nach einem weiteren Kilometer am Ende einer Gefällstrecke hinter einer Brücke links den Parkplatz.
Höhenunterschied: 110 m.
Anforderungen: Einfache Feldwege und Waldpfade.
Einkehr: Keine. Djupdalsvallen (ab Mittsommer bis vorletzte Septemberwoche, täglich 11–16 Uhr).
Karte: Fjällkartan 1:100.000; Z8 Helags – Funäsdalen – Rogen oder 1:50.000; Z57 Funäsdalen – Fjällnäs.
Tipp: Wer ein Faible für regionale Produkte hat und Käse liebt, kommt an der »Mejeri Butik« in Bruksvallarna nicht vorbei. Hier werden nur eigene Erzeugnisse verkauft (Kuh- und Ziegenkäse). Die Auswahl ist nicht groß, der Geschmack aber ist überwältigend! Geöffnet von Mittsommer bis Ende Sept. Di–Fr 11–16 Uhr.

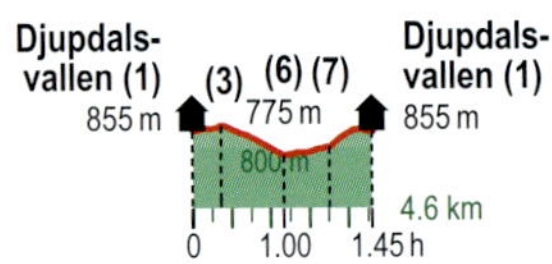

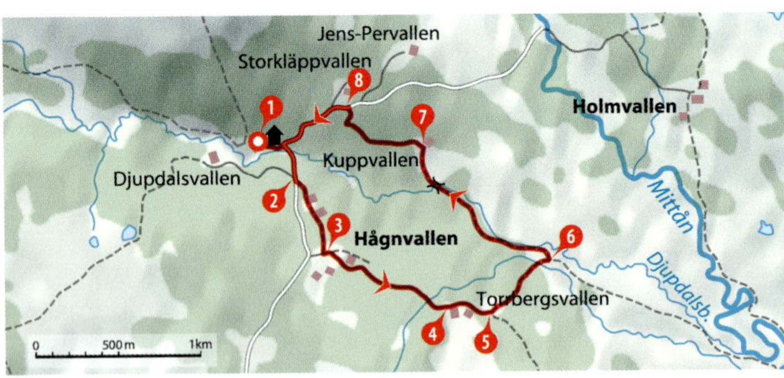

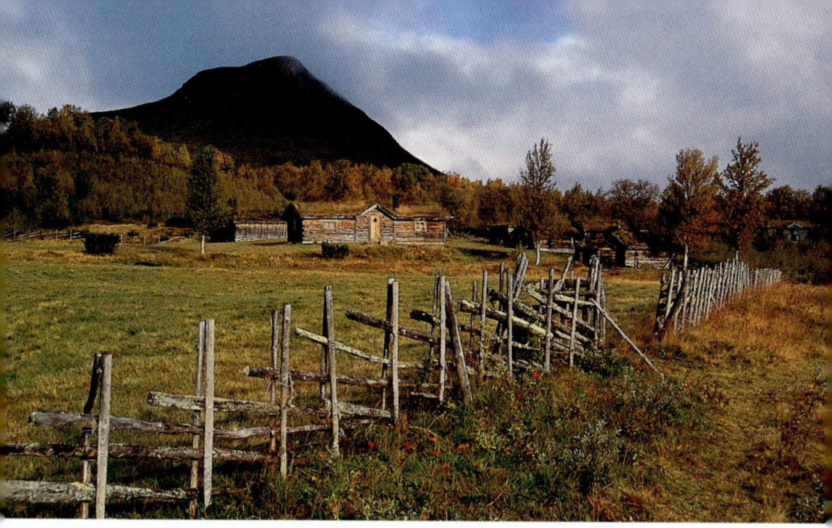

Die Alm Storkläppvallen wird nicht mehr bewirtschaftet.

Vom Parkplatz an der Alm **Djupdalsvallen (1)** gehen wir etwa 250 m auf dem Ankunftsweg zurück, ignorieren einen Feldweg nach links und biegen erst kurz dahinter links auf einen schmalen Fußpfad ein (**2**, Schild »Säterturen«). Rechts an der ersten Alm vorbeiwandernd, erreichen wir die noch bewirtschaftete Alm **Hågnvallen (3)** und biegen dort auf einen Fahrweg halb links ab, der oberhalb der Almgebäude vorbei in den Wald führt (orange markierte Pfosten). Anschließend geht es sanft abwärts, bevor wir zunächst zur oberen **(4)**, später zur unteren Alm von Torrberg kommen. Vor letzterer schwenkt der Weg nach links **(5)** und wir erreichen bald eine Grillhütte **(6)**, an der wir links abbiegen und nach wenigen Metern den Kamm eines schmalen Geländerückens, einem sog. Rullstensåser, erreichen. Von hier öffnet sich der Blick auf die Niederung des Mittån und seiner Nebenbäche. Direkt zu unseren Füßen können wir überprüfen, ob die Biber noch am Werk sind: Vielleicht entdecken wir gefällte Bäume, kleine Dämme, die den Bach aufstauen und sogar eine Biberburg.

Wir wandern auf dem Geländerücken links entlang und gelangen durch Birkenwald leicht ansteigend zur Alm **Kuppvallen (7)**.

Von dort folgen wir einem Fahrweg aufwärts bis zu einer Einmündung in eine breitere Fahrstraße **(8)**. Bevor wir abbiegen, werfen wir noch einen Blick auf die bildhübsche Alm **Storkläppvallen** rechts vor uns. Anschließend laufen wir die Fahrstraße nach links entlang und erreichen nach ca. 500 m wieder den Parkplatz bei **Djupdalsvallen (1)**.

TOP **9**

Im Tal des Mittån

2.45 Std.

Ein Besuch im Biberland und eine originelle Flussüberquerung

Das weite und offene Tal des Mittån ist eine faszinierende Landschaft mit mäandrierenden Bächen und Flüssen, großen Überschwemmungsflächen und Niedermooren, in der Biber ihre Fähigkeiten im Wasserbau unter Beweis stellen. Biberdämme, abgenagte Bäume und Bachumleitungen können aus nächster Nähe bewundert werden und auch eine Biberburg ist zu entdecken. Der Stor-Mittåkläppen ist fast immer in Sichtweite und bietet aus jedem Winkel einen markanten Anblick. Das i-Tüpfelchen dieser Wanderung aber ist die Überquerung des Mittån mit einer muskelbetriebenen Drahtseilbahn; sicher eine der originellsten Arten, ein Fließgewässer zu überqueren.

Ausgangspunkt: Parkplatz bei der Alm Djupdalsvallen. In Funäsdalen nordwärts auf den Väg 531 abbiegen (»Bruksvallarna«) und ihm bis Bruksvallarna folgen. Dort zweigt halb rechts der Kläppvägen ab. Auf einem mautpflichtigen (Kreditkarte), schmalen, gut befahrbaren Schotterweg geht es zunächst aufwärts, dann auf der Höhe entlang. An einer Gabelung nach ca. 9 km halb links weiter auf dem Hauptweg. Nach einem weiteren Kilometer ist am Ende einer Gefällstrecke hinter einer Brücke links der Parkplatz erreicht.

Höhenunterschied: 130 m.

Anforderungen: Meist einfache Wege und Pfade, vereinzelt moorig-nasse Bereiche. Tour bei Hochwasser nicht möglich. Die Querung des Mittån auf einer muskelbetriebenen Drahtseilbahn erfordert Geschicklichkeit und Schwindelfreiheit. Hilfestellung vom Ufer aus möglich.

Einkehr: Djupdalsvallen (ab Mittsommer bis Ende September täglich 11–16 Uhr).

Karte: Fjällkartan 1:100.000; Z8 Helags – Funäsdalen – Rogen oder 1:50.000; Z57 Funäsdalen – Fjällnäs.

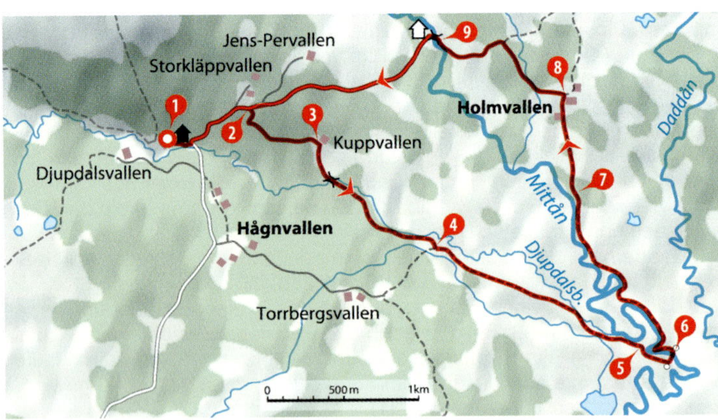

Wir gehen vom Parkplatz an der Alm **Djupdalsvallen (1)** aus links auf der Schotterstraße in Fahrtrichtung weiter. Bei einer Gabelung entscheiden wir uns für den rechten Weg und kurz darauf, vor der Alm **Storkläppvallen**, für einen Waldweg, der rechts abzweigt **(2)**. Auf ihm gelangen wir leicht abwärts zur Alm **Kuppvallen (3)**, die wir links liegen lassen und auf einem schmalen Pfad weiterlaufen. Hinter der Brücke über den Djupdalsbäcken geht es kurz durch den Wald, bevor wir auf einen langgestreckten, offenen Geländerücken gelangen, auf dem wir die nächsten Kilometer entlangwandern, ohne Abzweigungen nach rechts zu beachten **(4)**. Wir genießen den Blick auf den **Djupdalsbäcken**, der unmittelbar neben uns mäandriert, und können Biberdämme, überflutete Flächen und in einiger Entfernung die Biberburg entdecken.

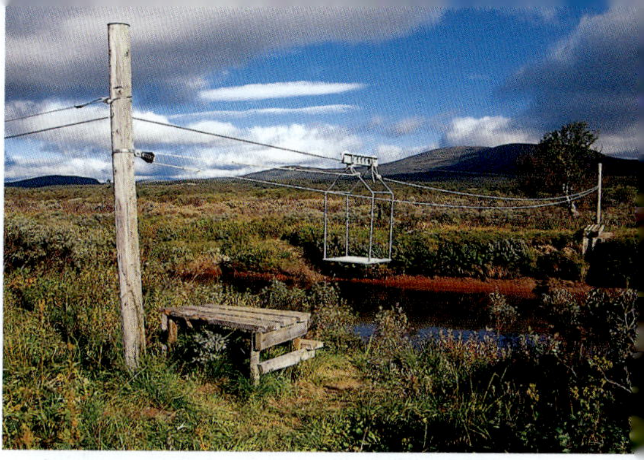

Primitiv, aber effektiv: die handbetriebene Drahtseilbahn über den Mittån.

Der Weg schwenkt schließlich links vom Geländerücken hinunter **(5)**. Wir gelangen an den **Mittån** und zu einer kleinen muskelbetriebenen Drahtseilbahn **(6)**. Wir hangeln uns hinüber und biegen am anderen Ufer nach links auf einen Grasweg ab. Er führt uns, teilweise den Windungen des Mittån folgend, teilweise diese abkürzend, durch niedriges Buschwerk. Der ein oder andere Abstecher nach links zum Fluss lohnt sich, denn dort gibt es schöne Sandbänke bzw. -strände zu entdecken. Schließlich knickt der Weg nach rechts ab **(7)** und führt leicht bergauf durch Birkenwäldchen und Moore, wobei uns einige nasse Stellen erwarten. Leicht ansteigend gelangen wir zur Alm **Holmvallen (8)** und biegen dort auf den Feldweg links ab. Ihm folgen wir hinunter zur Brücke über den **Mittån (9)**, wo wir linker Hand einen Windschutz finden. Weiter der Fahrstraße folgend kommen wir hügelan wieder zu unserem Ausgangspunkt an der Alm **Djupdalsvallen (1)**.

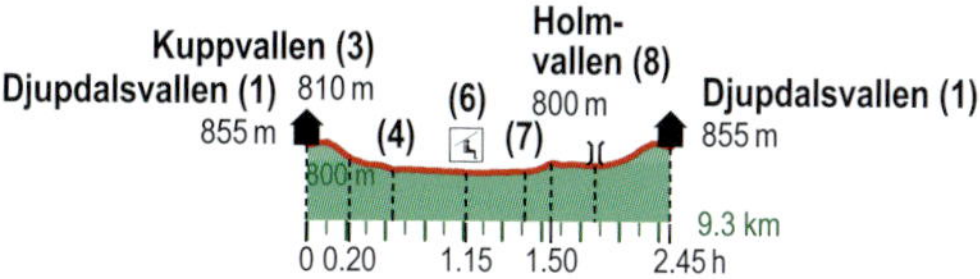

10 Öjön

5.30 Std.

Über eine Hangmoorlandschaft zum »See der tausend Inseln«

Ein hübscher Wasserfall und ein inselreicher See (wenn auch nicht mit »1000 Inseln«, wie der Werbeprospekt verspricht) mit weitem Blick auf das Kalfjäll sind die Höhepunkte dieser Tour. Doch eigentliche »Hauptdarsteller« sind die Hangmoore, durch die man sich bei dieser Tour hauptsächlich bewegt: Kilometer um Kilometer nämlich geht es – auf sehr nassem Untergrund – durch das Reich von Wollgras & Co.

Ausgangspunkt: In Skärkdalen nach Westen in Richtung »Skärvagsvallens fritidsområde« abbiegen und der gut ausgebauten Schotterstraße bis zum Ende folgen. Parkplatz am Ende der Zufahrtsstraße. Bei Anfahrt mit dem Bus: Start in Ljungdalen (dann 3 km länger).
Höhenunterschied: 420 m.
Anforderungen: Fast durchgängig nasser Untergrund, nicht beplankt (Wandergummistiefel oder wasserdichte Wanderstiefel). Ab dem Silverfallet überwiegend schmale und manchmal schwierig zu erkennende Wege; auf Teilstrecken ist kein Pfad vorhanden. An die Orientierung bestehen erhöhte Anforderungen. Im Falle von schlechter Sicht ist die Tour nicht zu empfehlen.
Einkehr: Keine.
Karte: Fjällkartan 1:100.000; Z8 Helags – Funäsdalen – Rogen oder Z6 Storlien – Ljungdalen.

Direkt am Ende der Straße **(1)** beginnt der Wanderweg in Richtung Dalsvallen, dem wir abwechselnd durch Birkenwald und über Hangmoore folgen.

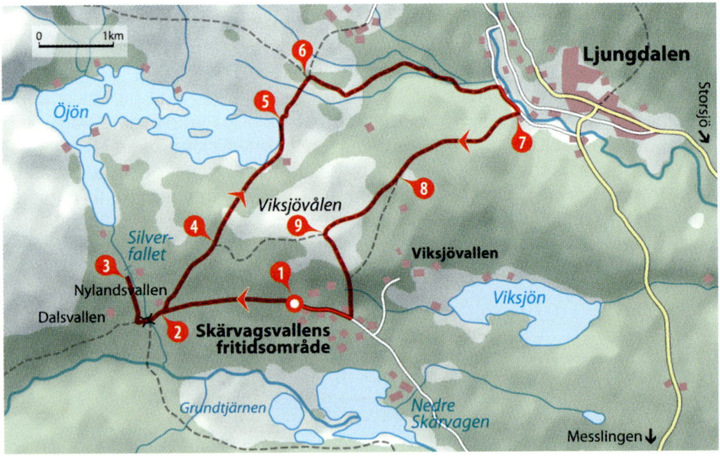

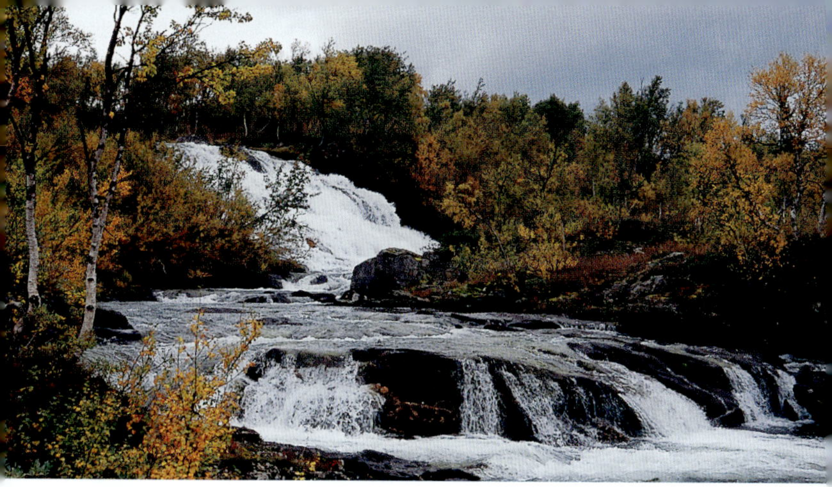

Die zweite Septemberwoche sorgt für herbstliches Ambiente am Silverfallet.

Kurz vor den Hütten von **Nylandsvallen (2)** beginnt der Abstecher zum »Silberfall«, indem wir dem Weg halb links hinunter zur Brücke über den Öjönån folgen. Auf der anderen Flussseite (Schild »Silverfallet«) steigen wir an einer Folge von Kaskaden aufwärts und kommen 200 m oberhalb der letzten Kaskade zum »**Silverfallet**« **(3)**.
Von hier aus wieder zurück bis zum Wegweiser bei Nylandsvallen (der Richtungsweiser »Öjön« ist nur noch schwer zu identifizieren), wo wir hangaufwärts abbiegen und einem sehr schmalen, teilweise undeutlichen Pfad, der spärlich mit »rotem Punkt« markiert ist, folgen. Unterhalb eines kleinen Felsens mündet unser Pfad auf einen schwach sichtbaren Querweg **(4)**, auf den wir links abbiegen. Anschließend geht es etwas stärker bergauf, wobei sich unser Weg zunehmend verläuft. Wir halten weiter die bisherige Richtung ein und können von einem Geländerücken, von wo aus wir bereits den Öjön erkennen können, leicht hangabwärts auf sein südöstliches Ufer zusteuern. Unterhalb einer Hütte treffen wir dort auf einen Quad-Track, dem wir bis zu einer Ansammlung von Bootshäusern am nordöstlichen Ufer des **Öjon (5)** folgen.

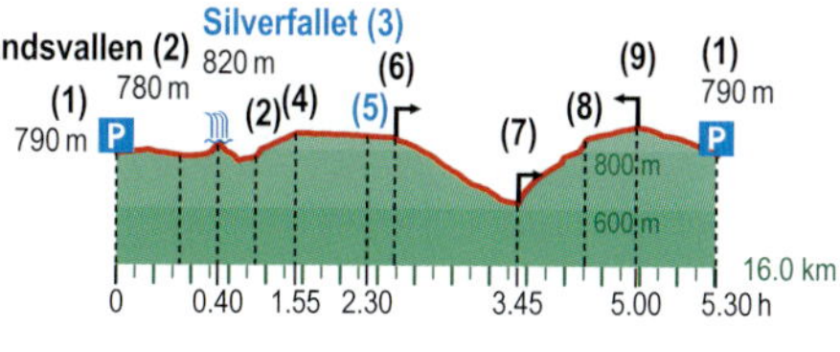

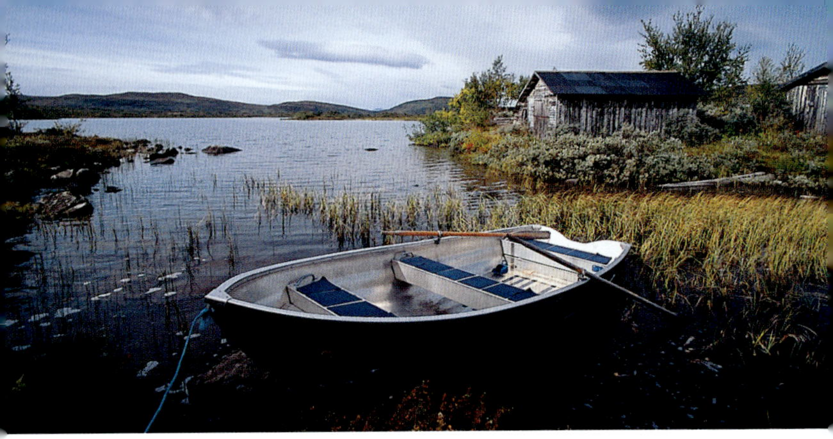

Der See Öjön ist ein beliebtes Angelrevier für die Einwohner von Ljungdalen.

Von dort geht es weiter nach Nordosten, geradeaus vorbei an mehreren Wegweisern, bis wir in einem Wäldchen zu einem weiteren Wegweiser gelangen, an dem wir nach rechts Richtung Ljungdalen abbiegen **(6)** und auf schwach sichtbarer Wegspur leicht hangabwärts gehen. Bald treffen wir auf eine Wintermarkierung, der wir, uns halb links orientierend, über Hangmoore abwärts folgen.

Am Waldrand finden wir einen klar definierten Weg, auf dem wir hinunter in Richtung **Ljungdalen** wandern. Unten angekommen, gehen wir auf der Straße etwa 400 m nach rechts, bis uns ein blauer Wegweiser (»Skärvagsvallen«) unmissverständlich nach rechts weist **(7)**. Aber wo ist der Weg? Wir müssen uns durch Hochstauden an einem Bach und einem Weidezaun entlang nach oben kämpfen und treffen im Waldrandbereich wieder auf eine rote Markierung. Mit ihr als Orientierung steigen wir auf einem schmalen Pfad in Serpentinen kräftig den Hang empor, bevor es oberhalb der Hangkante mit geringerer Steigung weitergeht. Bei der Überquerung eines Hangmoores müssen wir uns konzentrieren, um auf der anderen Seite den Weg wieder aufzuspüren. Einem Wegweiser in Richtung Dalsvallen folgen wir geradeaus **(8)**. Erneut verliert sich danach der Weg, wir können uns aber, die bisherige Richtung beibehaltend, an der Erhebung vor uns orientieren, von der wir noch einmal einen Blick auf den Öjön erhaschen.

Wir steuern dann auf den Wegweiser zu, den wir in einer Verebnung dahinter erkennen, wenden uns dort, wo der Winterweg kreuzt **(9)**, scharf links (»Skärvagsvallen«) und gelangen, der Wintermarkierung über Hangmoore abwärts folgend (aber allzu nasse Stellen meidend), im Wald wieder auf einen gut definierten Pfad, queren eine Leitungstrasse und stehen nach 50 m auf dem Ankunftsweg. Rechts geht es zurück zum **Parkplatz (1)**.

2 Tage

Auf alten Pilgerwegen zum Helagsmassiv

11 TOP

Kalfjäll, so weit das Auge reicht

Diese zweitägige Wanderung ist auf dem Hinweg mit einem der alten Pilgerpfade identisch, die im Mittelalter zum Grab des hl. Olav im Nidaros-Dom von Trondheim führten. Mit nur kurzen An- und Abmarschstrecken im Wald lässt sich eine große Bandbreite an Landschaftsformen des Kalfjälls erwandern: ausgedehnte Deckenmoore, kleine Hochtäler, weite hügelige Hochebenen mit Zwergstrauchheiden und alpinen Rasen, lang gestreckte Höhenrücken, Seen jeglicher Größe, Bäche und Flüsse – und dies alles vor der beeindruckenden Kulisse von Jämtlands höchstem Berg, Helags.

Ausgangspunkt: Parkplatz »Ripan«. Am ICA-Markt in Ljungdalen in Richtung »Kläppen« fahren. Nach 3,5 km links auf einen Schotterweg (»Torkilstöten«) und nach einem knappen Kilometer erneut nach links in den Öjönvägen abbiegen und diesem bis zum Parkplatz mit dem Schild »Ripan« folgen.
Höhenunterschied: 800 m.
Anforderungen: Schmale Pfade, die – insbesondere am Beginn der 1. Etappe – über sehr nassen Untergrund führen. Einige breite Bäche, die überquert bzw. bei höherem Wasserstand durchwatet werden müssen. Die Orientierung erfordert an mehreren Stellen erhöhte Aufmerksamkeit. Bei schlechter Sicht und hohen Wasserständen nicht zu empfehlen.
Unterkunft: Helags Fjällstation.
Karte: Fjällkartan 1:100.000; Z8 Helags – Funäsdalen – Rogen oder Z6 Storlien – Ljungdalen oder 1:50.000; Z56 Helags.
Tipp: Bei schönem Wetter Helags-Besteigung (1797 m, Schwierigkeit »rot«).

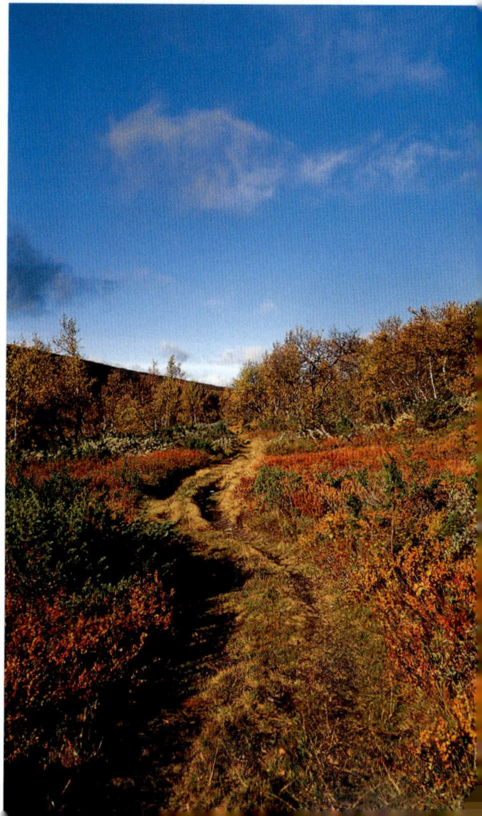

Herbstliches Farbenfeuerwerk auf dem Weg zur Helags Fjällstation.

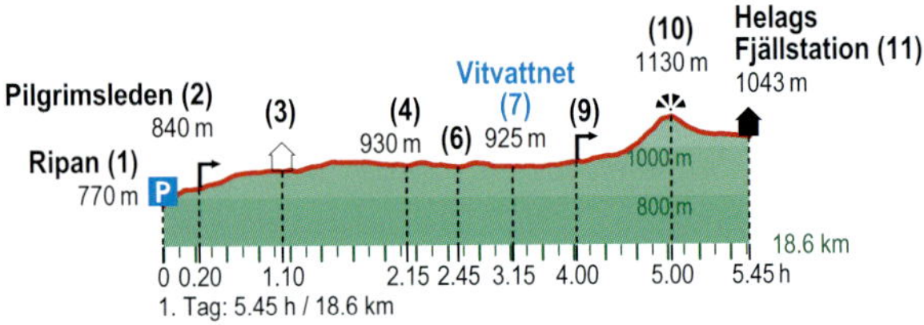

Helags Fjällstation (11)
1043 m
(10)
1130 m
Vitvattnet
(7)
925 m
Pilgrimsleden (2)
840 m
(3)
(4)
930 m
(6)
(9)
Ripan (1)
770 m
P
1000 m
800 m
18.6 km
0
0.20
1.10
2.15
2.45
3.15
4.00
5.00
5.45 h
1. Tag: 5.45 h / 18.6 km

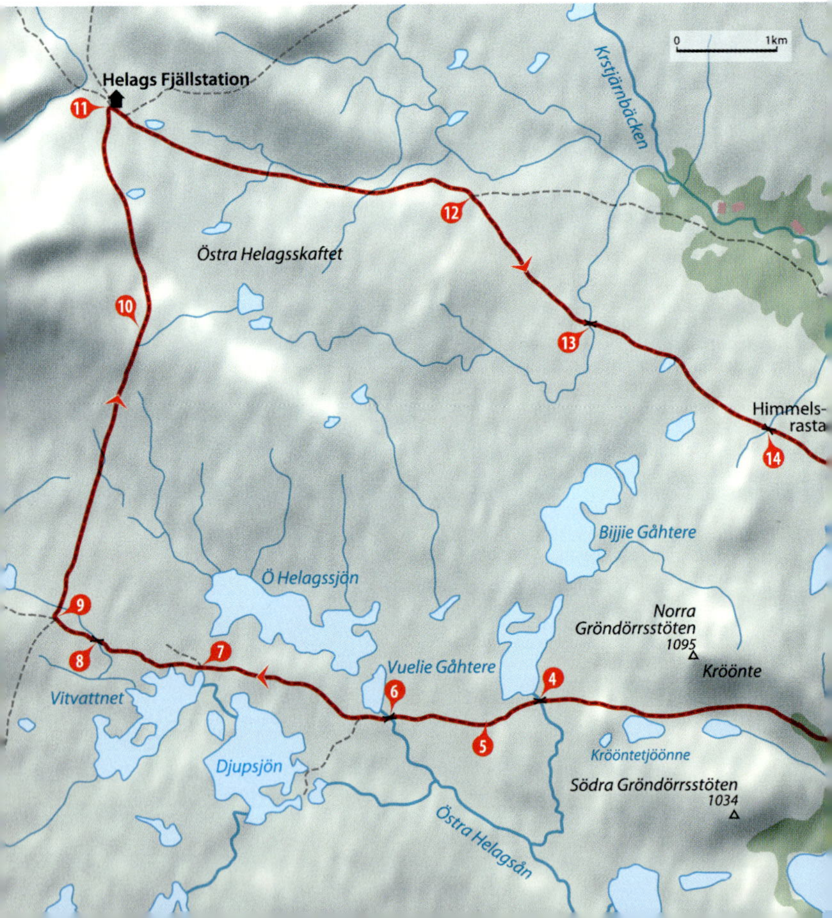

0
1km
Helags Fjällstation
Krstjärnbäcken
Östra Helagsskaftet
Himmels-
rasta
Bijjie Gåhtere
Ö Helagssjön
Norra
Gröndörrsstöten
1095
Kröönte
Vuelie Gåhtere
Vitvattnet
Djupsjön
Krööntetjöönne
Södra Gröndörrsstöten
1034
Östra Helagsån
11
12
13
10
14
9
8
7
6
5
4

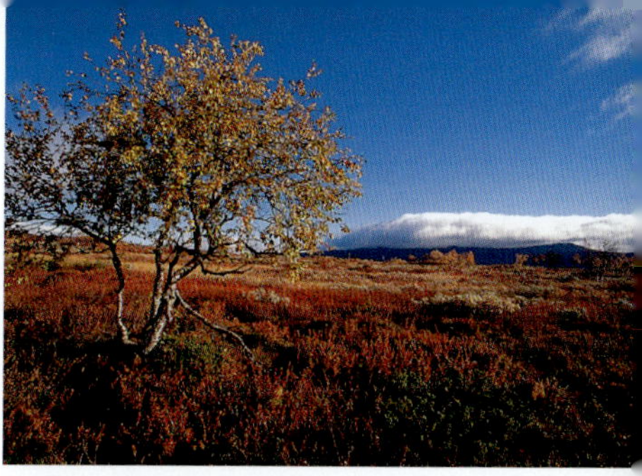

Blick über weite Fjällheiden.

1. Etappe: Ljungdalen – Helags Fjällstation: Das Andreaskreuz des Winterwegweisers und ein verwittertes Schild »Öjön« markieren den Beginn des Weges am Parkplatz **»Ripan« (1)**, der durch feuchten Birkenwald aufwärts und anschließend über einen moorigen Hang mit sehr nassem Untergrund führt. Wenige Hundert Meter, nachdem wir einen Bach überquert haben, biegen wir an einer Wegkreuzung rechts ab (Wegweiser »Pilgrimsleden«, **2**) und wandern auf etwas trockenerem Gelände abwechselnd auf Pfaden und Quad-Spuren sanft bergan, wobei uns eine rote Markierung begleitet. Hinter einem querenden Winterweg halten wir uns – auf wieder etwas nasserem Terrain und auf undeutlichen Wegspuren – hangparallel geradeaus. Beim nächsten Wäldchen finden die Wegspuren wieder zu einem gut sichtbaren Weg zusammen und wir erreichen – oberhalb an einer Windschutzhütte **(3)** vorbei – den Eingang eines Hochtales südlich des Berges **Kröönte** (bzw. Norra Gröndörrsstöten). Hinter einem letzten geschlossenen Baumbestand halten wir uns halb rechts am Hang und folgen einer schwach ausgeprägten Geländekante nördlich oberhalb an zwei Seen vorbei. Schließlich entlässt uns das Hochtal in eine sanft hügelige Landschaft, in der wir nach kurzer Wanderung einen breiten Bach **(4)** überqueren (evtl. waten). Knapp 400 m dahinter nehmen wir bei einer Gabelung die linke Möglichkeit und gehen an einem Weidezaun anschließend durch ein **Gatter (5)**, hin-

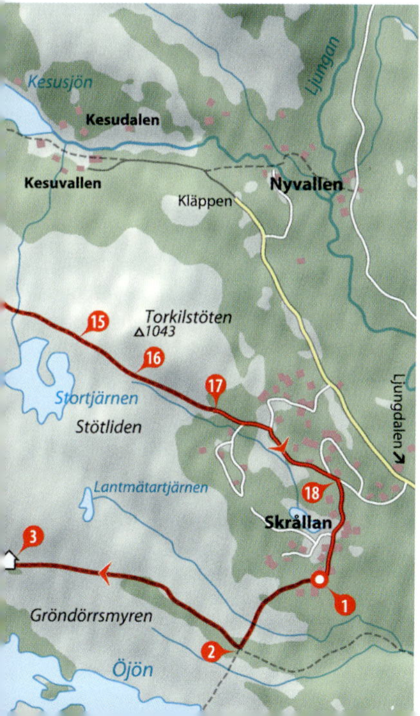

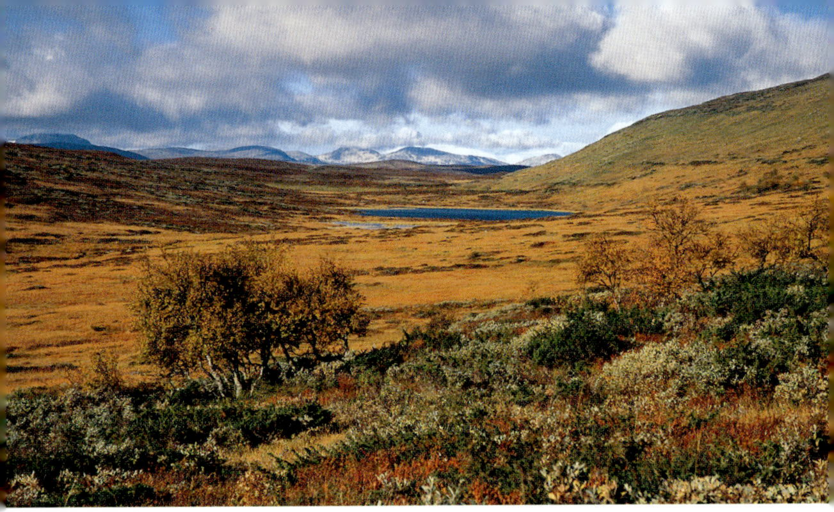

Durch das Hochtal südlich des Kröönte geht der Blick nach Westen.

ter dem der Weg nach rechts schwenkt. Nicht weit dahinter überqueren wir einen Zufluss des **Östra Helagsån (6**, evtl. waten**)** und bleiben bei der folgenden Weggabelung halb rechts der roten Markierung treu. In kleinräumig kupiertem Gelände kommen wir nach etwa 1,4 km (20–25 Min.) an eine weitere **unbeschilderte Verzweigung (7** – ab hier fehlt die rote Markierung**)**, wo wir uns links halten und in Sichtweite des **Vitvattnet** auf schwach ausgeprägter Wegspur weiter nach Westen wandern. Erneut überqueren wir einen breiten Bach (**8** – evtl. waten) und kommen kurz darauf an eine beschilderte Wegkreuzung **(9)**. Hier biegen wir rechts auf einen deutlich ausgetretenen Weg ab (»Helags«) und wandern – jetzt mit oranger Markierung – zunächst durch eine nasse Bachsenke und über feuchte Unterhangbereiche, später auf trockenem Untergrund, auf den östlichen Ausläufer des Helagsmassivs hinauf, überqueren einen Weidezaun auf einer Trittleiter **(10)** und erreichen nach ca. 2,5 km auf leicht abfallendem Weg die **Helags Fjällstation (11)**.

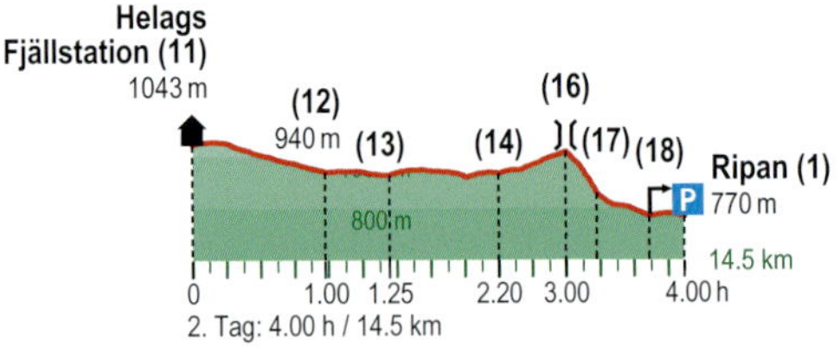

2. Etappe: Helags Fjällstation – Ljungdalen: Wir verlassen die Fjällstation in Richtung Ljungdalen und wandern auf einem breiten Weg fast unmerklich abwärts. Bei einer Wegkreuzung nach knapp 4 km **(12)** entscheiden wir uns halb rechts für den Winterweg nach Kläppen, der sich als schmaler, an nassen Stellen beplankter Pfad darstellt. Er verläuft zunächst fast eben, um hinter einem breiten Bach **(13)**, den wir auf Steinen überqueren können, etwas stärker anzusteigen. Wir gelangen links an einem See vorbei auf eine durch Bacheinschnitte gegliederte Bergflanke und wandern, mit kleinen Zwischenabstiegen, tendenziell bergauf. Nach einer Bachüberquerung **(14)** kommen wir in einiger Entfernung an der Hütte »**Himmelsrasta**« (privat) vorbei. Unweit dahinter spaltet sich der Weg in zwei Äste auf, die aber nach einigen hundert Metern wieder zusammenfinden. Nordöstlich des **Stortjärn** kreuzt ein Winterwanderweg **(15)**, während wir unserer bisherigen Richtung geradeaus treu bleiben (Wegweiser »Ljungdalen«, »Liften«) und ansteigend auf etwas nasserem Untergrund zum schwach ausgeprägten Sattel **(16)** zwischen Torkilstöten und Stötliden hinaufwandern. Von dort geht es am Lift entlang zügig abwärts zu einem Parkplatz **(17)** und etwa 1,7 km weiter auf dem Schotterweg bis zur Abzweigung des Öjönvägen nach rechts **(18)**. Auf ihm erreichen wir wieder den Parkplatz »**Ripan**« **(1)**.

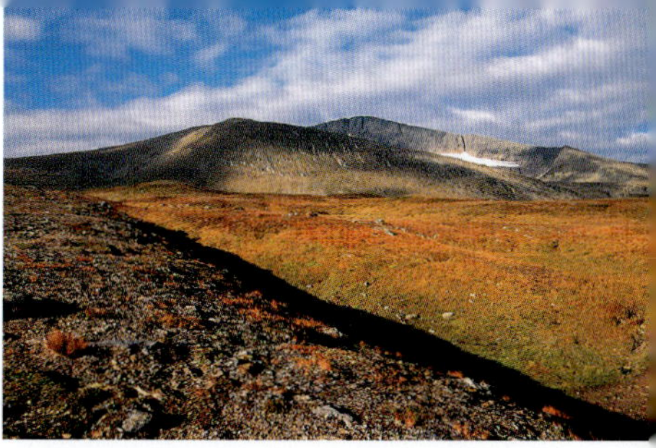

Das Kalfjäll kleidet sich in herbstliche Farben.

Die ersten Strahlen der Morgensonne berühren Helags und Helags Fjällstation.

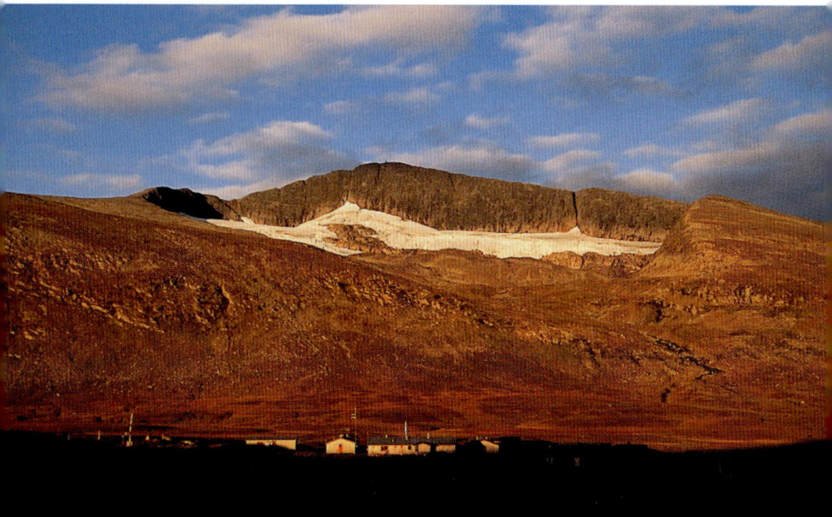

12 Ånnfjället, 1301 m

3.45 Std.

Zu einer hoch gelegenen Baumgrenze und auf einen Aussichtsberg

Diese Wanderung führt zu einer der höchstgelegenen Baumgrenzen Schwedens, 1080 m, und noch ein Stück höher hinaus auf das Ånnfjället. Im Gegensatz zu den umgebenden Bergen besteht das Ånnfjället aus Diabas, einem Vulkangestein, das wesentlich härter ist und somit andere Verwitterungseigenschaften aufweist als die umgebenden Grundgesteine. Daher finden sich hier wesentlich schroffere und zerklüftetere Formen, als man es sonst aus der schwedischen Bergwelt gewohnt ist. Bereits vom westlichsten Vorgipfel aus öffnet sich ein hervorragender Blick nach Westen, doch vom Hauptgipfel aus ist der Ausblick atemberaubend und reicht bei guter Sicht bis zu den Gipfeln des Rondane-Nationalparks in Norwegen.

Ausgangspunkt: Kleiner Parkplatz direkt an der Feldweg-Abzweigung nach Övre Lillåsvallen mit dem Schild: »Sommarled Anåfjäll Ånnfjällstjärn«. Mit dem Auto vom Väg 84 Richtung »Bruksvallarna«, nach weiteren 3,5 km nach rechts in Richtung »Ljungdalen« abbiegen. Auf der gut ausgebauten Schotterstraße knapp 5 km bis auf Höhe Lillåsvallen.
Höhenunterschied: 550 m.
Anforderungen: Stellenweise steil, steiniger und teilweise blockreicher Untergrund. Trittsicherheit ist erforderlich.
Einkehr: Keine.
Karte: Fjällkartan 1:100.000; Z8 Helags – Funäsdalen – Rogen.

Vom **Parkplatz (1)** gehen wir den schmalen Fahrweg hinauf zur Alm **Övre Lillåsvallen (2)** und gelangen an dieser rechts vorbei auf einen Waldweg, der zunächst mäßig, später kräftiger und z. T. recht steinig den Hang hinauf ansteigt. Schließlich geht es steil nach oben, was uns rasch über die Wald-

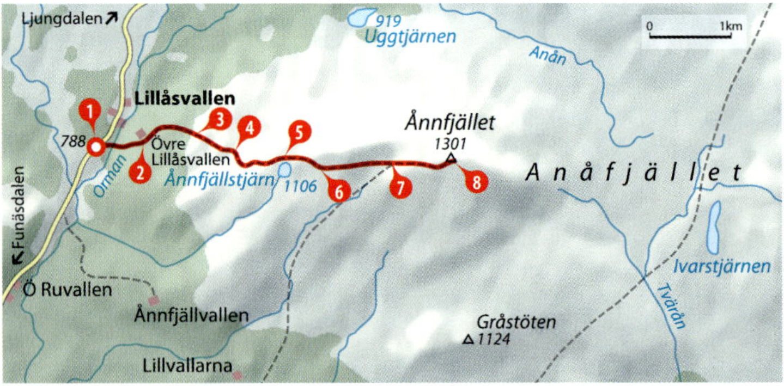

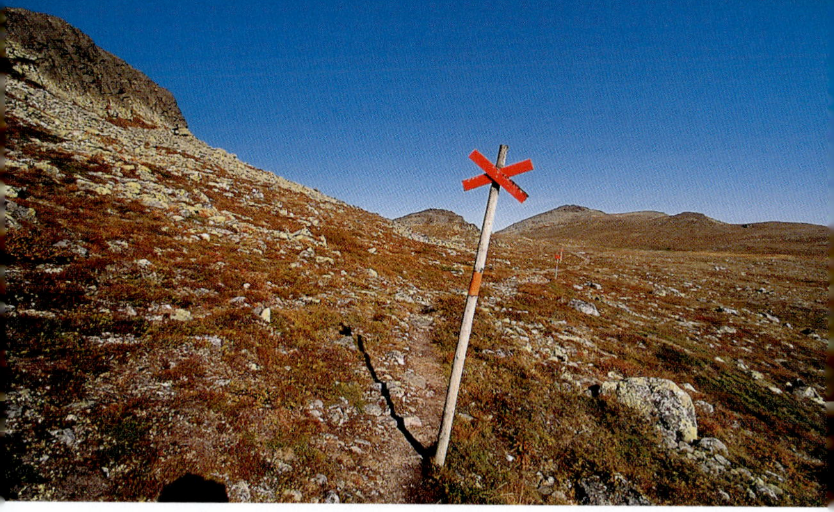

Auf dem Weg zum Hauptgipfel sind Sommer- und Winterroute identisch.

grenze hinausbringt **(3)**. Auch danach steigt der Weg weiter zügig bergauf, bis an einem schwach ausgeprägten Sattel **(4)** der Hauptanstieg bewältigt ist. Nun geht es mit geringem Höhengewinn weiter zum **Ånnfjällstjärn (5)**, der hinter einer Geländewelle unvermittelt vor uns auftaucht. An seinem Nordufer vorbei steuern wir die nächste Geländestufe an, die mäßig steil nach oben führt, und queren dabei ein kleines Blockfeld. Nach diesem Anstieg **(6)** erst erschließt sich der Blick auf den Hauptgipfel. Wir nähern ihm uns auf einem längeren hangparallelen Wegabschnitt. Vorbei an einem (Winter-)Wegweiser **(7)** beginnen wir den mäßig steilen Schlussanstieg zum Gipfel des **Ånnfjället (8)**, der auf den letzten Metern recht blockreich wird. Wir nehmen denselben Weg zurück.

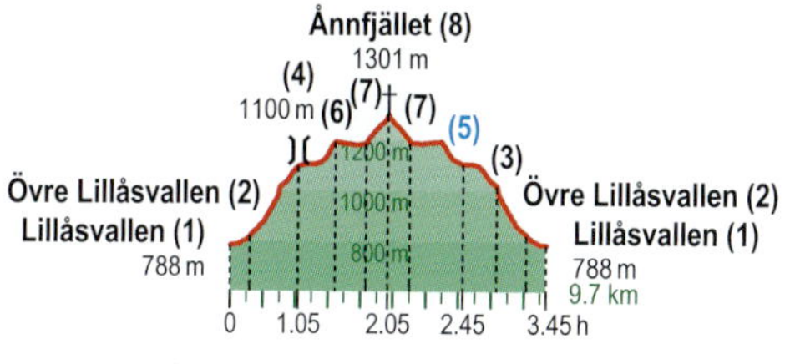

13 Anådalen und Kappruet, 1003 m

5.45 Std.

Durch ein Hochtal zu einem Aussichtspunkt, über Fjällheiden zurück

Auf dieser Wanderung durch ein Hochtal, auf einen Aussichtspunkt und über Trocken- und Feuchtheiden lassen sich – mit etwas Glück – kleine Rentierherden beobachten. Sie gehören Samen-Kooperativen und werden extensiv gehalten. Die Tiere weiden dabei entweder ganzjährig in riesigen Arealen oder werden im Frühjahr von den Tieflandwäldern des Ostens zu den Sommerweidegebieten im Fjäll getrieben und im Herbst wieder zurück, wobei sowohl für die Wanderung als auch die Wintereinstandsgebiete Gewohnheitsrechte bestehen. Nichtsdestoweniger kommt es immer wieder zu Rechtsstreitigkeiten zwischen Landbesitzern und Rentierzüchtern.

Ausgangspunkt: Parkplatz »Guldtur Parkering 25«. Mit dem Auto vom Väg 84 in Richtung »Bruksvallarna«, nach weiteren 3,5 km nach rechts in Richtung »Ljungdalen« abbiegen. Auf der gut ausgebauten Schotterstraße ca. 10 km fahren. Zufahrt zum Parkplatz ca. 0,8 km hinter einer Kiesgrube auf der rechten Straßenseite. Die Parkplatz-Beschilderung ist nur bei Anfahrt von Süden zu erkennen.

Höhenunterschied: 300 m.

Anforderungen: Quadwege, schmale Pfade, stellenweise steinig und nass. Beim Aufstieg auf das Kappruet eine steile Passage; etwas Trittsicherheit ist erforderlich.

Einkehr: Keine.

Variante: Bei Verzicht auf den Aufstieg auf das Kappruet verkürzt sich die Wanderung um 1.45 Std.

Karte: Fjällkartan 1:100.000; Z8 Helags – Funäsdalen – Rogen.

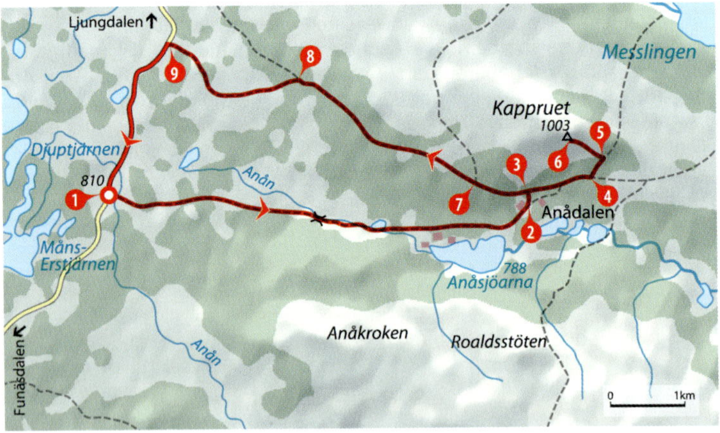

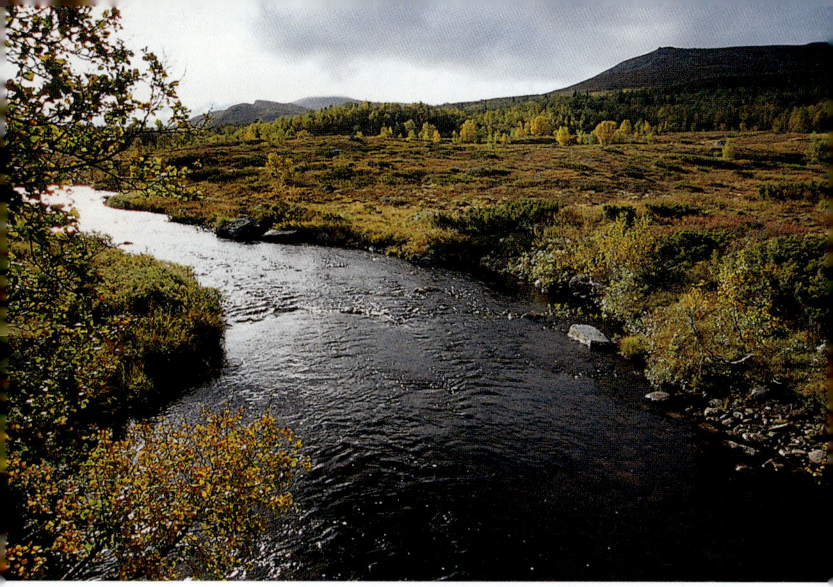

Der Anån fließt durch ein Hochtal, in dem Anfang September die Herbstfärbung einsetzt.

Vom **Parkplatz (1)** aus führt ein Quadweg auf einer schmalen Geländeerhebung in Richtung Osten, auf dem wir gut 3 km bis zu einer Holzbrücke über den Anån entlang wandern. Anschließend gehen wir am nördlichen Talrand mit leichtem Auf und Ab durch Birkenwald. Auf leicht ansteigendem Weg erreichen wir **Anådalen (2)**, einen samischen Siedlungsplatz. Zwischen den Häusern erkennen wir das Hinweisschild »Guldtur«, das uns links den Hang hinauf weist, wo unser Pfad nach 150 m mit einer T-Kreuzung auf eine breitere Scooterschneise mündet **(3)**. Von hier aus machen wir einen Abstecher auf das Kappruet (unmarkiert) und gehen dazu rechts auf der hangparallelen Schneise entlang, bis der Wald einer offenen Bergheide weicht. Bei der dortigen Weggabelung **(4)** gehen wir links sanft aufwärts bis zum Hochpunkt des Geländerückens, wo ein undeutlicher Pfad nach links in eine schmale Waldschneise abzweigt **(5)**. Zunächst mit mäßiger Steigung, oberhalb der Waldgrenze dann steil aufwärts, erreichen wir den mit einem Steinkegel markierten Gipfel des **Kappruet (6)**. Zurück zunächst auf demselben Weg.

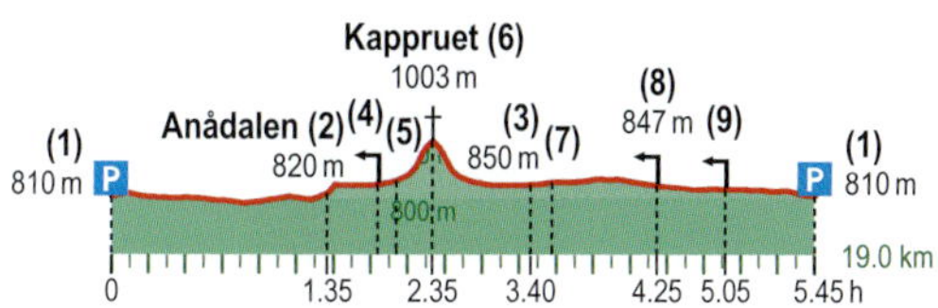

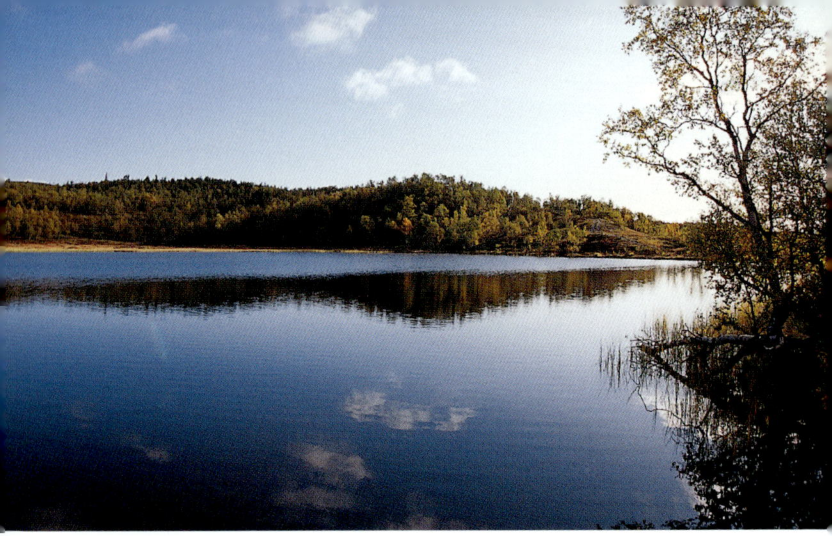

Namenloser See auf dem Weg nach Anådalen.

Wieder am Ausgangspunkt unseres Abstechers **(3)**, folgen wir der Beschilderung »Guldtur« und dem Scooterweg mit leichtem Höhengewinn durch Birkenwald und über Moore nach Westen. Bei einer Verzweigung **(7)** nehmen wir den Pfad halb links (»Mittådalen«). Über sanft welliges Terrain wandern wir ca. 3 km, bis wir wenige Schritte hinter einem Wegweiser für Scooter eine mit »Guldtur« bezeichnete Abzweigung nach links finden **(8)**. Bei einer erneuten Gabelung nach 50 m halten wir uns geradeaus (ebenfalls »Guldtur«) und laufen – mit orange markierten Pfosten als Orientierung – über offene Feucht- und Trockenheiden (einige nasse Passagen), vorbei an kleinen Birkenbeständen und Seen bis zur Straße **(9)**. Dort wenden wir uns links und beenden nach ca. 2 km die Wanderrunde am **Parkplatz (1)**.

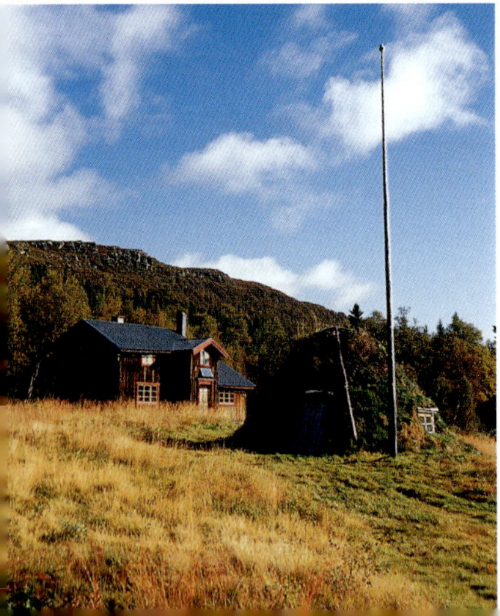

Anådalen ist ein alter samischer Siedlungsplatz.

2.00 Std.

Ruändan, 951 m

14 TOP

Zu einer der figurenreichsten prähistorischen Felsmalereien Schwedens

Am jähen Südostabfall der Hochebene Flatruet, Ruändan, haben prähistorische Jäger ihre Kunstwerke auf den senkrechten Fels gemalt. Nicht im Museum, sondern an authentischer Stelle kann man heute diese Malereien bewundern, bei denen es sich hinsichtlich der verschiedenen dargestellten Motive um eine der reichsten Darstellungen dieser Art in Schweden handelt. Sogar die Farbe ist noch originalen Ursprungs (bitte nicht berühren!). Über mehr als 4000 bis 5000 Jahre hinweg erreicht die Botschaft der Bilder die Gegenwart – wer bekommt da keine Gänsehaut? Über gut ausgeschilderte Wege erreicht man dieses herausragende Kulturdenkmal, genießt anschließend die Aussicht vom Ruändan und nutzt die Gelegenheit, sich auf dem Rundweg einen interessanten Canyon anzusehen.

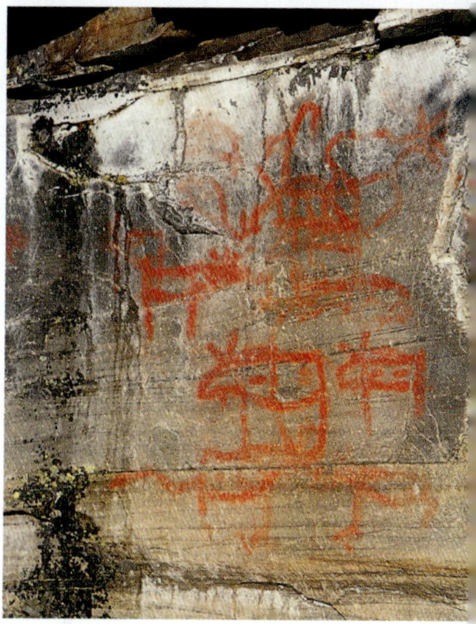

Die Felsmalereien entstanden vor etwa 4000 bis 5000 Jahren.

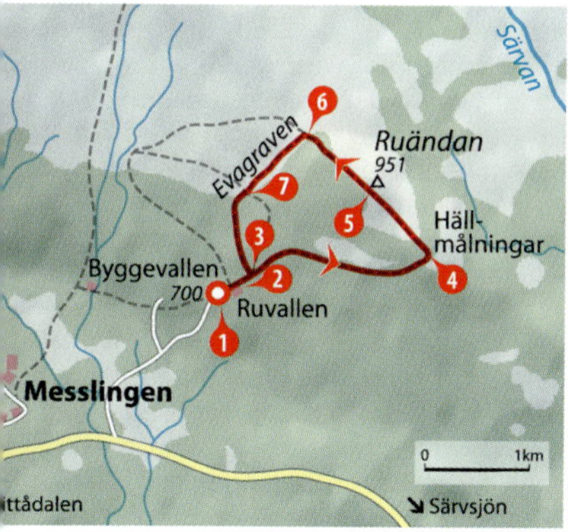

Ausgangspunkt: Parkplatz unterhalb von Ruvallens Fäbodar. Von Messlingen aus 2 km nach Osten (in Richtung Hede), beim Hinweisschild »Hällmålningar« auf einen Feldweg nach links (mautpflichtig) abbiegen und bis zum Parkplatz hinauffahren.
Höhenunterschied: 250 m.
Anforderungen: Wald- und Gebirgspfade mit stellenweise steinigem und geröllreichem Untergrund; etwas Trittsicherheit ist erforderlich. Feuchtstellen beplankt.
Einkehr: Keine.
Karte: Fjällkartan 1:100.000; Z8 Helags – Funäsdalen – Rogen.

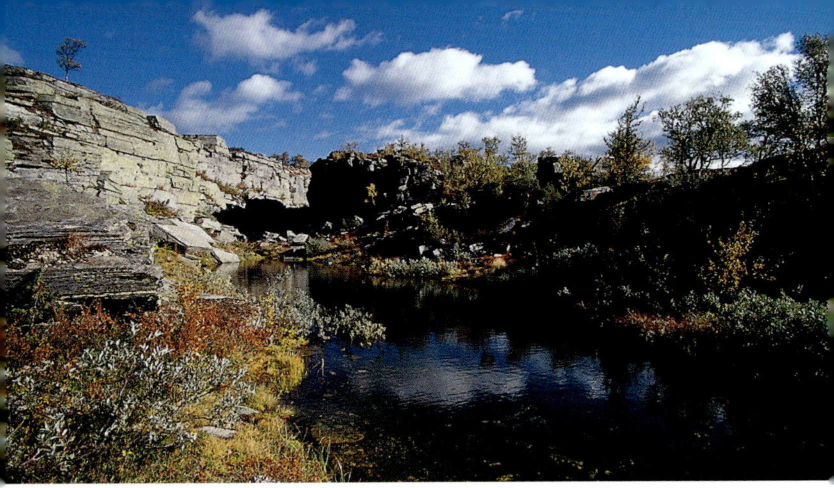

Oben: Der untere Abschnitt des Evagraven ist wassergefüllt.
Rechts: Pittoresk auf einer Lichtung unterhalb des Südabfalls des Flatruet liegt die Alm Ruvallen.

Vom **Parkplatz (1)** unterhalb von Ruvallens Fäbodar wandern wir den Fahrweg hinauf und erreichen nach wenigen Schritten die hübsche Alm **Ruvallen (2)**. Von dort geht es auf breit ausgetretenem Weg, den Schildern »Hällmålningar« folgend, leicht ansteigend durch Wald aufwärts. Bei einer Wegverzweigung **(3)** halten wir uns halb rechts. Wir laufen anschließend eine Weile hangparallel auf Planken, bevor uns ein erneuter Anstieg zu einem Kreuzungspunkt bringt **(4)**. Nur wenige Meter dahinter finden wir die **Felsmalereien** (Erläuterungstafel, auch auf Englisch).
Anschließend nehmen wir den Weg in Richtung »Evagraven« und steigen kurz, aber kräftig bergauf, bis wir die Hangkante der Hochebene erreichen, von wo wir mit sanfterer Steigung zum **Ruändan (5)** wandern, von dem aus wir eine hervorragende Aussicht vor allem nach Norden und Osten haben.
Weiter geht es Richtung Westen mit geringem Höhenverlust zum nördlichen »Ende« des **Evagraven (6)**, einem vom Ende der Eiszeit stammenden Canyon. Hier biegen wir links ab (»Ruvallen«), folgen dem östlichen Canyonrand abwärts und queren an seinem **unteren Ende (7)** nach rechts. Von dort führt der Weg durch lichten Wald weiter bergab, bis wir wieder den Hauptweg erreichen **(3)**. Auf ihn biegen wir rechts ab und erreichen wieder **Ruvallen (2)** und den **Parkplatz (1)**.

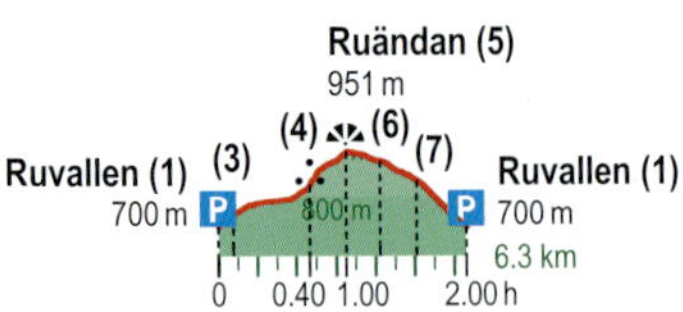

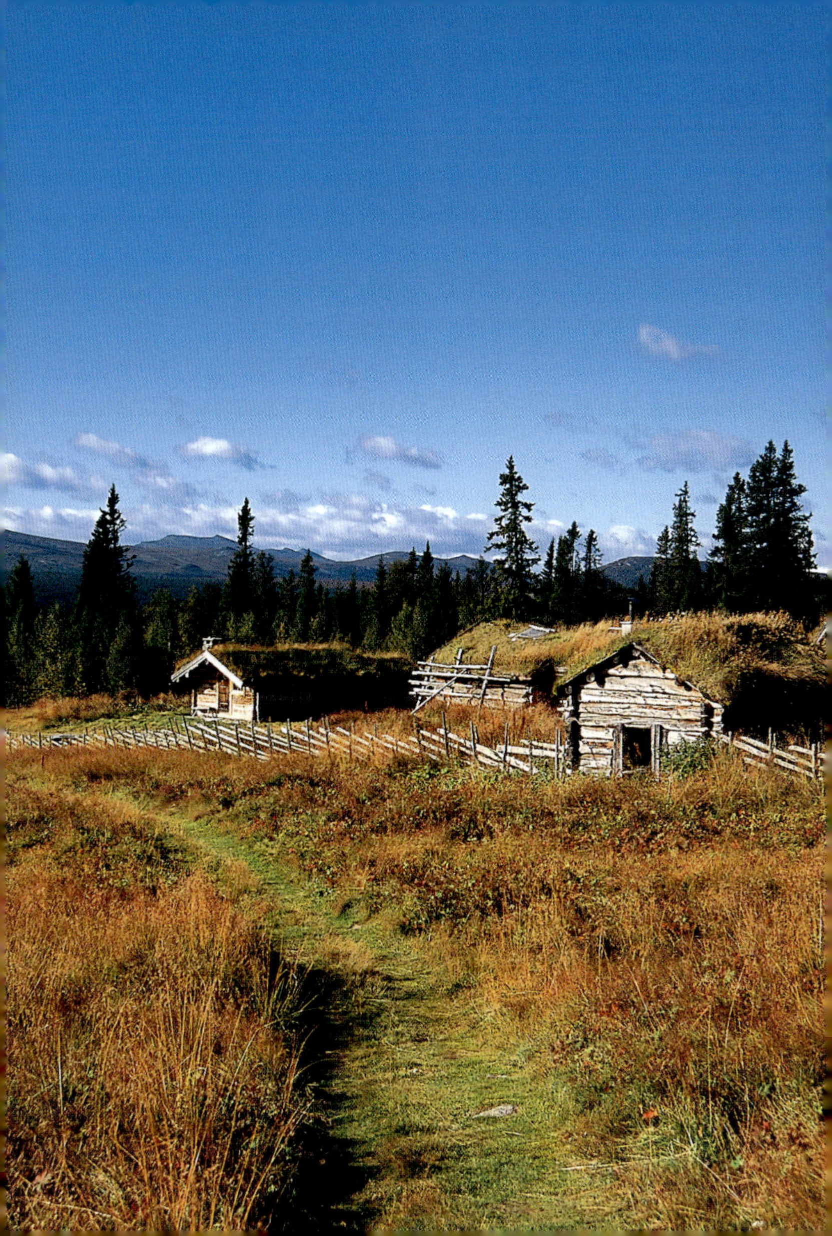

15 Klövsjöfjällen

3.15 Std.

Raue Gebirgswelt mit idyllischen Plätzchen

Das Klövsjöfjäll weist mit seinen schotter- und geröllreichen Höhenrücken ein sehr charakteristisches Erscheinungsbild auf, das sich von anderen Höhenzügen deutlich unterscheidet. Doch in dieser abweisend und unwirtlich wirkenden Umgebung finden sich unerwartet idyllische Plätzchen wie zum Beispiel die Almsiedlung Fallmoren und der Wasserfall Fallmorfallet. Der Aufstieg zum Ripfjället erlaubt außerdem einen Ausblick auf die Gebirgslandschaft der Umgebung.

Ausgangspunkt: Vemdalsskalet, Parkplatz »Vesseltrafik« bzw. »Spårcentral« am östlichen Ortsausgang.
Höhenunterschied: 300 m.
Anforderungen: Wald- und Gebirgspfade mit verbreitet geröllreichem (besonders bei Nässe schwierig zu gehendem) Untergrund. Trittsicherheit ist erforderlich.
Einkehr: Keine.
Karte: Fjällkartan 1:50.000; Z58 Klövsjö–Vemdalen.

Vom Ripfjället bietet sich ein weiter Ausblick in die Umgebung.

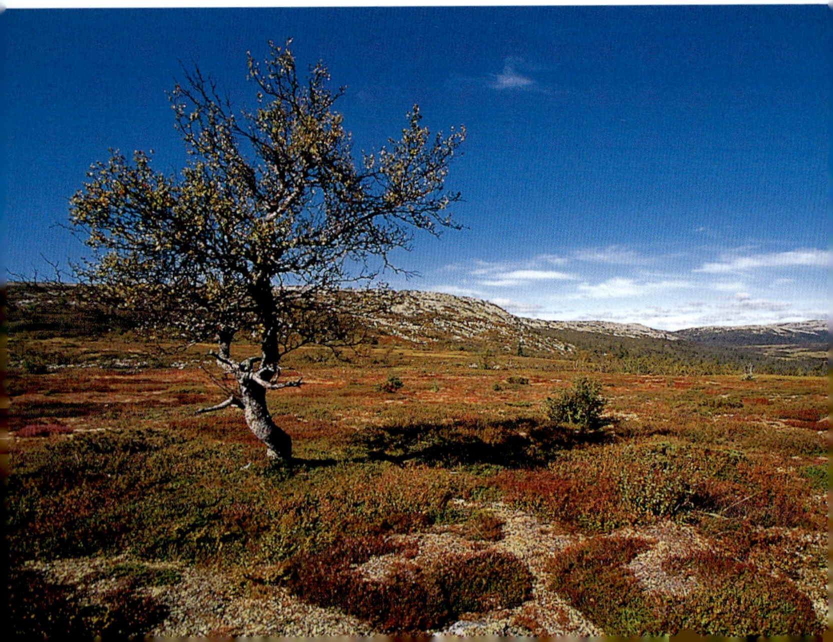

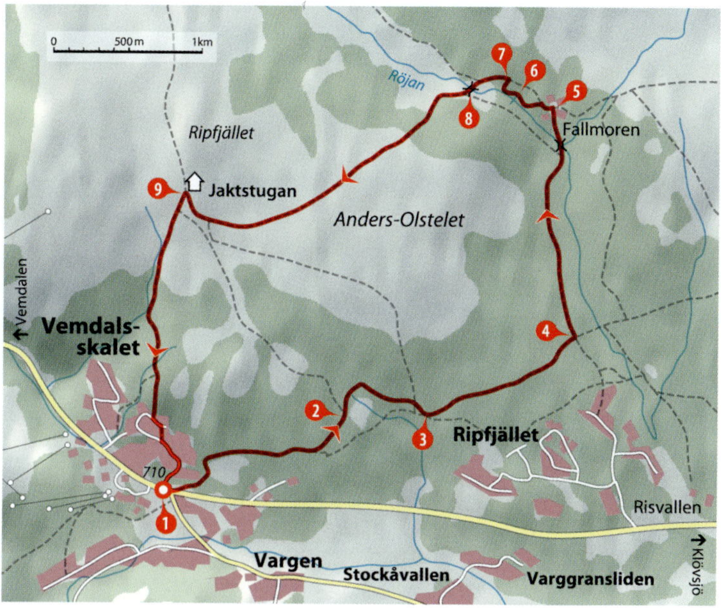

Vom **Parkplatz (1)** aus gehen wir auf einer Scooterschneise parallel zur Straße kurz nach Osten und biegen hinter der »Ski Lodge« halb links ab. Als Orientierung dienen uns hier die Andreaskreuze der Wintermarkierung, denen wir – streckenweise über planiertes Gelände – folgen. An einer Gabelung, wo der Winterweg links aufwärts abzweigt, gehen wir mit der Beschilderung »Karl XI Väg« geradeaus und auf gleicher Höhe bleibend auf einem Forstweg weiter **(2)**. Nach einer Verzweigung, an der wir uns rechts halten, einem weiten Rechtsbogen und einem Rechtsknick abwärts erreichen wir die beschilderte Abzweigung (ebenfalls »**Karl XIs Väg**«, **3**). Diesem Pfad folgen wir nach links zunächst leicht aufwärts, danach abwärts bis zum Wegweiser »Fallmoren«, wo wir erneut nach links abbiegen **(4)** und über geröllreichen Untergrund nach Norden vordringen.

Auf einer Brücke geht es über einen Bach und anschließend den Hang hinauf. Auf der Lichtung der Almsiedlung **Fallmoren (5)** halten wir uns rechts am Waldrand und gehen bei einer Wegkreuzung links (»Jo-

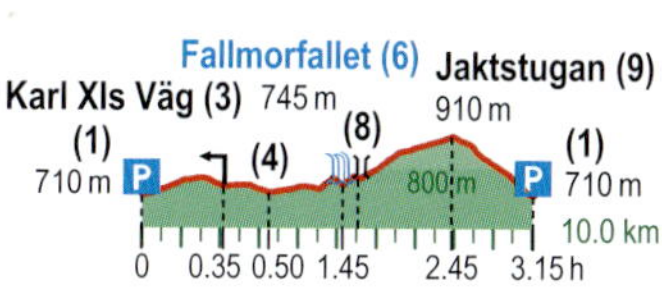

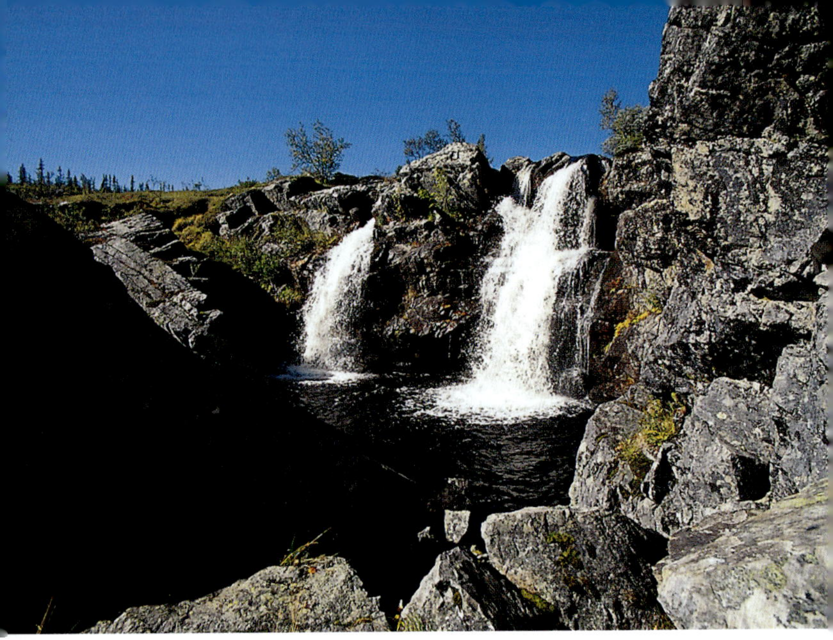

Den oberen der beiden Fallmor-Wasserfälle gibt es im Doppelpack.

nerskarivallen«, »Fallmorfallet«). Wenige Meter hinter der letzten Hütte orientieren wir uns bei einem verwitterten Schild »Fallmorfallet« erneut nach links und steigen über geröllreichen Untergrund hinunter ins Tal, wo uns der **Fallmorfallet (6)** erwartet. Rechts führt eine Stiege aufwärts und wir gelangen nach Kurzem zum zweiten Wasserfall. Hier führt rechts ein steiler Pfad nach oben. Bei einer Gabelung gehen wir links in Richtung Vemdalsskalet und bei der Einmündung in den beplankten Hauptweg ebenfalls nach links **(7)**. Wir überqueren eine Brücke **(8)** und folgen dahinter der Beschilderung »Jaktstugan« halb rechts den Hang hinauf. Oben erreichen wir eine breite Verebnung, hinter der es erneut etwas aufwärtsgeht.

Bei der Kreuzung 100 m unterhalb der **Jaktstugan** (nur im Winter bewirtschaftet, **9**) gehen wir bei den Schildern »Hotellet« bzw. »Vesselplan« (Fußgängersymbol beachten) halb links in Richtung Südsüdwesten und anschließend zwischen zwei Schotterrücken auf sehr steinigem Weg abwärts. Bei einer Weggabelung halten wir uns links auf dem Hauptweg. Auf einem Fahrweg angekommen, gehen wir zunächst links und anschließend hinter Haus Nr. 32 rechts den Hang hinunter zu einer Schotterstraße, der wir links zurück zum **Parkplatz (1)** folgen.

4.15 Std.

Forsaleden 16 TOP

Eine Flusslandschaft zum Verlieben

Der Forsaleden erschließt eine abwechslungsreiche Fluss- und Seenlandschaft, die von Felsen und Flechten-Kiefernwald gesäumt wird. Hauptattraktion aber ist der Bereich, in dem der Forsaån in den Bodsjön mündet, dabei über zahlreiche Granitstufen in wildromantische Becken fällt und in allen Schattierungen von Blau und Jadegrün leuchtet. Am Wegrand finden sich außerdem steinzeitliche Siedlungsreste und Begräbnisstätten sowie eine Felsmalerei (Infotafeln nur auf Schwedisch).

Ausgangspunkt: Von der E14 in Gällö oder Pilgrimstad abbiegen nach Revsund, von dort ca. 9 km in Richtung Bodsjö bis zur Brücke über den Herrevadsströmmen. Parkmöglichkeit links vor (östlich) der Brücke.
Höhenunterschied: 80 m.
Anforderungen: Waldwege mit abschnittsweise felsigem, aber gut gangbarem Untergrund, punktuell blockreich. Etwas Trittsicherheit ist erforderlich.
Einkehr: Keine.
Karte: Terrängkartan 1:50.000, 687 Gällö; Sverigeserien Topo 50, 093 Åsarna.
Tipp: Bei schönem Wetter Badesachen nicht vergessen!

Stillleben mit Steg am Herrevadsströmmen.

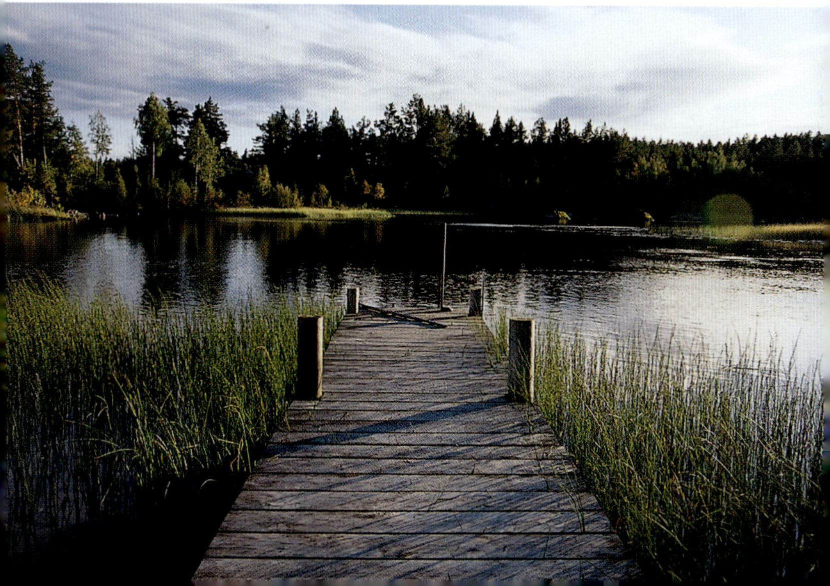

An der Brücke über den **Herrevadsströmmen (1)** überqueren wir die Straße und gehen unmittelbar am Fluss entlang links an den Gebäuden vorbei (Markierung: blauer Balken) und gelangen auf einen Waldpfad. Nach Kurzem erreichen wir eine erste Windschutzhütte **(2)** oberhalb des Herrevadsströmmen. Mit kleinräumigen Höhenunterschieden geht es etwa 2 km weiter zum **Mellanströmmen (3)**. Ab da wandern wir über eine zunehmend von Felsbändern durchzogene Landschaft mit lichtem Kiefernbestand, die oberhalb von **Övre Ström-**

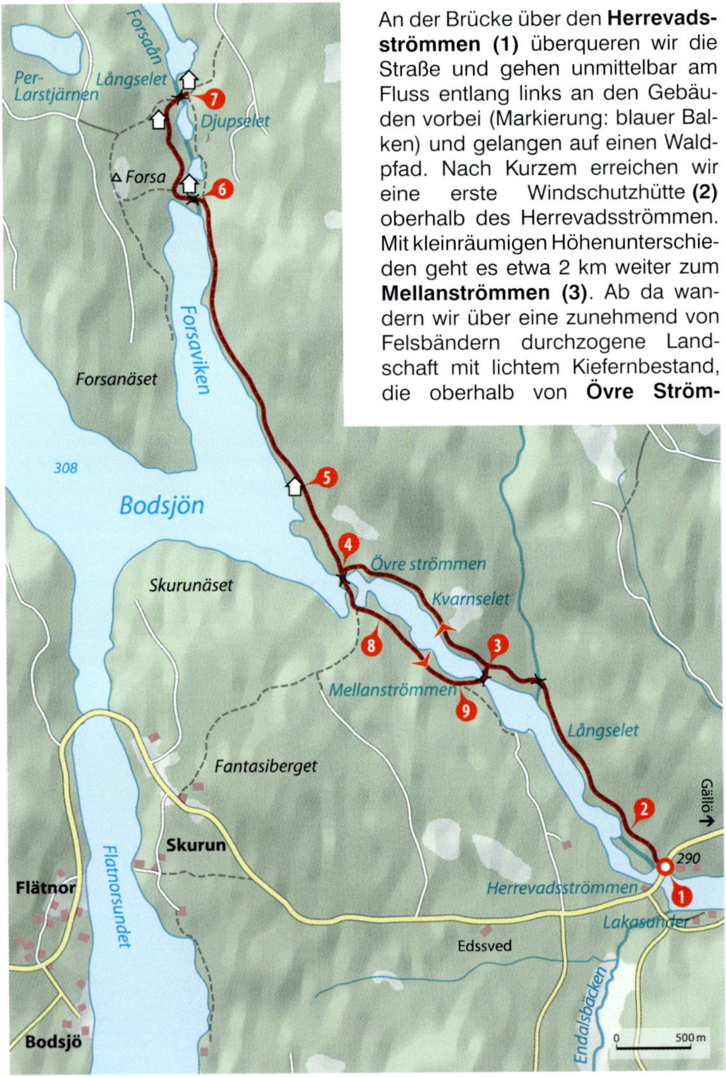

men (4) sehr charakteristisch ausgeprägt ist. Schließlich finden wir uns – Kontrastprogramm! – fast unvermittelt in einem hochwüchsigen üppigen Fichten-Birkenwald, wo wir etwas links vom Weg eine Windschutzhütte **(5)** erspähen.

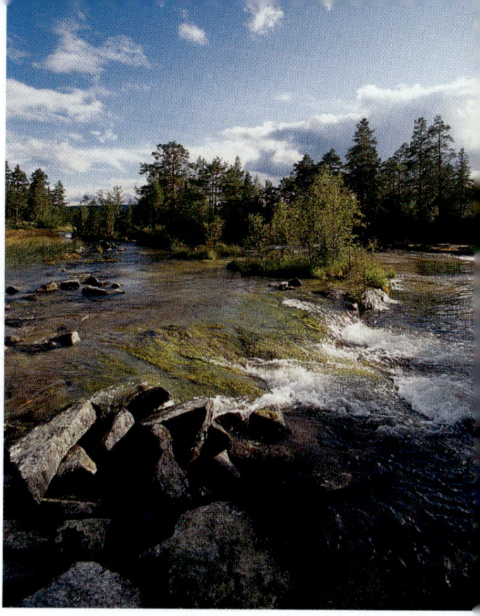

Der Forsaån glitzert grün und blau. Baden erlaubt!

Bald geht es wieder weiter über felsige Abschnitte, vorbei an steinzeitlichen Siedlungsresten und Gräbern, bis zur Mündung des Forsaån in den Bodsjön. Etwa 30 m südlich des Schildes »**Hällmålning**« finden wir eine kleine Felsmalerei unter einem überkragenden Felsen. Anschließend erreichen wir über mehrere Brücken **(6)** das westliche Ufer, gehen dort rechts und gelangen zur eigentlichen Attraktion: der wildromantischen Passage, in der der Forsaån über zahlreiche Granitstufen in felsgesäumte Becken stürzt und dabei in allen Schattierungen von Blau bis Grün leuchtet (hier Windschutzhütten und Grillstellen). Wir wandern weiter nach Norden und erreichen eine Brücke, die wieder auf das Ostufer zu einer Windschutzhütte **(7)** führt.

Auf bekanntem Weg wandern wir dann bis zum Övre Strömmen **(4)** zurück. Dort überqueren wir den Fluss auf einer Folge von Brücken und gehen am Westufer – vorbei an einem Windschutz **(8)** – flussabwärts (Markierung: blauer Balken). Bei einem Wegweiser, bei dem ein Schild »Åkerviken« geradeaus zeigt **(9)**, biegen wir ohne Hinweisschild links auf einen Plankenweg ab, der uns zur alten Stauanlage von **Mellanströmmen** bringt, auf der wir zurück ans östliche Ufer gelangen. Dort wenden wir uns nach rechts **(3)** und erreichen auf bekanntem Weg wieder die Brücke über den **Herrevadsströmmen (1)**.

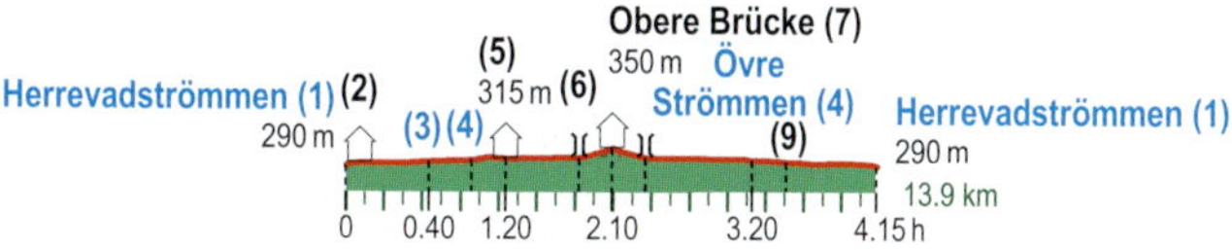

17 Döda Fallet

1.30 Std.

Ein »Toter Wasserfall« und seine spannende Geschichte

Der »Tote Wasserfall« ist das Ergebnis einer menschengemachten Katastrophe nach dem Motto: »Die unerwarteten Nebeneffekte des Fortschritts oder wie ein Wasserfall um die Ecke gebracht wird«. Um der geregelten Flößerei willen sollte nämlich gegen Ende des 18. Jh. der Wasserfall Storforsen mithilfe eines Triftkanals durch den angrenzenden Moränenwall umgangen werden, da beim Triften über den Wasserfall ein großer Teil der Stämme im Wasserfall zerbrach und somit wertlos wurde. Der Kanal war bereits fast fertiggestellt, als das Frühlingshochwasser 1796 sämtliche oberstromigen Sicherungen durchbrach und die Rinne bis auf den Grund der Moräne erodierte. Innerhalb von nur vier Stunden schufen die Wassermassen des oberhalb liegenden, 25 km langen Ragundasjön (ca. eine Milliarde Kubikmeter Wasser) ein neues Flussbett für den Indalsälv. Wasserfall und See verschwanden, unterstromig erfolgten riesige Zerstörungen. Heute ist der ehemalige Ragundasee fruchtbares Ackerland, das durch die Sedimente geschaffene neue Delta des Indalsälvs ist ein Naturreservat – und »Döda Fallet« ein beliebtes Ausflugsziel.

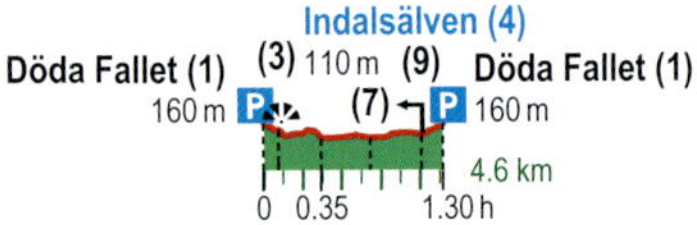

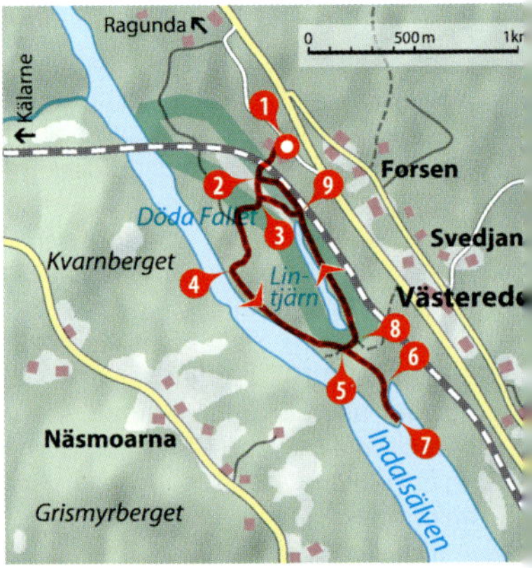

Ausgangspunkt: Parkplatz am Döda Fallet. Vom Väg 87 zwischen Hammarstrand und Bispgården ausgeschildert.
Höhenunterschied: 100 m.
Anforderungen: Bohlenweg- und Treppensystem, schmale Waldpfade, nur punktuell etwas feucht und steinig.
Einkehr: Keine. Cafe Döda Fallet (Anfang Juni bis Ende August, 10–18 Uhr).
Karte: Terrängkartan 1:50.000, 689 Bispgården; Sverigeserien Topo 50, 099 Bispgården.

Vom **Eingang zum Naturreservat (1)** geht es über eine Treppen- und Steganlage hinunter zu einer Wegkreuzung **(2)**, bei der wir den nach rechts führenden Weg zum ehemaligen Westufer **(3)**, oberhalb des heutigen Döda Fallet, wählen. Dort orientieren wir uns links abwärts und begeben uns ge-

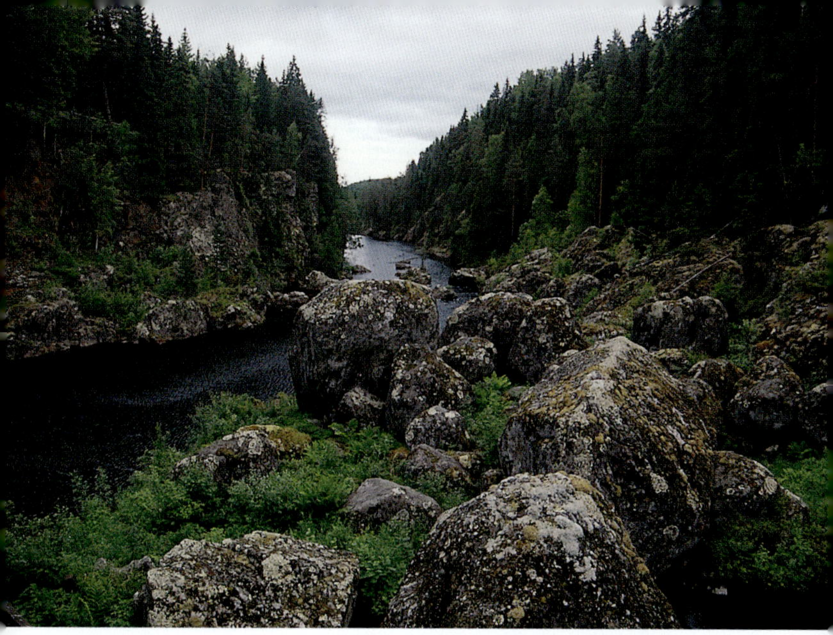

Bis zum Jahr 1796 ein tosender Wasserfall, heute eine eindrucksvolle Blockhalde.

gen den Uhrzeigersinn auf die durch die Steganlage vorgegebene Runde (chronologische Reihenfolge der Infotafeln – auch auf Deutsch). Wieder an diesem Ausgangspunkt **(3)** angelangt, wandern wir halb rechts den »Naturstig« leicht aufwärts entlang durch Wald und Wiesen. Von einer Hangkante geht es in Serpentinen hinunter zum **Indalsälven (4)**, dem wir flussabwärts folgen. Zunächst dicht am Wasser, später etwas oberhalb laufen wir nach Südosten bis zu einer Kreuzung **(5)**, wo wir uns für einen Abstecher geradeaus orientieren. Bei einer Verzweigung bald danach **(6)** halten wir uns geradeaus (nicht links die feuchte Mulde queren), gehen über einen niedrigen Erddamm durch Sumpfwald und anschließend weiter bis zu einer **Landspitze (7)**, wo meistens Spuren von Biberaktivitäten zu finden sind.
Zurück am Ausgangspunkt des Abstechers **(5)** biegen wir nach Osten ab, überqueren eine Senke und steigen kurz den Hang hinauf, wo wir im spitzen Winkel nach links abbiegen **(8)**. Der Weg führt durch Wald zu mehreren Aussichtspunkten mit Blick auf den Lintjärn und Döda Fallet, bevor wir – auf den letzten Metern etwas steinig – wieder die Steganlagen erreichen, die in den Hauptweg einmünden **(9)**. Von dort gelangen wir auf bekanntem Weg zurück zum Eingang des Naturreservats bzw. zum Parkplatz am **Döda Fallet (1)**.

18 *Auf der Halbinsel Rödön*

3.15 Std.

Eine Wanderung zu den Zeugen vergangener Jahrhunderte

Reste von Langhäusern und Hügelgräber aus der Eisenzeit, Überreste befestigter Burganlagen aus dem 14. Jh. und bedeutende Kirchenmalereien vom Ende des 16. Jh. Das alles, außerdem einen Blick über den Storsjön und einen kurzen Abstecher in ein orchideenreiches Naturreservat, bietet diese Wanderung auf der Halbinsel Rödön.

Ausgangspunkt: Parkplatz 100 m nördlich der Rödösundet-Brücke rechts.
Höhenunterschied: 100 m.
Anforderungen: Einfache Wald- und Feldwege, Straße.

Einkehr: »Byhuset« in By (Mittsommer bis Mitte August, 12–16 Uhr).
Karte: Terrängkartan 1:50.000, 693 Östersund; Sverigeserien Topo 50, 097 Östersund.

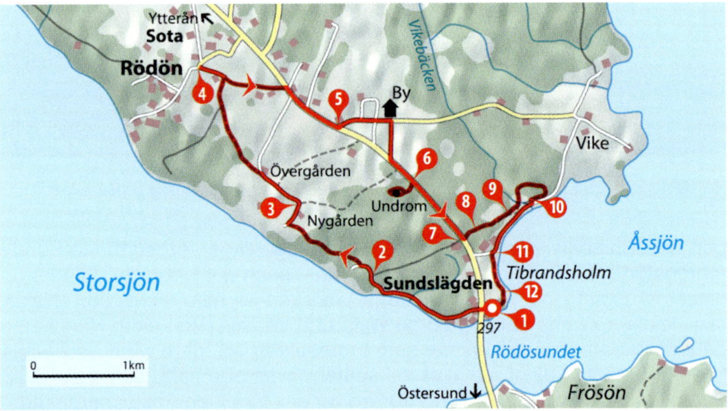

Der Fahrweg gegenüber der Einfahrt zum Parkplatz in **Sundslägden (1)** führt zunächst an den Storsjön und nach einer Weile in einem weiten Bogen nach Norden. In einer Rechtskurve biegen wir nach links ab **(2)** und nehmen bei einer Gabelung kurz danach die rechte Möglichkeit. Nach einer Wanderung durch Wald und Lichtungen erreichen wir Offenland, wo unser Weg auf eine unbefestigte Fahrstraße einmündet, der wir nach rechts und anschließend beim Hof **Nygården (3)** in einer Kurve nach links folgen. Beim Hof **Övergården** beschreibt das Sträßchen eine Rechtskurve, wir aber biegen gleich nach der Kurve links auf einen Grasweg ab. Er bringt uns leicht ansteigend in Richtung Kirche von **Rödön (4)**, zu der wir nach links einen Abstecher ma-

chen (auf der Ostwand im Inneren bedeutende Malereien aus der Zeit um 1600, westlich der Kirche alte Kirchenställe).
Von der Kirche aus wandern wir in Richtung Osten auf einem Feldweg bis zur Hauptstraße, der wir rechts folgen bis zur Abzweigung nach »By«; dort nach links **(5)**. Dieses Sträßchen gehen wir hinunter bis zum dritten Querweg rechts – gegenüber der Gaststätte »Byhuset« –, in den wir einbiegen und wieder zur Hauptstraße gelangen, wo wir uns nach links wenden. Nach Kurzem sehen wir rechts einen kleinen **Parkplatz (6)**, von dem aus ein breiter Bohlenpfad in den Wald führt; er erschließt in einer kleinen Schleife die Sehenswürdigkeiten der prähistorischen Fundstelle **Undrom**: Hügelgräber, Fundamente eines Langhauses sowie andere Siedlungsreste aus der Eisenzeit.

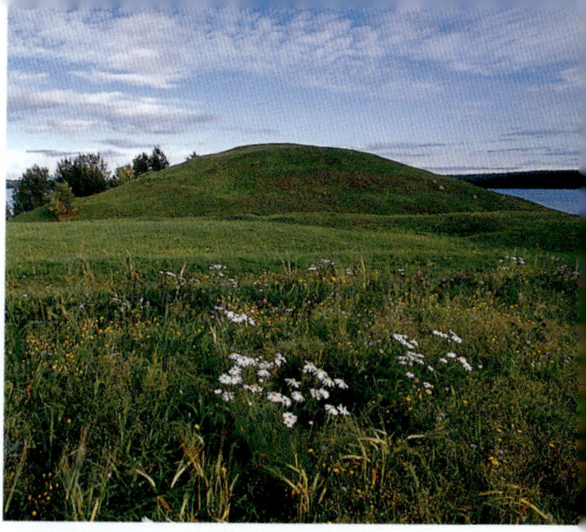

Tibrandsholmen wurde Anfang des 15. Jh. zum ersten Mal urkundlich erwähnt.

Nach diesem Abstecher gehen wir weiter die Straße entlang und orientieren uns beim Schild »Naturstigen Tibrandsholmen« auf einem Feldweg nach links **(7)**. Wir passieren einen Parkplatz und finden bald einen nach links zeigenden **Wegweiser »Naturstigen« (8)**. Nach etwa 300 Metern weist uns ein Schild erneut nach links **(9)** und wir wandern – teilweise auf Planken – auf einem Rundkurs zunächst durch einen Kalksumpf und anschließend mit einer Rechtskurve an seinen Randbereichen entlang. Kurz vor einer Brücke über ein Bachtal gehen wir den Weg links **(10)** hinunter und treffen nach wenigen Metern auf den Storsjön-Uferweg, auf den wir rechts abbiegen. Sobald sich der Weg in einem Rechtsbogen vom Ufer entfernt, zweigen wir nach links zunächst auf einen Feldweg **(11)** und nach 50 m wiederum nach links auf einen Fußpfad ab. Dieser Pfad führt uns zum **Tibrandsholm (12)**, den Resten einer mittelalterlichen Befestigungsanlage. Wir lassen den Hügel links liegen, gehen am Strand entlang und dann durch den Wald zurück zum Parkplatz in **Sundslägden (1)**.

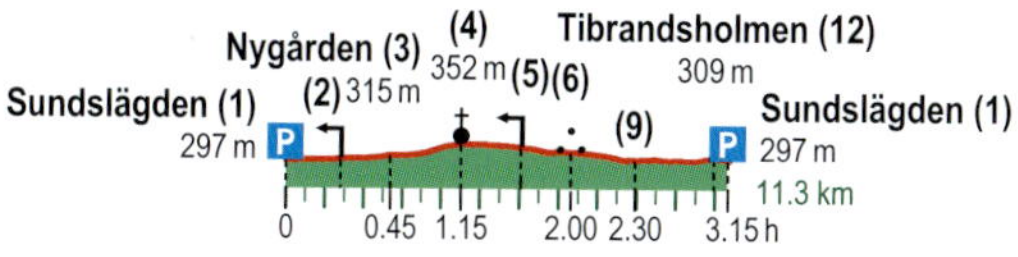

19 Andersön

2.15 Std.

Einmal um die Insel mit vielfältigen Ausblicken auf den Storsjön

Nur 20 Autominuten vor den Toren Östersunds findet sich das Naturreservat Andersön, eine lang gestreckte Insel im Storsjön, die durch einen Damm mit dem Festland verbunden ist. Mit ihren feinen Kieselstränden und den vielfältigen Ausblicken auf den See ist sie ein beliebtes Ausflugsziel. Zahlreiche Wege erschließen diese Insel, die in einigen Teilen von altem Kalk-Kiefernwald bedeckt wird. Bei der Anfahrt nicht verpassen: die malerische Kirchenruine von Sunne.

Ausgangspunkt: Hauptparkplatz auf der Insel Andersön. Abzweigung vom Väg 592 in Richtung Fähre Hallen und Norderö. Auf der Insel nach Norden abbiegen (»Andersöns Naturreservat«). Von dort geradeaus auf einem schmalen Schotterweg weiter, bis ein »Durchfahrt verboten«-Schild an der Geradeausfahrt hindert. Dort rechts und nach ca. 600 m auf einen großen Parkplatz.
Höhenunterschied: 50 m.
Anforderungen: Waldwege mit stellenweise vielen Wurzeln (Tendenz zu »rot«).
Einkehr: Keine.
Karte: Terrängkartan 1:50.000, 693 Östersund; Sverigeserien Topo 50, 097 Östersund.
Tipp: Elchpark Orrviken (»Moose-Garden Orrviken«: in der Hauptsaison ca. Ende Juni bis Mitte Aug., sonst nach Voranmeldung, Tel. +46 70 3636061).

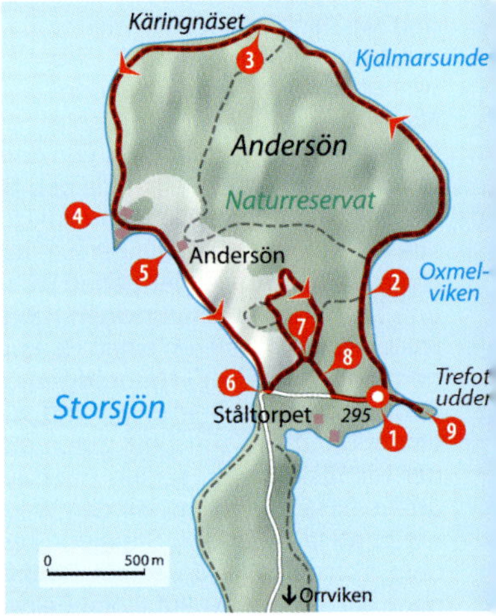

Vom nordöstlichen Ende des Parkplatzes **(1)** führt ein schmaler Fußpfad an das Ostufer der Insel Andersön. Ihm folgen wir durch Kiefernwald entlang nach Norden und ignorieren Abzweigungen nach links **(2)**. Sobald wir den Strand hinter uns gelassen haben, erklimmen wir ein Hochufer und bewegen uns einige Zeit etwas weiter entfernt vom See entlang von blauen Markierungen. Zweimal verzweigt sich unser Weg (um nachher wieder zusammenzuführen), wobei wir jeweils die lin-

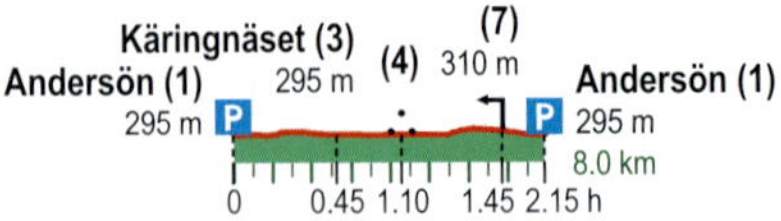

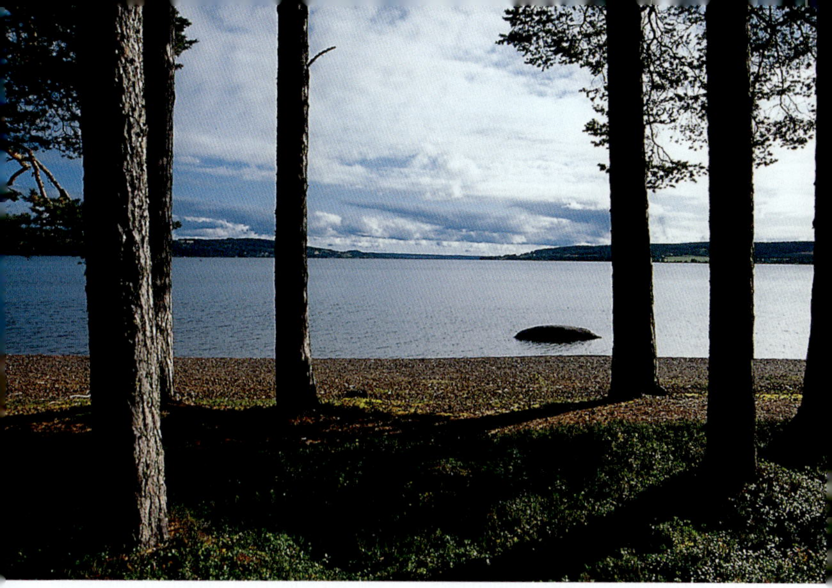

Blick über den Storsjön vom Ostufer der Insel Andersön.

ke Möglichkeit wählen. Kurz bevor wir mit **Käringnäset (3)** die Nordspitze der Insel erreichen, lassen wir eine Abzweigung ins Inselinnere links liegen. Am Westufer führt der Weg wieder nahe am Ufer entlang. Schließlich erreichen wir am **Båthusudden (4)** eine Verzweigung nach links, die mit »Gården 300 m« beschildert ist. Wir folgen ihr über eine Wiese zu einem Feldweg, auf dem wir – vorbei an der Hofstelle Andersön **(5)**, einem der zwei noch existierenden Bauernhöfe der Insel – nach Süden wandern.

Bei der Straße angekommen, biegen wir nach links ab **(6)** und wählen nach 50 m erneut eine Verzweigung nach links auf einen Waldweg. Leicht ansteigend erreichen wir eine Wegkreuzung im Wald **(7)**, wo wir nach links zur ehemaligen Siedlung **Kvarnbacken** gehen. Dort geradeaus weiter und anschließend nach rechts am Waldrand entlang um eine Lichtung herum, bis wir im Nordosten der Lichtung, etwas zurückgesetzt im Wald, einen blau markierten Weg entdecken, auf den wir im spitzen Winkel nach rechts abbiegen. Der Pfad mündet auf einen breiteren Querweg, auf den wir nach rechts einschwenken.

Wieder an der Kreuzung **(7)**, gehen wir links und bei einer folgenden Gabelung **(8)** erneut nach links. Schließlich gelangen wir auf eine unbefestigte Straße, der wir nach links zum Parkplatz **(1)** folgen. Abschließend machen wir noch einen Abstecher nach Südosten auf die Halbinsel **Trefotudden (9)**.

20 Rund um das Anarisfjällen

3 Tage

Anspruchsvolle Dreitagestour durch stille Hochtäler im Anarisfjäll

Diese Tour führt auf einsamen Pfaden überwiegend abseits der Hauptrouten durch urwaldähnliche Fichtenwälder, über weite Moorflächen, alpine Tundra und in einsame Hochtäler. Dafür erfordert sie etwas mehr Anstrengung, denn die Tagesetappen sind lang und einige An- und Abstiege steil. Bachüberquerungen sowie hin und wieder nur schwach sichtbare Pfade vermitteln bei dieser Wanderung einen Hauch von Abenteuer. Dafür locken am Abend gemütliche und urige Hütten.

Ausgangspunkt: Parkplatz 200 m westlich der Kapelle von Vallbo. Mit dem Auto in Undersåker der Beschilderung »Vålådalen« folgen. Etwa 3 km hinter dem Hof Fångåmon nach links in Richtung Vallbo abbiegen. Ca. 300 m vor der Siedlung rechts zur Kirche (»Lappkapell«) abzweigen. An der Kirche vorbeifahren und knapp 200 m dahinter links auf den Parkplatz abbiegen. Mit ÖNV vom Bahnhof Undersåker Bus in Richtung Vålådalen. Ausstieg an der Abzweigung nach Vallbo. Von dort wie Pkw-Anfahrt.
Höhenunterschied: 1100 m.
Anforderungen: Stellenweise nur sehr schwach sichtbare Wege (daher erhöhte Anforderungen an die Orientierung), verbreitet steiniger und nasser Untergrund; außerdem müssen einige breite Bäche gequert werden. Trittsicherheit ist erforderlich. Das Gelände ist stark wetterausgesetzt; bei ungünstigen Wetterbedingungen und schlechter Sicht ist von dieser Tour abzuraten. Gute Kondition erforderlich.
Einkehr: Keine.
Unterkunft: Lunndörrsstugorna, Anarisstugan (Selbstversorgerhütten des STF).
Karte: Fjällkartan 1:100.000; Z7 Åre – Vålådalen – Bydalen.

1. Etappe: Vallbo – Lunndörrsstugorna: Vom Parkplatz in **Vallbo (1)** aus gehen wir 150 m auf dem Ankunftsweg zurück und biegen dann rechts ab. Auf dem Schotterweg, der westlich an den Häusern von Vallbo vorbei nach Süden führt, gelangen wir in den Wald. Nach wenigen Metern weist uns ein »Wanderer«-Piktogramm nach rechts auf einen kleinen Fußpfad, der nach Kurzem in einen breiteren Weg mündet und mit mäßiger Steigung bergauf

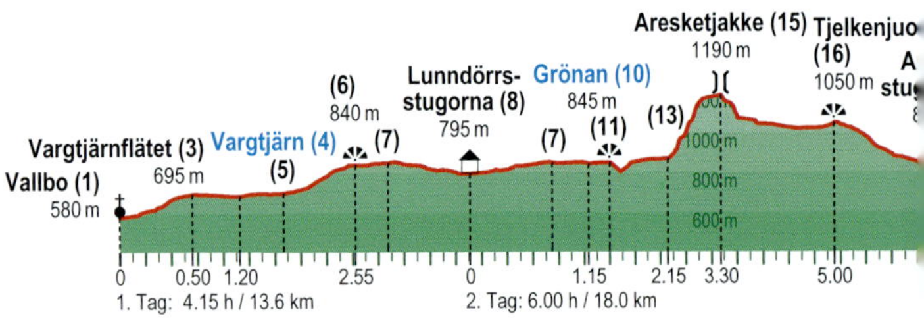

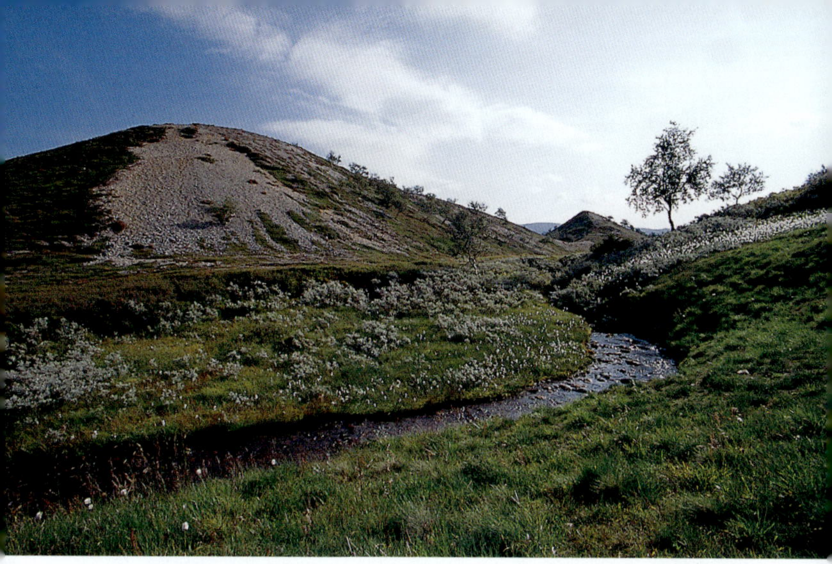

Die »Pyramiden« wurden durch Erosion aus mächtigen Schotterdecken herausmodelliert.

führt. An der Verzweigung **(2)**, die wir bald erreichen, halten wir uns halb rechts (»Grönvallen«) und wandern mit überwiegend sanfter Steigung weiter durch Fichtenwald aufwärts bis zur Hochebene **Vargtjärnflätet (3)**. Auf Plankenwegen überqueren wir die ausgedehnten Moorflächen und kommen anschließend am Ufer des **Vargtjärn (4)** vorbei. Dahinter geht es erneut durch Fichten- und Kiefernwald, bevor wir die Lichtung von **Grönvallen** erreichen. An der ersten Wegkreuzung gehen wir geradeaus. Bei einer Weggabelung nur 70 m darauf biegen wir halb rechts ab (**5** – »Pyramiderna«) und wandern zunächst sanft, später stärker durch Fichtenwald aufwärts. Bei einer Wegverzweigung auf halber Höhe bleiben wir halb links auf dem Hauptweg. Schließlich treten wir ins Freie und verlassen den Hauptweg auf einem nach links führenden Pfädchen. Hinter einer Samenkote überwinden wir einen Bachtobel, biegen unweit dahinter rechts ab und entern den Steilanstieg einer Schotterterrasse. Von der Höhe haben wir einen guten Blick auf die **Pyramiden (6)** – Achtung: die Pyramiden

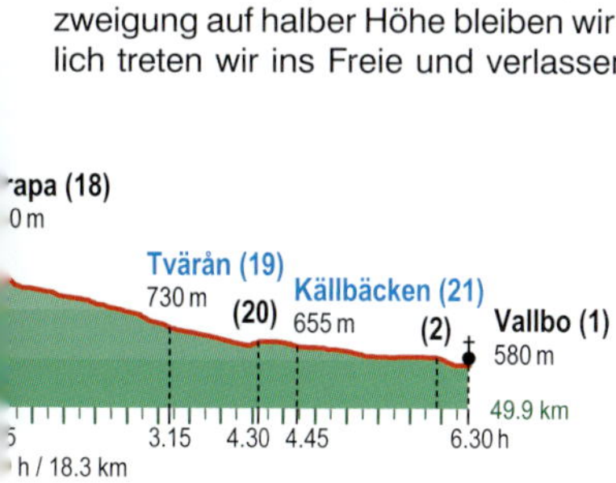

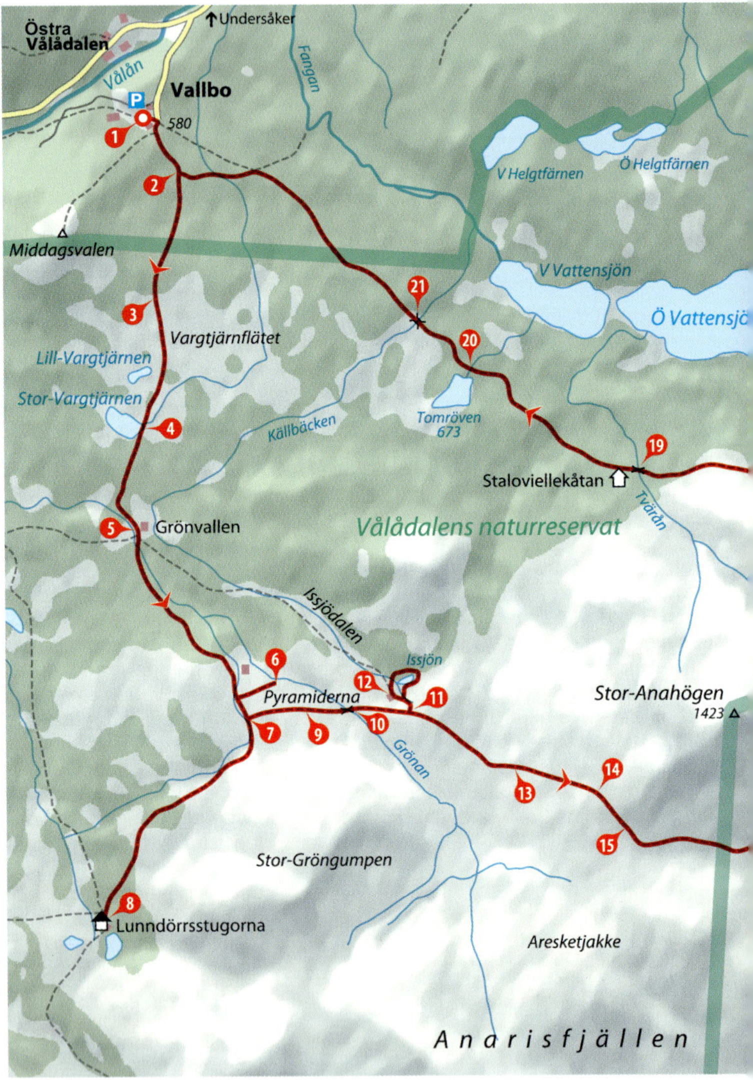
Östra Vålådalen
Undersåker
Vålån
Fangan
Vallbo
580
Middagsvalen
V Helgtfärnen
Ö Helgtfärnen
V Vattensjön
Ö Vattensjö
Vargtjärnflätet
Lill-Vargtjärnen
Stor-Vargtjärnen
Källbäcken
Tomröven
673
Staloviellekåtan
Tvärån
Grönvallen
Vålådalens naturreservat
Issjödalen
Issjön
Pyramiderna
Grönan
Stor-Anahögen
1423
Stor-Gröngumpen
Lunndörrsstugorna
Aresketjakke
Anarisfjällen

selbst dürfen nicht betreten werden. Bis zur Samenkote geht es auf demselben Weg zurück. Dahinter nehmen wir das Pfädchen halb links, das uns zum Hauptweg lotst. Zurück auf dem Weg gehen wir leicht ansteigend an einer weiteren Samenkote vorbei und treffen nach Kurzem auf einen Wegweiser **(7)**, dem wir rechts in Richtung Lunndörrsstugorna folgen. Der Weg führt mit leichter Neigung an der Oberkante eines Canyons entlang, fällt leicht ab und kreuzt den Vinbäcken und seinen nassen Talgrund. Dahinter erreichen wir nach 1,5 km durch steiniges Gelände die **Lunndörrshütte (8)**.

2. Etappe: Lunndörrsstugorna – Anarisstugan: Bis zur Abzweigung zu den »Pyramiden« **(7)** gehen wir den gestrigen Weg zurück. Dort setzen wir unseren Weg geradeaus fort (»Anarisstugan«), wandern über ein Schotterplateau, an einer Verzweigung halb rechts **(9)** und gelangen an den **Grönan (10)**, durch den wir u. U. waten müssen. Danach setzt sich unser Weg über das Plateau weiter fort, wo wir am oberen Talrand des Issjödalen zu einer Kreuzung gelangen. Das **Issjödalen (11)** lohnt einen Abstecher; wir steigen dazu auf dem Weg nach links in das Issjödalen ab. Am Talgrund erwartet uns nicht nur die Hütte des königlichen Jagdclubs, sondern auch der **Issjön (12)**, den man auf schmalen Pfaden umrunden kann. Wieder am Ausgangspunkt unseres Abstechers, orientieren wir uns in Richtung Osten (»Anarisstugan via Hällådalen) und machen uns bald an einen steilen und steinigen Aufstieg auf die Flanke des **Anahögen (13)**. Es sind 300 Höhenmeter zu überwinden, bevor wir eine steinige Verebnung erreichen **(14)**, auf der sich der Weg nur schwach abzeichnet und durch niedrige Steinmännchen markiert wird. Sie leiten uns zum Sattel zwischen Stor Anahögen im Norden und Aresketjakke im Süden und gleichzeitig zur Oberkante des **Hällådalen (15)**. Die Abstiegsstelle wird durch einen windschiefen Wegweiser markiert, dessen Richtungszeiger nicht mehr zu identifi-

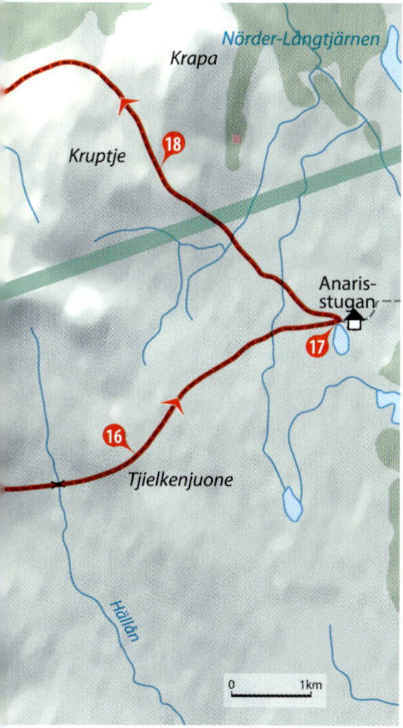

zieren sind. Von dort taucht der Weg steil in den Talschluss des Hällådalen hinunter. Bald wird der Abstieg jedoch sanfter, bevor der Pfad mit geringer Neigung am nördlichen Talrand entlangführt. Nachdem wir einen Nebenfluss des Hällån überquert haben, müssen wir erneut ein paar Höhenmeter aufwärts überwinden, bevor wir auf dem breiten Höhenrücken des **Tjelkenjuone (16)** anlangen. Von dort geht es sanft abwärts, wobei der Weg nass und mitunter nur schwach ausgetreten ist, sodass bei schlechter Sicht erhöhte Aufmerksamkeit erforderlich sein kann. Am Unterhang gelangen wir zu einer Wegkreuzung, der wir nach rechts folgen, und nach wenigen Hundert Metern die **Anaris-Hütte (17)** erreichen.

3. Etappe: Anarisstugan – Vallbo: Wir verlassen die Anaris-Hütte in Richtung Nordwesten und gehen an der Weggabelung, die wir nach ein paar Hundert Metern erreichen, geradeaus in Richtung Vallbo. Der schmale und manchmal undeutliche Weg führt über baumloses Terrain, das von Bächen und sumpfigen Senken mit niedrigen Weidengebüschen durchzogen wird. Da Planken fehlen, können wir zu kleinen Umwegen gezwungen sein, um die nassesten Stellen zu umgehen. Da sich dort auch die Wegspur verliert, müssen wir uns konzentrieren, um ihren Verlauf zu erkennen. Schließlich erklimmt unser Weg mit mäßiger Steigung eine Hügelflanke und erreicht den breiten Sattel zwischen den Erhebungen **Krapa (18)** im Osten und Kruptje im Westen, von dem aus wir in ein sich nach Norden öffnendes Hochtal ab-

Die schön gelegene Lunndörrshütte hat eine tolle Sauna (links vorn): nicht verpassen!

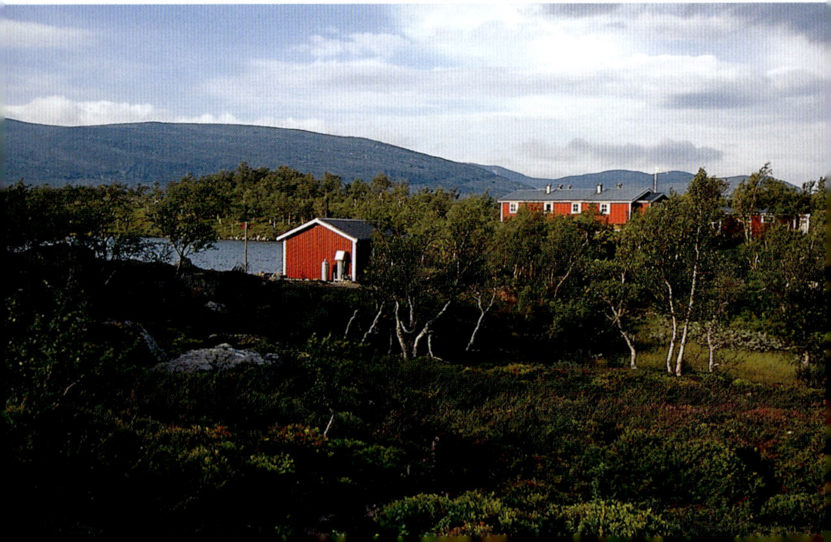

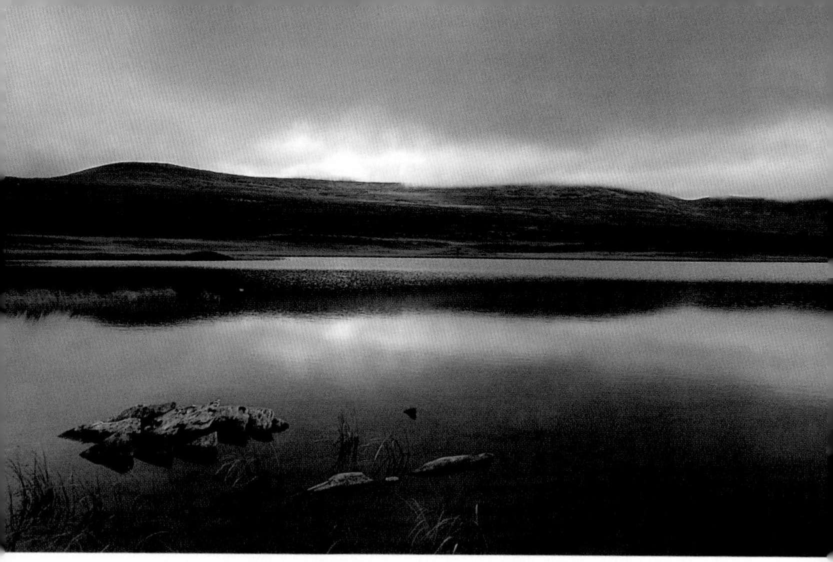

Ruhe vor dem Sturm mit Blick auf die Ostflanke des Anarisfjälls.

steigen. Auf felsigem und nassem Untergrund ist hier der Weg nur schwach zu erkennen. Im Zweifel halten wir uns in der Talmitte und treffen weiter unten wieder auf deutlichere Wegspuren. Im unteren Drittel des Tals schwenkt der Weg nach links aus dem Tal hinaus; hier ist etwas Aufmerksamkeit erforderlich, da kein Wegweiser den Richtungswechsel anzeigt. Wir wandern eine Weile weitgehend eben auf einer Schotterterrasse entlang, bevor wir das Kalfjäll verlassen und mit einem kurzen steilen Abstieg in den Wald eintauchen. Bald danach wird der **Tvärån (19)** erreicht, dem wir am Ostufer einige Meter flussabwärts folgen und ihn dann – u. U. watend – durchqueren. Wenige Hundert Meter hinter dem Fluss weist ein Wegweiser nach links zur **Staloviellekåtan**, einer Schutzhütte, die sich ca. 100 m abseits vom Hauptweg befindet und zu einer Rast einlädt. Anschließend führt der Weg durch Fichtenwald und kleine Bachtäler abwärts zum See Tomröven. Bei der dortigen Abzweigung **(20)** gehen wir weiter geradeaus in Richtung Vallbo. Bald erreichen wir den Bach **Källbäcken (21)**, der auf einer Bohlenbrücke überquert wird. Anschließend wandern wir in dichtem Fichtenwald durch bewegtes Gelände mit vielen kleinen Aufs und Abs. Wir bleiben auf dem Hauptweg und lassen unmarkierte Wege nach rechts bzw. halb rechts unbeachtet, bis wir eine uns von der ersten Etappe her bekannte T-Kreuzung mit einem breit ausgetretenen Wanderweg erreichen **(2)**. Dort wenden wir uns nach rechts und erreichen binnen Kurzem wieder unseren Ausgangspunkt **Vallbo (1)**.

21 »Pyramiden« und Issjödalen

8.00 Std.

Zu einigen der erstaunlichsten Schöpfungen von Eis und Wasser

Diese lange Tagestour erschließt einige der Höhepunkte eiszeitlicher und nacheiszeitlicher Landschaftsbildung im Naturreservat Vålådalen. Gegen Ende der letzten Eiszeit befand sich im heutigen Vålån-Becken einer der zahlreichen Schmelzwasserseen, der durch die umgebenden Höhen und dem langsam schmelzenden Gletscher im Süden aufgestaut wurde. In ihn mündete von Nordwesten her ein Schmelzwasserfluss, der ein großes Delta schuf. Dieses Delta stellt sich heute als Schotterplateau dar, in dem sich immer noch die zahlreichen Rinnen des Flusses wie auch Toteislöcher abzeichnen, die durch dort abgelagerte Eisblöcke entstanden (sehr beeindruckend auf Google Earth). Das Schotterplateau des ehemaligen Flussdeltas wurde nach dem Verschwinden des Sees durch Flüsse teilweise erodiert. Dadurch entstanden sowohl die Form des Issjödalen wie auch die Formation der »Pyramiden«.

Ausgangspunkt: Parkplatz am Südwestrand der Siedlung Vålådalen. Mit dem Auto in Undersåker von der E14 abbiegen und der Beschilderung »Vålådalen« folgen. Vom Bahnhof Undersåker (Zugstrecke Östersund – Trondheim) Busse Richtung Vålådalen (»Vålådalen Västra«).
Höhenunterschied: 370 m.
Anforderungen: Stellenweise steiniger und feuchter bis nasser Untergrund, wobei häufig Planken die Überwindung erleichtern. Etwas Trittsicherheit ist erforderlich. Ein breiter Bach muss gequert werden.
Einkehr: Keine.
Karte: Fjällkarte 1:100.000; Z7 Åre – Vålådalen – Bydalen.
Varianten: 1. Zweitagestour mit Übernachtung in der Lunndörrshütte (ca. 21 km), von dort zurück nach Vålådalen (Tour 25, 1. Etappe in Gegenrichtung, ca. 12,5 km). 2. Zweitagestour mit Start in Vallbo (bis Grönvallen s. Tour 20, 1. Etappe), dann über Issjödalen und Pyramiderna zur Lunndörrshütte (ca. 19 km). Von dort Richtung Vålådalen (Tour 25, 1. Etappe in Gegenrichtung) und südlich des Vålån flussabwärts zurück nach Vallbo (ca. 18 km).

Vom Parkplatz in **Vålådalen (1)** geht es zunächst nach Süden. Nach 200 m halten wir uns bei der Abzweigung halb links und erreichen auf breitem Weg nach kurzer Zeit die Hängebrücke über den Vålån. Nach der Brücke wenden wir uns nach links (Wegweiser »Lunndörrsstugorna«) und gehen kurz am

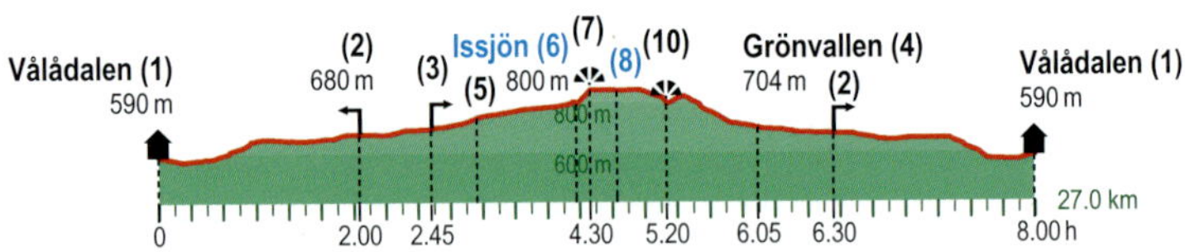

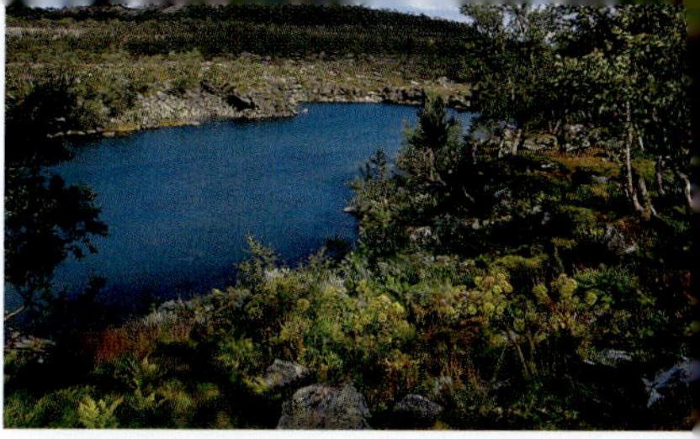

Viel zu kalt zum Baden: Der Issjön heißt nicht umsonst »Eissee«.

Fluss entlang, bevor wir leicht bergauf wandern und zwei Abzweigungen nach Vallbo links liegen lassen. Wenn wir die Geländestufe hinter uns haben, erwartet uns eine Moorlandschaft, in der Planken das Überqueren von Feuchtstellen erleichtern. Danach wandern wir eine Weile mit einigem Auf und Ab durch Wald und erreichen eine Weggabelung mit Wegweiser **(2)**. Dort biegen wir nach links ab und gelangen durch kleinräumig kupiertes Gelände nach gut 2 km zur Lichtung von **Grönvallen**. Ein Wegweiser (»Issjödalen«) weist uns zunächst nach halb links, bevor wir kurz darauf auf eine **T-Kreuzung (3)** treffen und dort rechts abbiegen (»Issjödalen«, »Pyramiderna«). Bei einer erneuten Weggabelung nach ca. 70 m wählen wir den linken Weg **(4**, »Issjödalen«) und gehen sanft durch Fichtenwald aufwärts, bis wir das westliche Ende des **Issjödalen (5)** und dort offenes Gelände erreichen. Weiter nach Osten vordrin-

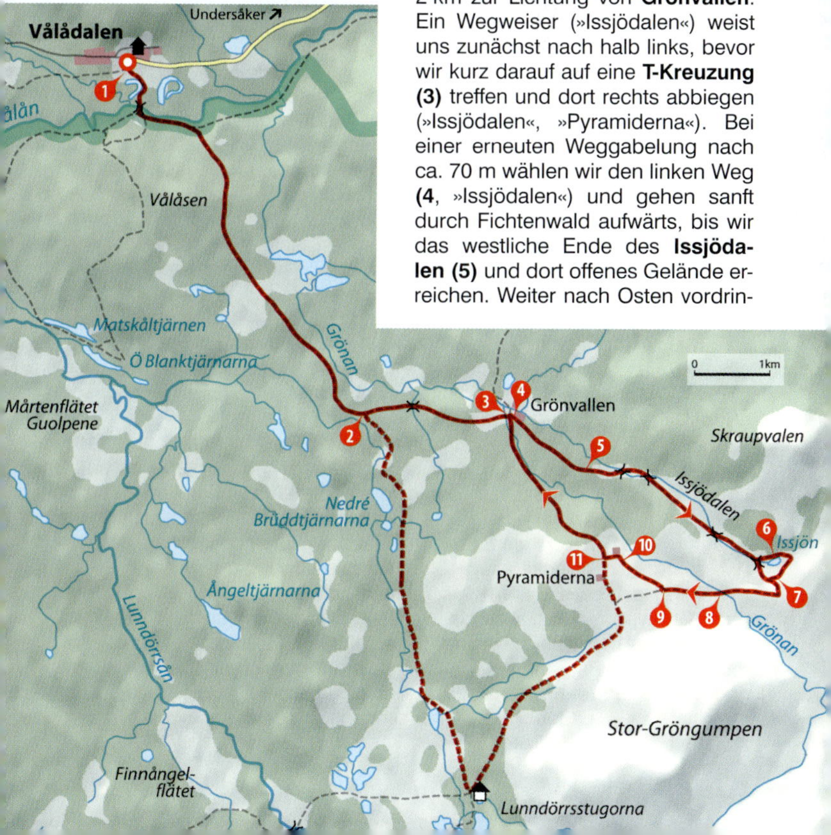

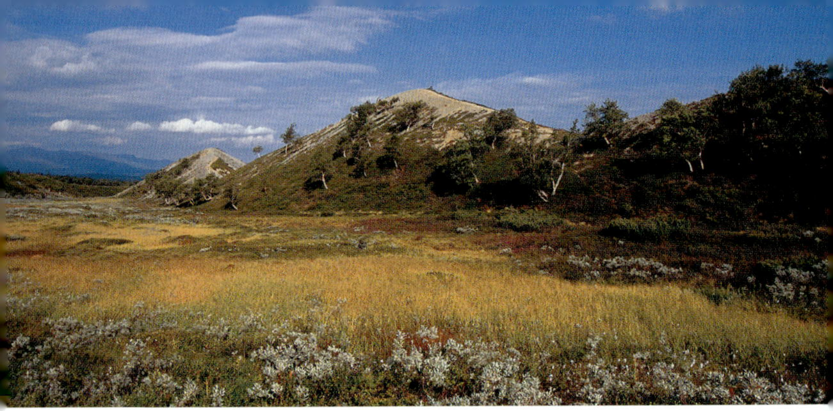

Die »Pyramiden« sind ein beliebtes Ausflugsziel und bieten einen famosen Anblick.

gend, steigen die Talwände immer stärker an, und hinter einer kleinen Geländewelle erschließt sich der Blick auf die Hütte des königlichen Jagdclubs am oberen Talende. Von dort bringt uns ein kurzer Abstecher links zum Südufer des **Issjön (6)**, der sich auf schmalen Pfaden problemlos umrunden lässt.
Von der Jagdhütte aus führt der Weg am südlichen Talrand steil empor. An der Kreuzung an der Hangoberkante **(7)** wählen wir den rechten Weg (»Lundörren«) und wandern – uns auf den ersten Metern an der Wintermarkierung orientierend, bevor sich der Weg wieder deutlicher abzeichnet – über eine ausgedehnte Schotterfläche, die von zahlreichen Toteislöchern unterbrochen wird, zum **Grönan** (**8** – evtl. waten). Etwa 700 m danach gelangen wir an eine Abzweigung, von der aus wir die »**Pyramiden**« rechter Hand in einiger Entfernung deutlich erkennen können **(9)**. Wir ignorieren den beschilderten Weg nach halblinks und gehen stattdessen halb rechts weglos an der oberen Hangkante der Schotterterrasse entlang nach Nordwesten, bis wir auf Höhe der westlichsten Pyramide einen idealen **Aussichtspunkt (10)** erreichen (Achtung: die Pyramiden selbst dürfen nicht betreten werden). Dahinter verliert der Pfad kurz und knackig an Höhe. Am Hangfuß biegt der schmale Weg – knapp vor einer (privaten) Hüttenanlage – links ab, quert einen Bachtobel und erreicht eine traditionelle Kota. Wir orientieren uns geradeaus (Westen) und schwenken nach 200 m rechts auf den querenden Hauptweg ein **(11)**. Nach ca. 2,5 km durch Fichtenwald gelangen wir abwärts wieder nach Grönvallen. An der ersten Verzweigung in Grönvallen schwenken wir nach links **(4)**, an der Kreuzung 70 m dahinter **(3)** ebenfalls. Anschließend folgen wir dem Pfad um eine Rechtskurve und erreichen durch Fichtenwald nach etwa 2 km einen breit ausgetretenen Querweg **(2)**. Über ein Landschaftsmosaik aus Moor und Wald erreichen wir – zum Schluss mit etwas Höhenverlust – die Brücke über den Vålån und zurück nach **Vålådalen (1)**.

Lunndörren 22 TOP

In eines der großartigsten Trogtäler Jämtlands

Dieses großartige Trogtal, das gegen Ende des 17. Jh. eine so wichtige Nord-Süd-Passage bildete, dass der Weg sogar mit Kilometersteinen versehen war, stellt sich heute fast völlig unberührt dar (ein Glück, dass es in den Überlegungen der Straßenplaner keine Rolle spielte!). Es ist bei – fast – jedem Wetter einen Besuch wert: bei Sonnenschein, wenn es in heiteres Licht getaucht ist und der Lunndörrsån in der Sonne glitzert, nach einer regnerischen Nacht, wenn in der Früh die Feuchtigkeit in trägen Schwaden aufsteigt, oder wenn ein stürmischer Wind graue Wolkenfetzen durch das Tal treibt. Mit etwas Glück kann man Steinadler beobachten.

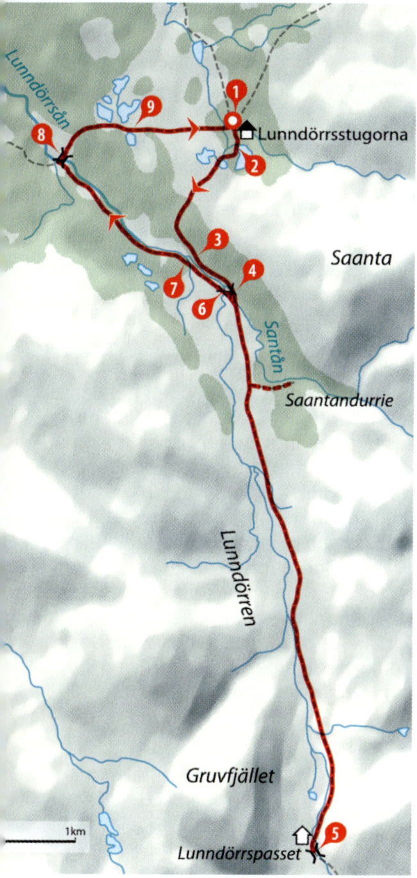

Ausgangspunkt: Lunndörrsstugorna, erreichbar von Vallbo (5.30 Std.) oder Vålådalen (4 Std.).
Höhenunterschied: 260 m.
Anforderungen: Verbreitet steiniger, an einigen Stellen blockreicher Untergrund. Zwei Watstellen (bei Hochwasser nicht passierbar). Trittsicherheit und etwas Orientierungsvermögen sind erforderlich.
Einkehr: Keine.
Karte: Fjällkartan 1:100.000; Z7 Åre – Vålådalen – Bydalen oder Z6 Storlien – Ljungdalen.

Von der **Lunndörrshütte (1)** aus starten wir in Richtung Tossåsen. Hinter dem ersten See nehmen wir die Verzweigung nach rechts, gehen kurz am

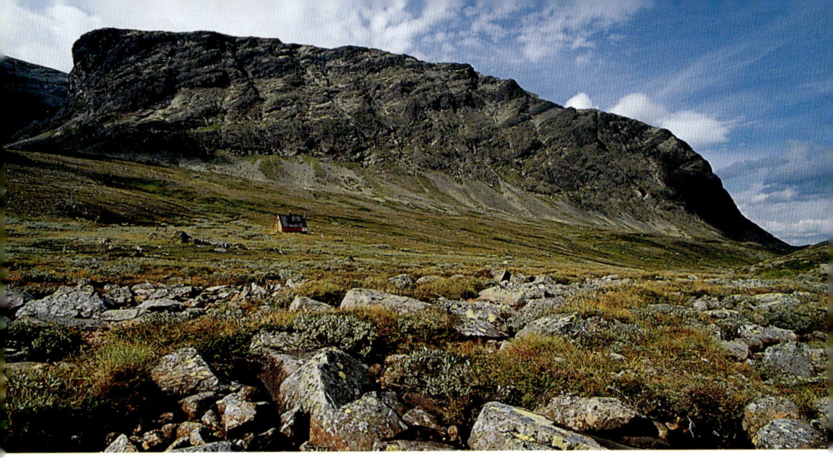

Lunndörrspasset mit Windschutzhütte im Mittel- und Gruvfjället im Hintergrund.

Ufer eines zweiten Sees entlang und biegen unmittelbar hinter einem Steg **(2)** rechts ab. Dieser Weg führt uns um den Ausläufer des Bergs Santa herum und danach abwärts zum Taleingang des **Lunndörren (3)**.
Wir folgen dem Lunndörrsån am östlichen Ufer flussaufwärts und kommen zum Nebenfluss **Santån**, wo wir etwa 50 m oberhalb der Einmündung eine geeignete Stelle zur Querung **(4)** finden. Auf den nächsten 8 km geht es zunächst in der Mitte, später am östlichen Rand des gewaltigen Tals entlang, wo einige Bäche gequert werden müssen. Im südlichen Abschnitt sind außerdem zwei kleinere Blockfelder zu überwinden, bevor kurz danach die Windschutzhütte am **Lunndörrspasset (5)** auf der westlichen Talseite in Sicht kommt. Wir erreichen sie, indem wir vom Hauptweg rechts abbiegen. Dort kehren wir um und wandern zurück, machen im nördlichen Talabschnitt einen (weglosen) Abstecher **(6)** zur Klamm **Saantandurrie** am östlichen Talrand, deren Einschnitt wir rechter Hand nicht übersehen können. Wieder auf dem Hauptweg, marschieren wir auf ihm nach Norden bis etwa 100 m vor dem Zusammenfluss der Flüsse Santån und Lunndörrsån, wenden uns weglos nach links und finden hier eine geeignete Stelle, um den **Lunndörrsån** zu durchwaten **(6)**. An seinem westlichen Ufer geht es etwa 500 m

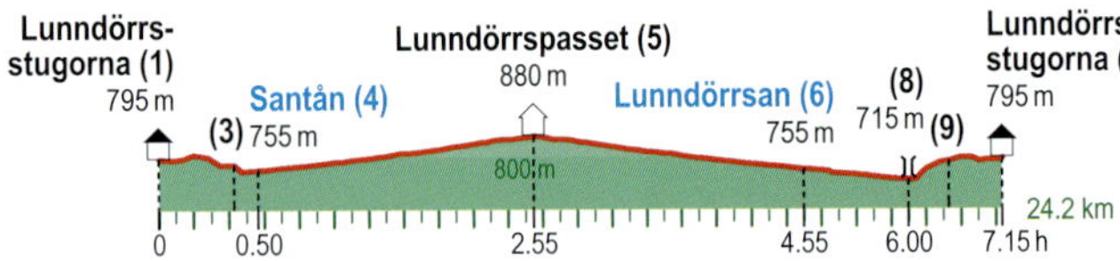

abwärts. Dann halten wir – dabei zwei flache Wasserläufe querend – links auf den Hangfuß des **westlichen Talausgangs (7)** zu (hier lohnt sich ein Abstecher links die steile Böschung hinauf, wo uns eine kleine Seenlandschaft erwartet). Anschließend wandern wir am westlichen Ufer des Lunndörrsån aus dem Tal hinaus. Auf den ersten 500 m bewegen wir uns durch Gestrüpp und über nassen Untergrund, wobei sich der undeutliche Pfad hin und wieder verliert. Wir können uns nicht verlaufen, da wir – mal mit mehr, mal mit weniger Abstand – den Fluss nach Nordwesten begleiten. Nach knapp 2,0 km erreichen wir eine **Hängebrücke (8)** und damit den Verbindungsweg zwischen Vålåstugorna und Lunndörrsstugorna, dem wir nach rechts über die Brücke folgen. Ein kurzer Aufstieg durch Fichten- und Kiefernwald bringt uns zur Seengruppe der **Finnångeltjärnarna *(9)***. Nach einem kurzen Wegabschnitt über Blockschutt erreichen wir ein Hangmoor, das mit Planken versehen ist. Anschließend wird noch ein Bachtal durchquert, bevor wir wieder vor der **Lunndörrshütte (1)** stehen.

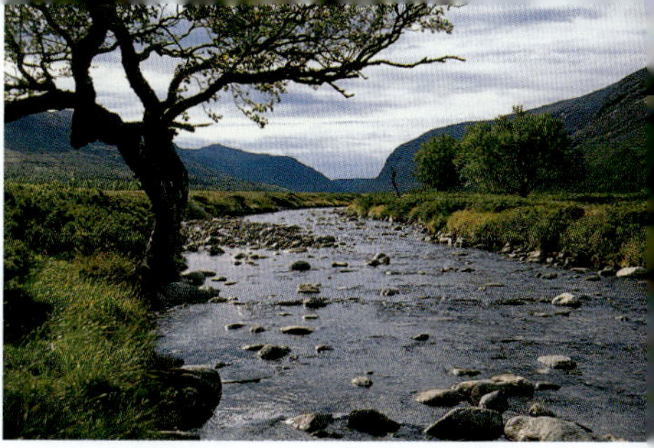

Die Wanderung führt über weite Strecken am Lunndörrsån entlang.

Das gewaltige Trogtal ist bei (fast) jedem Wetter einen Besuch wert.

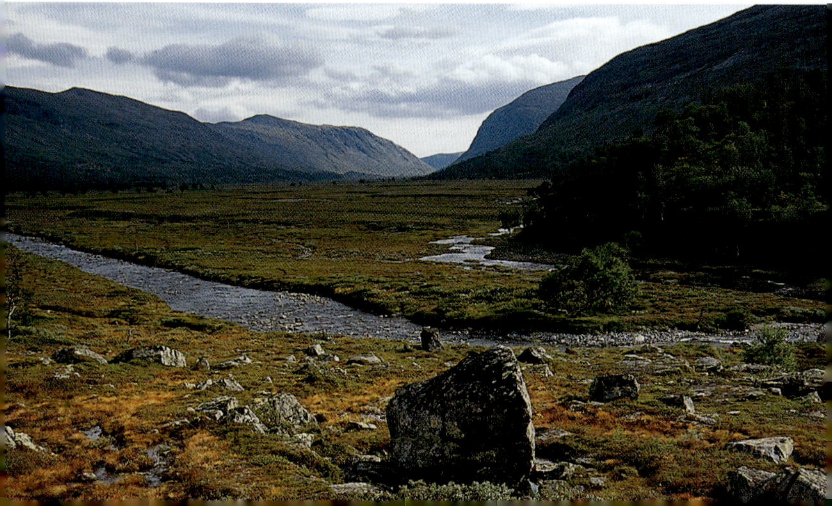

23 Blanktjärnrundweg

3.20 Std.

Zu türkisgrünen Seen in eiszeitlich geprägter Landschaft

Auf der Blanktjärnrunde lässt sich mit verhältnismäßig geringem Aufwand viel Natur und Landschaft erwandern. Der Weg ist abwechslungsreich und führt entlang von Flüssen, Bächen und Seen, über Moore und durch unterschiedliche Waldtypen, entlang von glazialen Schmelzwasserrinnen und vom Gletscher geformten Geländerücken. Die Seen mit ihrer leuchtend türkisgrünen Färbung sind das I-Tüpfelchen auf dieser Rundtour. Die Farbe resultiert vermutlich aus dem Zusammenspiel zwischen kalkreichem Quellwasser und Kolonien von Armleuchteralgen, die dafür verantwortlich sind, dass der Seegrund einen hellen Hintergrund bildet, vor dem die Eigenfarbe des Wassers zur Geltung kommt.

Ausgangspunkt: Parkplatz am Südwestrand der Siedlung Vålådalen. Mit dem Auto in Undersåker von der E14 abbiegen und der Beschilderung »Vålådalen« folgen. Vom Bahnhof Undersåker (Zugstrecke Östersund – Trondheim) Busse Richtung Vålådalen (»Vålådalen Västra«).
Höhenunterschied: 190 m.

Anforderungen: Überwiegend einfach, jedoch mit zwei kurzen, steilen Passagen und einigen steinigen Abschnitten. Moore und Feuchtstellen weitgehend beplankt.
Einkehr: Keine.
Karte: Fjällkarte 1:100.000; Z7 Åre – Vålådalen – Bydalen oder Z6 Storlien – Ljungdalen.

Vom Parkplatz in **Vålådalen (1)** folgen wir den Wegweisern in Richtung »Blanktjärnrundan«. Bei der Abzweigung, die wir nach 200 m erreichen, halten wir uns halb links **(2)** und überqueren nach kurzer Zeit die Hängebrücke über den **Vålån**. An der Wegkreuzung **(3)** unmittelbar südlich der Brücke wenden wir uns nach rechts (»Blanktjärnrundan«), wo der Weg zunächst dem Flusslauf folgt, bevor er ein Steilufer erklimmt. Dort treffen wir auf eine Abzweigung **(4)**, an der der eigentliche Rundweg beginnt. Wir wenden uns nach rechts und folgen dem Pfad zunächst durch Nadelwald (ein kurzer Umweg nach rechts zum Aussichtspunkt »**Nipan**« am Hochufer des Vålån lohnt sich), später durch Birkenwald. Schließlich erreichen wir ausgedehnte waldfreie Flächen – eiszeitliche Schmelzwasserrinnen – mit blütenreicher Wiesenvegetation **(5)**. Abzweigungen nach rechts ignorieren wir. Abwechselnd durch Offenflächen und an kiefernreichen Waldrändern entlang gelangen wir hinter einem

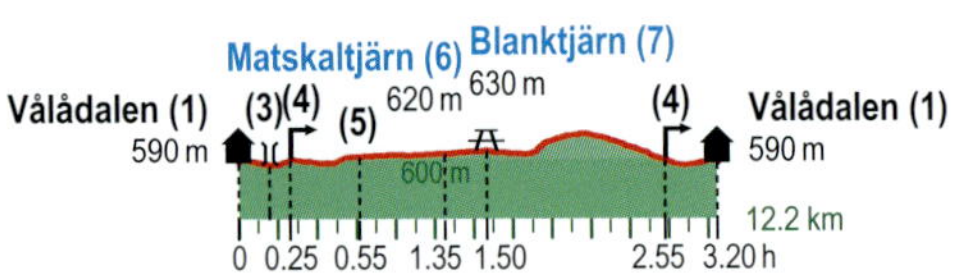

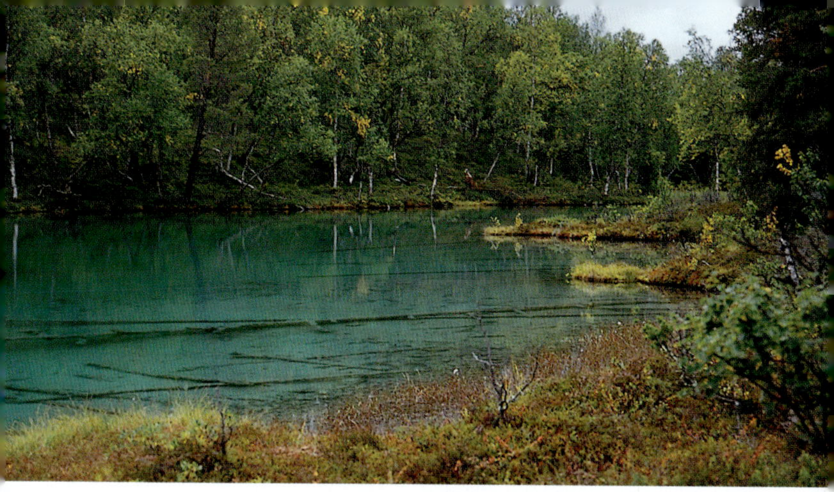

Der Kleine weist ebenso wie der Große Blanktjärn eine intensive türkise Färbung auf.

kleinen Steg **(6)** zum Nordwestende des **Matskaltjärn**, an dessen rechtem Ufer der Weg auf einen Moränenrücken hinaufführt. Bald sehen wir durch die Bäume rechts vor uns bereits die erstaunliche türkise Farbe des **Großen Blanktjärn (7)** schimmern. Wo der Weg dessen Ufer erreicht, befindet sich ein kleiner Rastplatz. Wir gehen am Kamm entlang (Achtung: kurzer steiler Abstieg) zum Südufer des Großen Blanktjärns und biegen beim dortigen **Wegweiser (8)** links ab. Nachdem wir eine feuchte Senke hinter uns gelassen haben, führt unser Weg im Wald eine Anhöhe hinauf und schlängelt sich über kleine Hangmoore, die wir auf Plankenstegen bewältigen. Wir wandern über die breite Hügelkuppe, hinter der sich der Weg abwärts neigt und eine bereits bekannte Kreuzung **(4)** erreicht. Von dort geht es zurück zur Brücke über den **Vålån (3)**, dann auf breitem Weg zur **Verzweigung (2)** und halb rechts zurück zum Parkplatz nach **Vålådalen (1)**.

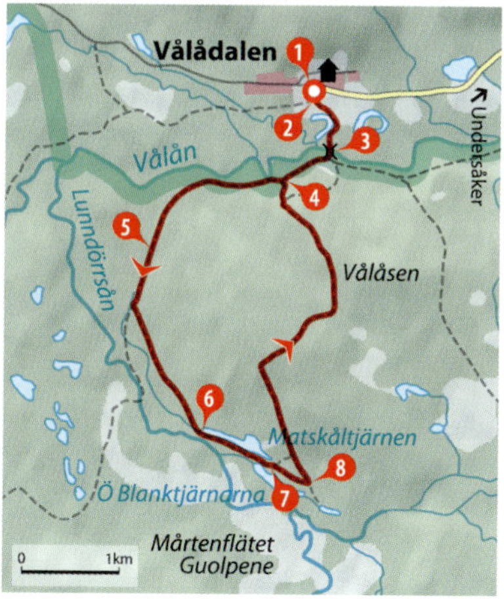

TOP

24 Große Vålådalen-Rundtour

4 Tage

Großartige Natur im Herzen eines riesigen Naturreservats

Diese Rundtour erschließt eines der größten Naturreservate Jämtlands. Riesige Flächen weitgehend unberührter Wildnis – von der Nadelwaldzone über den Fjällbirkenwald bis zum Kalfjäll – formen eine atemberaubende Naturlandschaft. Die Wanderung führt vier Tage lang auf schmalen Pfaden rund um das Becken des Vålån und seiner Zuflüsse und bietet zudem einige Streckenabschnitte im Kalfjäll. An strategischen Punkten befinden sich Hütten des STF, die es ermöglichen, diese Landschaft ohne erhöhten logistischen Aufwand – wenn auch nicht ohne Anstrengung – zu erwandern.

Ausgangspunkt: Parkplatz am Südwestrand der Siedlung Vålådalen. Mit dem Auto in Undersåker von der E14 abbiegen und der Beschilderung »Vålådalen« folgen. Vom Bahnhof Undersåker (Zugstrecke Östersund – Trondheim) Busse Richtung Vålådalen (»Vålådalen Västra«).
Höhenunterschied: 720 m.
Anforderungen: Teilweise steiniger und nasser Untergrund. Breite Flüsse werden auf Hängebrücken überquert, einige kleinere Flüsse müssen durchwatet werden. Bei Hochwasser ist dies nicht oder nur mit erhöhtem Risiko möglich. (Hinweis: die zwei Watstellen auf Etappe 3 können vermieden werden, wenn man den direkten Weg von der Vålåhütte nach Vålådalen wählt.) Trittsicherheit ist erforderlich.
Einkehr: Keine.
Unterkunft: Lunndörrs-, Vålå- und Stensdalsstugorna (Selbstversorgerhütten des STF).
Karte: Fjällkartan 1:100.000; Z6: Storlien – Ljungdalen und Z7 Åre – Vålådalen – Bydalen.
Varianten: 1. Wer die Tour abkürzen will, kann von der Vålåhütte aus direkt nach Vålådalen zurückkehren (ca. 6 Std. – verkürzt die Tour um einen Tag). 2. Die folgende Variante kann als Zwei- oder Dreitagestour konzipiert werden: Von Vallbo zur Lunndörrshütte (Tour 20, 1. Etappe). Von dort nach Vålådalen (Tour 24, 1. Etappe in Gegenrichtung) und zurück nach Vallbo entlang des Flusses Vålån (ohne Beschreibung). Diese Wanderung eignet sich auch für Mehrtagestour-Einsteiger.
Kombinationsmöglichkeiten: mit Tour 20, 21, 22.
Tipp: Im Naturum in Vålådalen kann man sich nicht nur über das Naturreservat, seine Pflanzen- und Tierwelt informieren, sondern erhält vom freundlichen Personal zudem auch Auskunft über den Zustand von Wegen, Brücken und Watstellen.

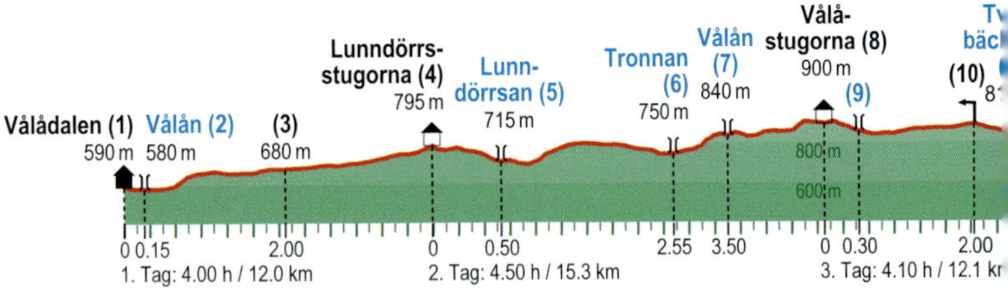

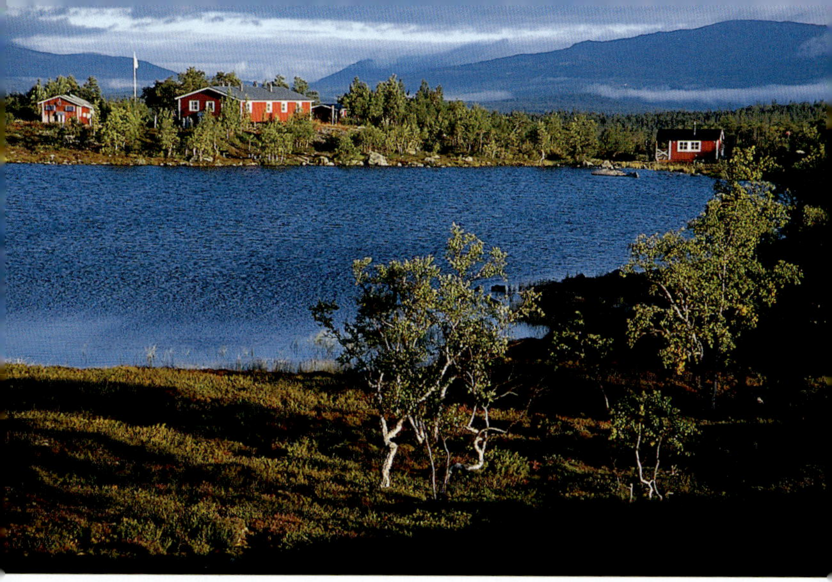

Die Lunndörrshütte liegt malerisch und strategisch günstig am Fuß des Anaris-Gebirges.

1. Etappe: Vålådalen – Lunndörrsstugorna: Unser Weg führt – dem Wegweiser »Lunndörrsstugorna« folgend – vom Parkplatz in **Vålådalen (1)** nach Süden. Nach 200 m halten wir uns bei der Abzweigung halb links und erreichen auf breitem Weg nach kurzer Zeit die Hängebrücke über den **Vålån (2)**. Nach der Brücke wenden wir uns nach links (Wegweiser »Lunndörrsstugorna«) und gehen kurz am Fluss entlang, bevor wir leicht bergauf wandern und zwei Abzweigungen nach Vallbo links liegen lassen. Wenn wir die Geländestufe hinter uns haben, erwartet uns eine Moorlandschaft, in der Planken das Überqueren von Feuchtstellen erleichtern. Danach wandern wir eine Weile mit einigem Auf und Ab durch Wald und erreichen eine Weggabelung mit Wegweiser (nach links zweigt der Weg in Richtung **Grönvallen** ab), an der wir uns geradeaus halten (**3** – »Lunndörrsstugorna«). Auf den nächsten 5 km wechseln sich Wald und Moor ab. Nachdem wir einige Seen rechter Hand passiert haben, können wir bald in einiger Entfernung vor uns das Ziel des heutigen Tages – die **Lunndörrshütte (4)** – erkennen, zu der uns der Weg direkt hinaufführt.

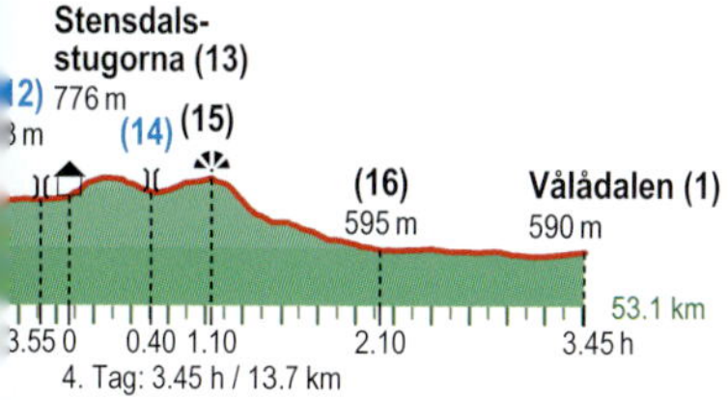

2. Etappe: Lunndörrsstugorna – Vålåstugorna: Von der Hütte aus folgen wir dem Wegweiser »Vålåstugorna« in Richtung Westen (Achtung: auf älteren Karten und Wegweisern heißt diese Hütte noch »Vålåvalen«). Wir gehen auf Planken über ein Hangmoor, vorbei an malerischen Seen und dort weiter geradeaus. Nach einem kurzen Abstieg durch Wald erreichen wir den **Lunndörrsån (5)**, den wir auf einer Hängebrücke überqueren; bald danach einen breiten Bach, der schnell strömt und – außer in Niedrigwasserzeiten – zu breit ist, um ihn zu überspringen. Bevor wir lange überlegen, ziehen wir die Schuhe aus und durchwaten ihn mit wenigen Schritten. Der Weg erklimmt anschließend mit deutlicher Steigung eine Hangflanke, wo er anschließend eine Weile höhenparallel verläuft. Dann neigt er sich sanft abwärts und erreicht die Hängebrücke über den **Tronnan (6)**.

Mit dem folgenden Anstieg gelangen wir auf eine ausgeprägte Geländestufe. Hinter ihr knickt unser Weg scharf nach rechts ab und leitet uns zu einer Hängebrücke, auf der wir zum Nordufer des **Vålån (7)** gelangen. Hinter der Brücke orientieren wir uns nach links. Nach einigem Auf und Ab folgen wir kurz dem Flusslauf; bald jedoch schwenkt unser Weg von ihm fort und erreicht eine kleine Moor- und Seenplatte. Hier empfiehlt es sich, den kniehohen Holzpfeilen mit der verblassten Schrift »Väg« zu folgen, die uns auf gewundenen Pfaden um die nassesten Stellen herumführen. Ein kurzer Anstieg bringt uns auf den Ausläufer eines mit Birken bedeckten Geländerückens, auf dessen westlicher Seite sich die **Vålåhütte (8)** befindet.

3. Etappe: Vålåstugorna – Stensdalsstugorna: Wir verlassen die Vålåhütte in Richtung Norden (Wegweiser Stensdalsstugorna, Vålådalen) und erreichen nach einer knappen halben Stunde mit geringer Abwärtstendenz den Oberlauf des Bachs **Kroktjärnbäcken (9)**, den wir auf einem kleinen Steg queren. Zunächst folgen wir dem

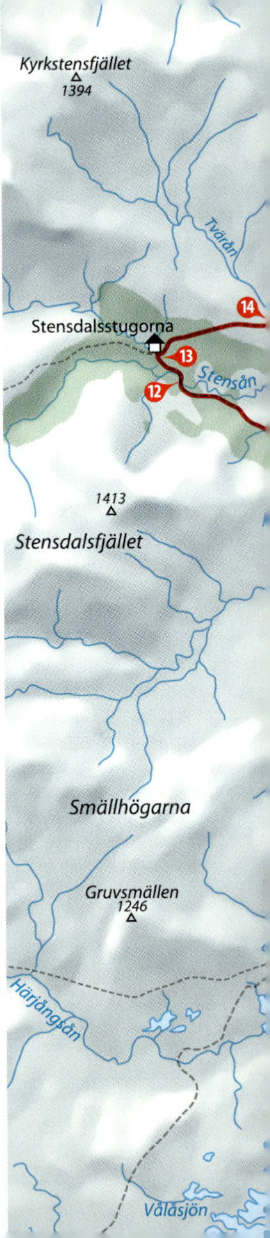

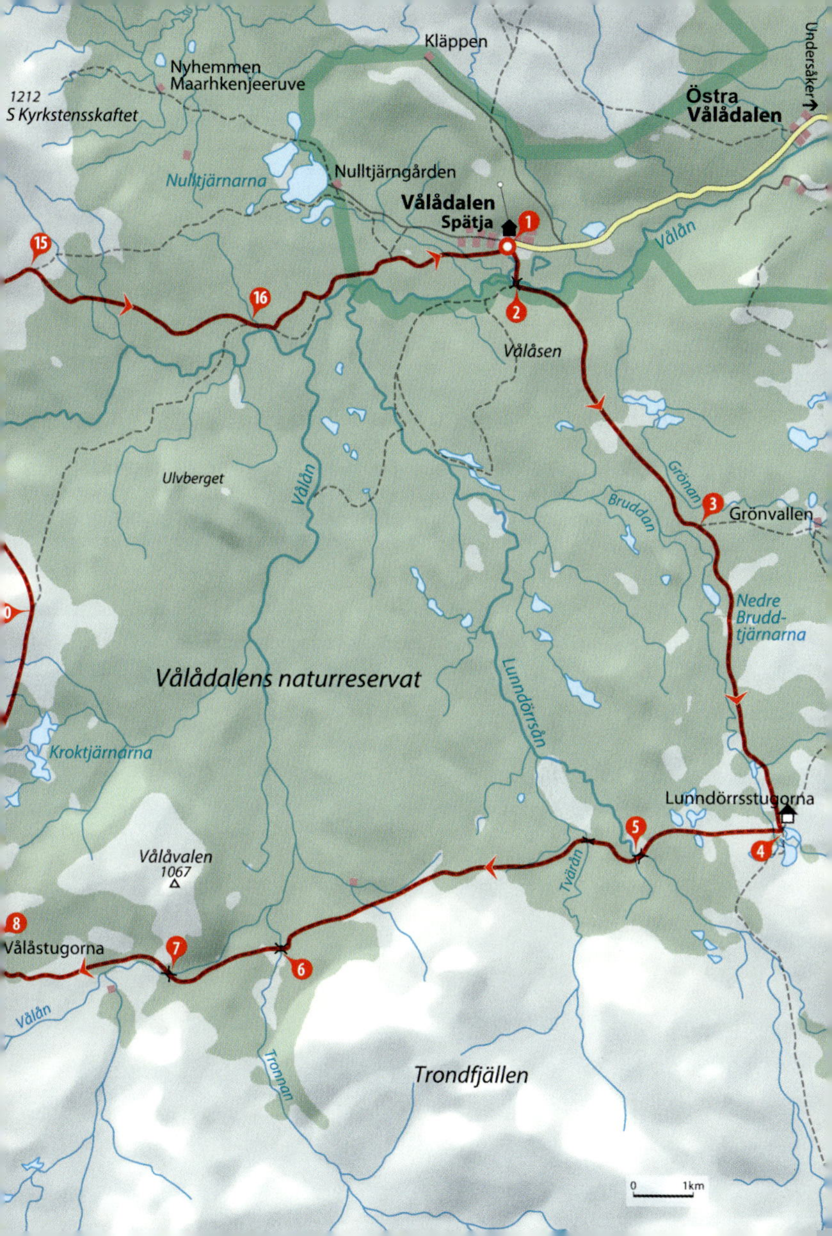

Kläppen
Undersåker
Östra Vålådalen
Nyhemmen Maarhkenjeeruve
1212
S Kyrkstensskaftet
Nulltjärnarna
Nulltjärngården
Vålådalen
Spätja
1
Vålån
P
15
16
2
Vålåsen
Grönan
3
Grönvallen
Bruddan
Ulvberget
Vålån
Nedre Brudd-tjärnarna
Vålådalens naturreservat
Lunndörrsån
Kroktjärnarna
Lunndörrsstugorna
5
4
Tväråan
Vålåvalen
1067
8
Vålåstugorna
7
6
Vålån
Tronnan
Trondfjällen
0
1km

Bach mit geringem Abstand, anschließend schwenkt der Weg jedoch von ihm weg und führt mit etwas Höhengewinn auf der westlichen Talseite und mit einigem Abstand oberhalb der Seenkette Kroktjärnarna entlang, wobei mehrfach kleine Bäche und Feuchtstellen überwunden werden müssen. Fast am höchsten Punkt des lang gezogenen, flachen Anstiegs (und bevor der Hauptweg sich abwärts neigt) nehmen wir den vom Hauptweg halb links in Richtung Stensdalsstugorna abzweigenden schmalen Pfad **(10)**. Zunächst mit geringer, dann deutlicherer Abwärtstendenz erreichen wir den breiten Bach **Tvärbäcken (11)**, den wir durchwaten müssen. Als Gebirgsbach hat er eine recht hohe Fließgeschwindigkeit sowie grobes Geröll und Felsblöcke im Bachbett, was selbst bei normaler Wasserführung etwas Geschick und Konzentration erfordert (Schuhe zum Waten sind hier unbedingt nötig!). Anschließend verliert der Pfad gemächlich weiter an Höhe, bis wir in die Talsohle des weitläufigen und moorigen Stensån-Beckens gelangen. Dort geht es abwechselnd in lichtem Birkenwald und entlang von sumpfigen Senken nach Nordosten, wobei wir mancher Feuchtstelle nicht ausweichen können. Der Weg erreicht den Fluss **Stensån (12)** an einer breiten Stelle, an der sich auch mehrere Kiesinseln befinden. Obwohl der Fluss recht breit ist, lässt er sich bei normalem bis mittlerem Wasserstand hier ohne erhöhte Schwierigkeiten durchwaten. Auf der anderen Seite entdecken wir die Fortsetzung des Pfads, der uns nach 500 m zur **Stensdalshütte (13)** bringt.

Blick von der Hängebrücke über den Oberlauf des Vålån nach Westen.

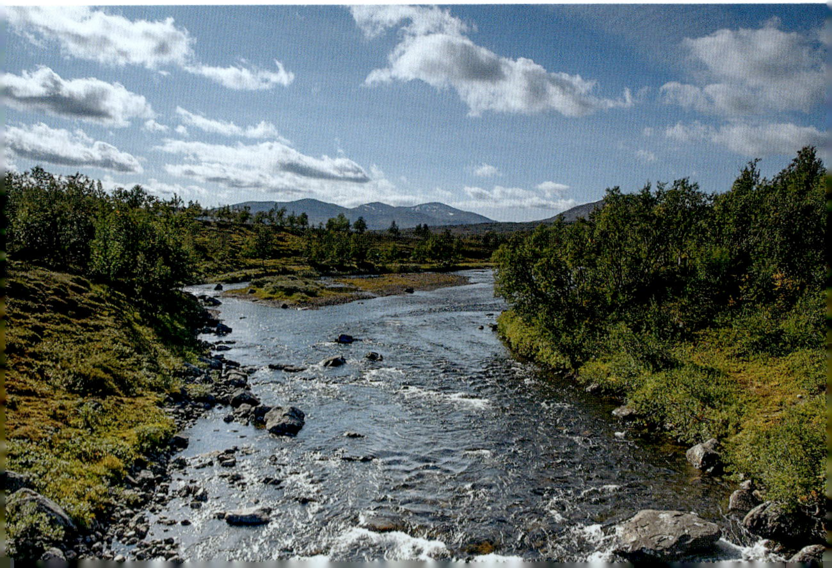

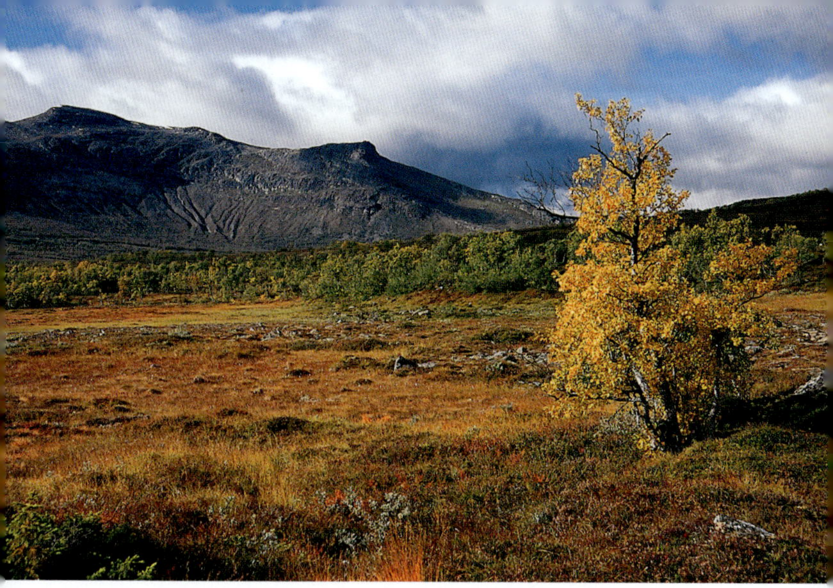

Blick auf das Lill-Stensdalsfjället, an dessen Fuß die Stensdalshütte liegt.

4. Etappe: Stensdalsstugorna – Vålådalen: Hinter der Stensdalshütte erklimmt der Pfad (Wegweiser »Vålådalen«) durch zunächst dichten, später lückigen Birkenwald eine Hangflanke, bevor wir auf etwas leicht abfallendem Weg die Brücke über den **Tväran (14)** erreichen. Anschließend geht es mit leichtem Höhengewinn die Flanke des Stor-Kyrkstenfjället entlang. An einem baumfreien Höhenrücken kommen wir zu einer Verzweigung mit Wegweiser **(15)**, wo unser Weg nach halb rechts abzweigt (»Vålådalen«). Nach einem letzten Blick in die Weite umfängt uns – auf dem für kurze Zeit – steilen Weg über die Geländestufe nach unten dichter Wald. Am Hangfuß angekommen, folgen wir dem Weg mit geringen Höhendifferenzen leicht abwärts durch Fichtenwald. Wir sind eine Zeit lang unterwegs, bevor wir eine Wegkreuzung erreichen, wo der direkt von der Vålåhütte kommende Weg auf unseren stößt **(16)**. Wir halten uns an der Abzweigung geradeaus (»Vålådalen«) und erreichen nach wenigen Schritten den **Vålån**, dessen Ufer wir kurzzeitig flussabwärts folgen. Anschließend wandern wir durch Kiefern- und Fichtenwald, Abzweigungen nach links ignorierend. Ein kurzer Anstieg und ein letzter Kilometer durch Wald bringen uns an eine Wegkreuzung, an der wir links abbiegen und nach wenigen Schritten den Südrand einer Lichtung erreichen. Jetzt sind es noch 200 m bis zum Parkplatz in **Vålådalen (1)**, wo unsere Tour ihren Ausgang nahm.

25 Südlicher Kungsleden/ Jämtlandsleden

5 Tage

Großes Kino für Kalfjäll-Fans

Der südliche Kungsleden führt über mehr als 350 km von Storlien in Jämtland nach Sälen in Dalarna. Die nachfolgend beschriebenen fünf Tagesetappen quer durch das Jämtlandsfjäll bilden den nördlichsten Teil dieser Route und verlaufen – bis auf An- und Abstieg – durchgehend im Kalfjäll. Den Vergleich mit seinem nördlichen Namensvetter braucht dieser Wegabschnitt nicht zu scheuen: Ausgedehnte Wildnisgebiete vor der Kulisse der zwei südlichsten Hochgebirgskomplexe Schwedens, Sylarna und Helags, vermitteln eindrückliche Landschafts- und Naturerlebnisse. Von den Tagesetappen kann man sich in komfortablen Hüttenanlagen oder in bodenständigen Selbstversorgerhütten erholen.

Ausgangspunkt: Storvallens Kapelle. In Storvallen von der Hauptstraße E14 nach Süden in den Storvallsvägen abbiegen. Kapelle nach gut 400 m rechter Hand.

Endpunkt: Ramundberget; von dort Busverbindung nach Funäsdalen (Achtung: keine Verbindung samstags; während der Schulferien Verbindung nur 3 x wöchentlich) und weiter nach Sveg oder Östersund.

Höhenunterschied: 2000 m aufwärts, 1870 m abwärts.

Anforderungen: Verbreitet steiniger und streckenweise nasser Untergrund in stark wetterausgesetztem Gelände. Einige breite Bäche müssen gequert, u. U. durchwatet werden. Trittsicherheit und gute Kondition sind erforderlich.

Einkehr/Unterkunft: Blåhammarens Fjällstation, Sylarnas Fjällstation, Helags Fjällstation, Feltjägarstugan (Selbstversorgerhütte des STF).

Karte: Fjällkartan 1:100.000; Z6: Storlien – Ljungdalen und Z8 Helags – Funäsdalen – Rogen.

Varianten: Wer die Tour um einen Tag abkürzen will, kann von der Helagshütte nach Ljungdalen absteigen (ÖNV-Verbindung nach Östersund). Wer die Tour erweitern möchte, hat dazu verschiedene Möglichkeiten, z. B. zu den DNT-Hütten Storerikvollen und Nedalshytta auf der norwegischen Seite des Sylgebirges oder in Richtung Gåsenstugorna.

Tipp: Bei schönem Wetter ist die Besteigung von Sylarna (Schwierigkeit »schwarz«) und/ oder Helags (Schwierigkeit »rot«) zu empfehlen.

Blåhammarens Fjällstation lockt mit tollem Ausblick und gutem Essen.

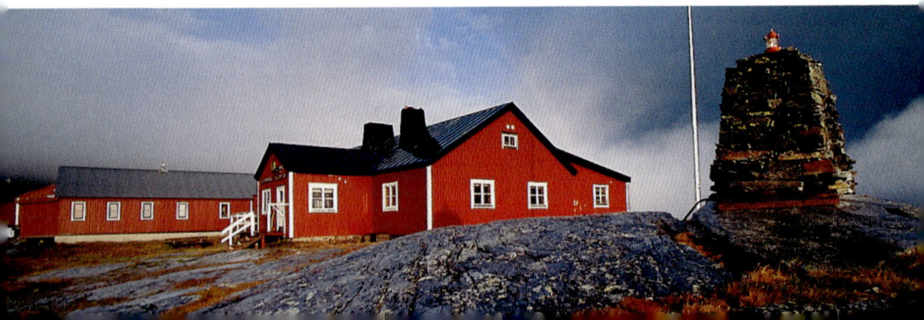

1. Etappe: Storvallen – Blåhammarens Fjällstation: Wir starten von der **Kapelle (1)** auf dem Storvallsvägen nach Süden, biegen nach wenigen Metern rechts und dann sofort halb links in den Jamlivägen ab. Kurz vor dessen Ende zweigt links ein schmales Pfädchen in den Wald hinein ab. Nach 200 m stößt es auf einen Querweg, dem wir nach rechts folgen. Nun geht es abwechselnd durch lichten Birkenwald und über kleine Moore – stellenweise recht nass – aufwärts. Hinter einem kleinen Geländeeinschnitt halten wir uns geradeaus (nicht nach links über den Bach queren) und laufen über Deckenmoore und Heiden aufwärts bis über die Baumgrenze. Hinter dem weiten Höhenrücken des **Rundvalen** neigt sich der Weg talwärts. An einem Weidegatter **(2)** vorbei, durch Birkenwald und sumpfige Abschnitte kommen wir zum **Enan**, den wir auf einer Holzbrücke **(3)** überqueren. Auf der anderen Talseite geht es zunächst sanft aufwärts, vorbei an Hinweisschildern zu den Karolinermonumenten (nähere Informationen zum Todesmarsch der Karoliner finden sich in Blåhammarens Fjällstation). Anschließend führt uns der breite Weg – abwechselnd durch lichte Birkenwäldchen und Offenland – etwas zügiger aufwärts, bis wir, dann schon oberhalb der Waldgrenze, zur Windschutzhütte

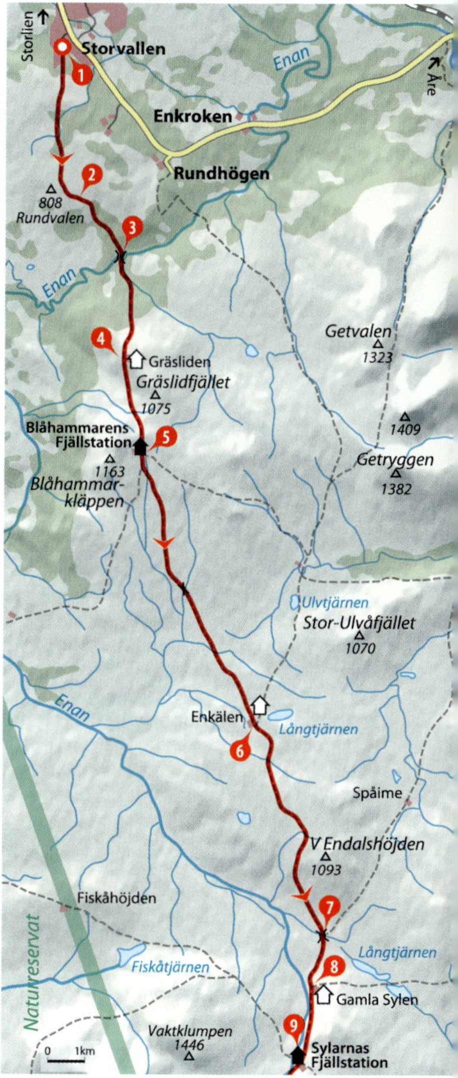

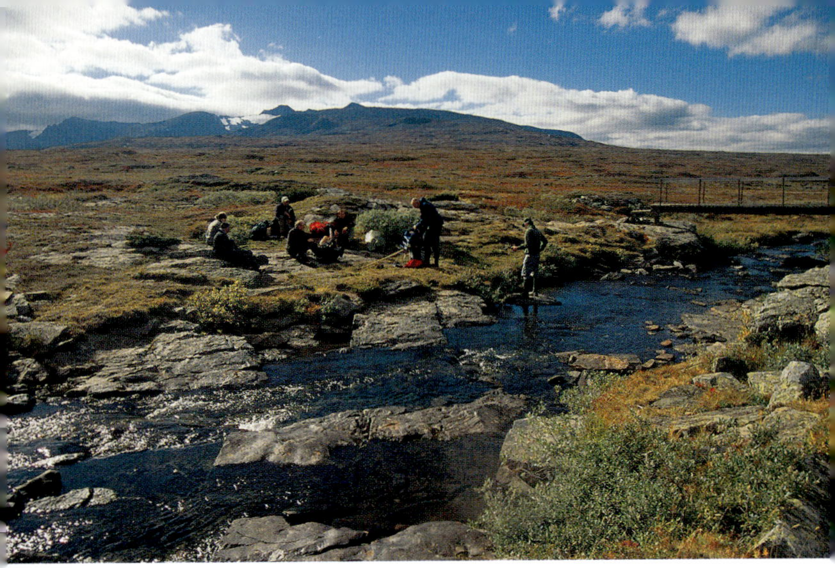

Rast am Oberlauf des Enan vor dem Hintergrund des Syl-Gebirges.

Gräsliden (4) kommen. Von hier aus wandern wir mit geringerer Steigung über ein Blockfeld, das unser Vorwärtskommen etwas bremst, weiter in Richtung Fjällstation. Ein Schlussanstieg bringt uns hinauf zur großen Hüttenanlage **Blåhammarens Fjällstation (5)**, von der sich ein fantastisches Panorama nach Süden öffnet.

2. Etappe: Blåhammarens Fjällstation – Sylarnas Fjällstation: Von der Fjällstation wandern wir in Richtung Sylarna, vorbei an der Abzweigung nach Storerikvollen, zunächst leicht abwärts, und queren einige Bäche, bevor sich der Weg etwas stärker zum Oberlauf des **Finnbäcken** hin senkt. Ein Aufstieg über einen breiten Höhenrücken bringt uns anschließend in Sichtweite der Windschutzhütte **Enkälen (6)**, die wir über stellenweisen nassen Untergrund hangaufwärts erreichen.

Von dort aus geht es mit wechselnder Steigung hinauf auf die Flanke der **Västra Endalshöjden**, deren breiten Rücken wir, vorbei an einem

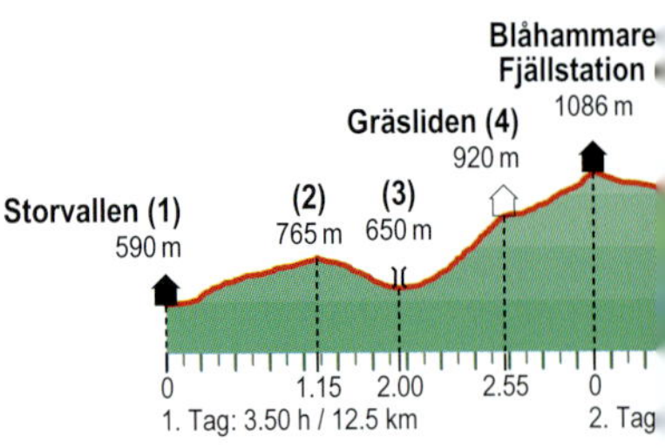

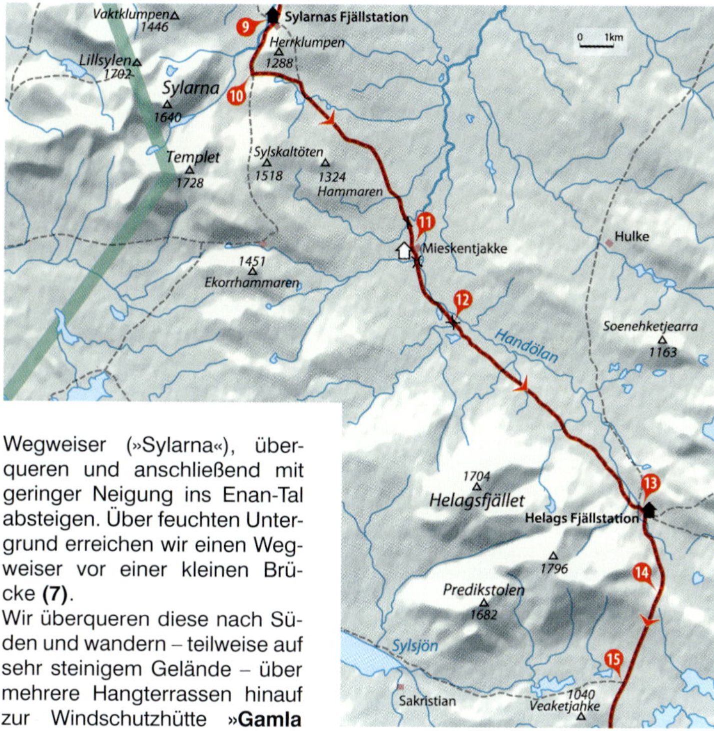

Wegweiser (»Sylarna«), überqueren und anschließend mit geringer Neigung ins Enan-Tal absteigen. Über feuchten Untergrund erreichen wir einen Wegweiser vor einer kleinen Brücke **(7)**.

Wir überqueren diese nach Süden und wandern – teilweise auf sehr steinigem Gelände – über mehrere Hangterrassen hinauf zur Windschutzhütte **»Gamla Sylen« (8)**. Geradeaus vorbei geht es am östlichen Ufer des Sylälven weiter zur **Sylarnas Fjällstation (9)**.

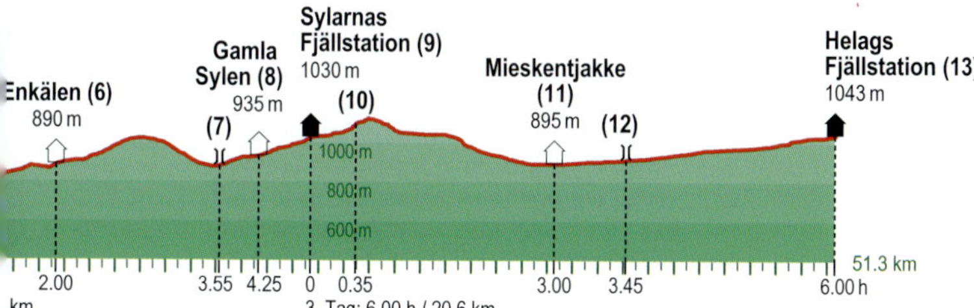

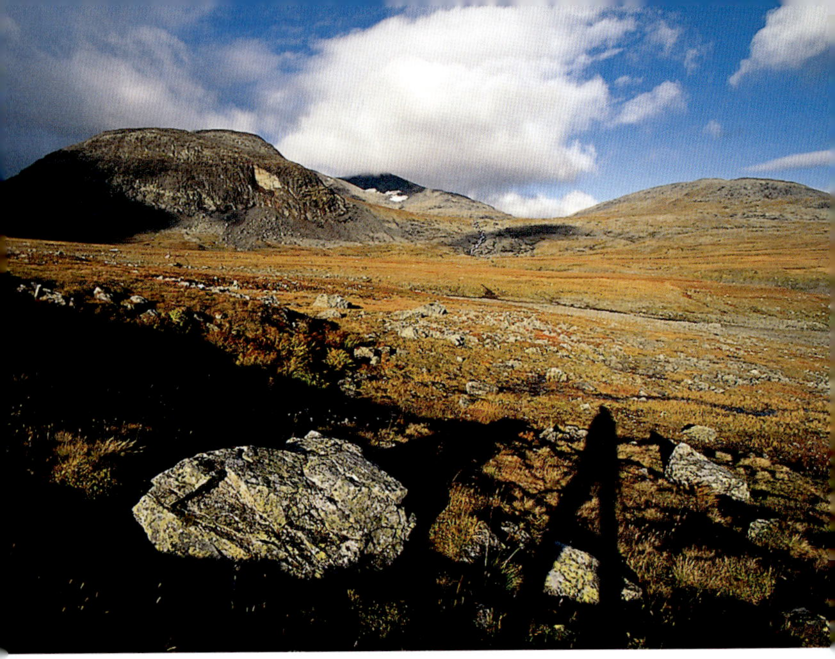

Blick über das Tal des Sylälven auf das Sylarna-Massiv.

3. Etappe: Sylarnas Fjällstation – Helags Fjällstation: Wir brechen in Richtung Süden auf (»Helags«) und müssen auf den ersten beiden Kilometern ein sehr blockreiches Terrain überwinden. Schließlich schwenkt der Weg nach links hangaufwärts, wo wir bei einer Wegkreuzung **(10)** den halblinken Weg (»Helags«) wählen. Auf einem breiten Sattel wird die Wegspur undeutlich, aber der Wintermarkierung folgend haben wir keine Probleme bei der Orientierung. Vom Sattel geht es abwärts bis zur Einmündung des Herrklumpvägen von links und zum Auslauf aus einem kleinen See. Von dort laufen wir leicht aufwärts an der Flanke des **Hammaren** entlang und anschließend auf sandigen Wegen hinunter in eine von Hunderten von kleinen Hügeln geprägte Landschaft, wo wir eine Renwachthütte linker Hand mit großem Abstand passieren. In dem kleinräumig kupierten Gelände überqueren wir einen breiten Bach (evtl. waten) und gelangen bald darauf zur Windschutzhütte **Mieskentjakke (11)**. Von dort aus halb links der orangen Markierung folgend, erreichen wir eine Hängebrücke und wandern dann am Ufer des **Handölån** entlang. Vor einer Brücke **(12)** schwenkt der Weg etwas nach rechts und wir erreichen, über eine weite Zwergstrauchheide leicht auf-

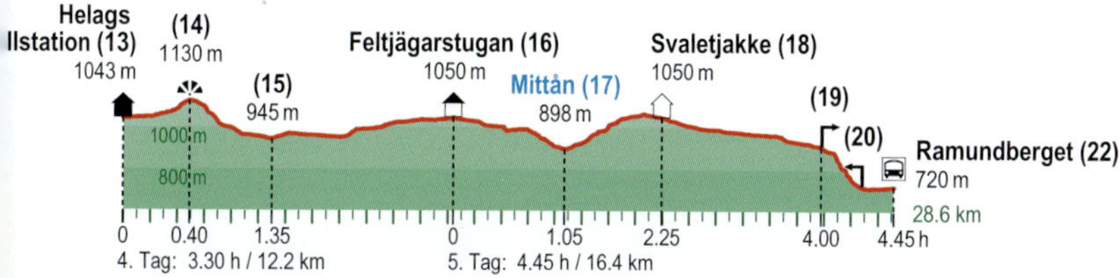

wärts, den Hangfuß des Helagsmassivs mit deutlich steinigeren Wegabschnitten. Nach der Überquerung eines breiten Bachs (evtl. waten) haben wir einen Anstieg über wechselnd steiles Gelände vor uns und können nach Überwindung der letzten Höhenmeter die **Helags Fjällstation (13)** in einiger Entfernung vor uns sehen.

4. Etappe: Helags Fjällstation – Feltjägarstugan: Wir verlassen die Hüttenanlage in südlicher Richtung, den Wegweisern in Richtung »Feltjägarstugan« (bzw. »Feltjägaren«) folgend. Mit etwas Höhengewinn wandern wir am nordöstlichen Ausläufer des Helagsmassivs entlang und überqueren bei ei-

Morgensonne auf der Helags Fjällstation.

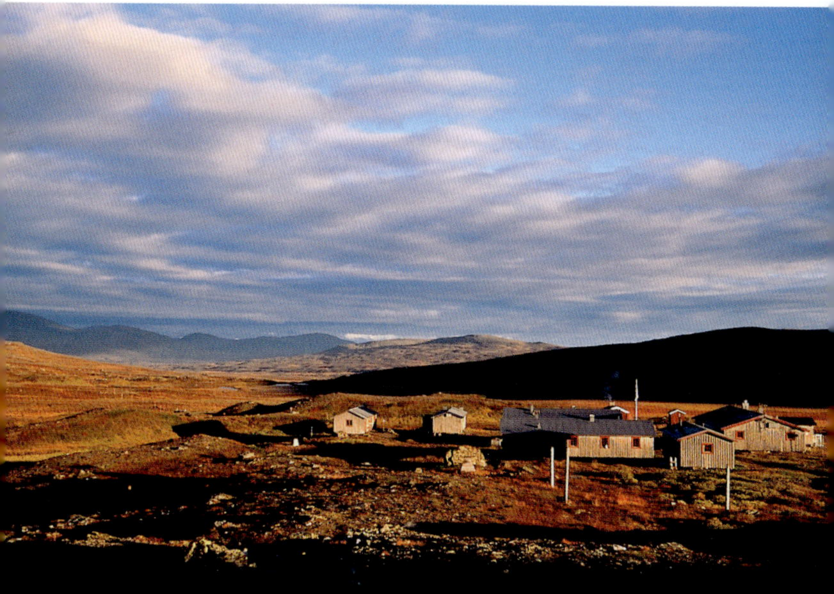

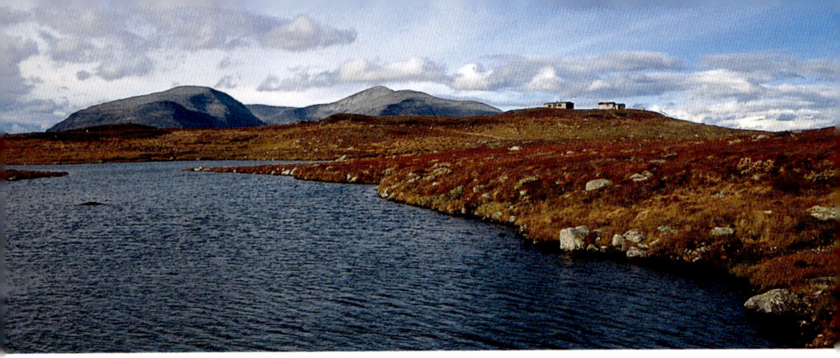

Die Feltjägarhütte vor der Kulisse des Helags-Massivs.

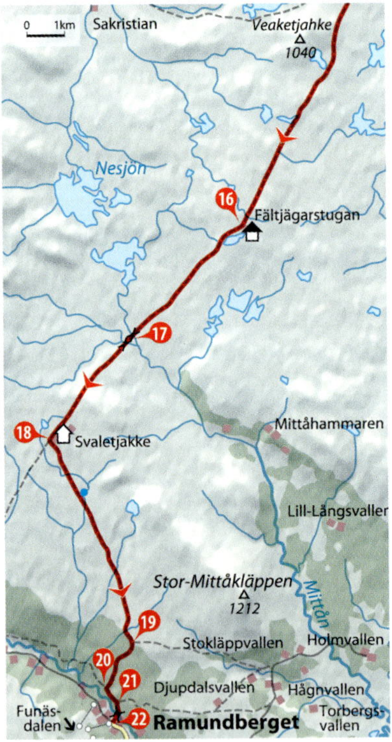

nem **Weidezaun (14)** einen Scheitelpunkt, von dem sich ein Panorama nach Süden über die zahlreichen Seen und Hügel des südlichen Helagsvorlandes eröffnet.

Der Weg führt anschließend zügig die Flanke hinunter, an deren Fuß ein Bach überquert wird. Schon wieder im Anstieg erreichen wir einen **Wegweiser (15)** und halten uns dort weiter geradeaus Richtung Feltjägarstugan. Über mehrere Geländerücken geht es nun aufwärts, wobei dazwischen immer wieder kleine Abstiege – streckenweise über feuchten Untergrund – zu bewältigen sind. Nachdem wir die Steigung des letzten Rückens hinter uns gebracht haben, sehen wir die **Feltjägarstugan (16)** in einiger Entfernung vor uns liegen.

5. Etappe: Feltjägarstugan – Ramundberget: Von der Feltjägarstugan führt unser Weg nach Südwesten (»Ramundberget«)

zunächst über mehrere Geländestufen abwärts zum Zusammenfluss des **Mittån (17)**, wo uns innerhalb von wenigen Hundert Metern zwei Watstellen erwarten (nur bei Niedrigwasser eröffnet sich u. U. die Möglichkeit, von Stein zu Stein zu balancieren). Anschließend liegt ein breiter Höhenrücken vor uns, den wir mit wechselnden Steigungen erwandern. Hinter der Kuppe treffen wir auf die Windschutzhütte **Svaletjakke (18)**, an der wir links abbiegen (»Ramundberget«), über schwach geneigtes, recht nasses und nur spärlich beplanktes Terrain wandern und dabei zweimal den Oberlauf des **Sveån** überqueren (evtl. waten). Schließlich erreichen wir auf etwas trockenerem Weg – dort, wo eine Stromleitung unseren Weg quert – die Hangkante des Ljusnan-Tales, die gleichzeitig die Waldgrenze markiert. Bei der dortigen Wegkreuzung **(19)** entscheiden wir uns für den rechten Weg (orange markiert), der uns hangabwärts führt. Nunmehr im Birkenwald, wandern wir – rasch an Höhe verlierend – den Hang hinunter, bleiben nach einer Bachkehle auf dem Hauptweg (die orange Markierung führt hingegen nach links) und erreichen am Hangfuß einen breiten Querweg **(20)**, auf den wir links abbiegen und auf ihm zur Brücke über den Ljusnan **(21)** gelangen. Geradeaus geht es den Hang hinauf und nach links auf die Querstraße, wo wir die Bushaltestelle gegenüber dem **Hotel »Fjällgården« (22)** finden.

Zwei Wanderer überqueren die Hängebrücke über den Åerevedurrienjohke.

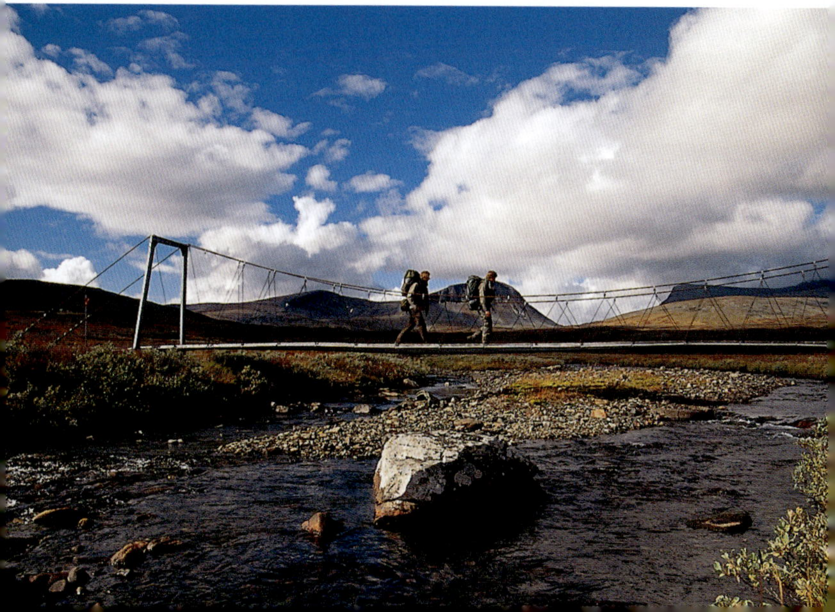

26 *Jämtlands-Dreieck*

3 Tage

Der Klassiker des Jämtland-Fjälls

Viel mehr noch als der südliche Kungsleden ist diese Rundtour der Klassiker im Jämtlands-Fjäll schlechthin. Sie ist bei Schweden aufgrund des Kalfjäll-Charakters sehr beliebt; zudem lassen die Fjällstationen, die die Eckpunkte der Wanderung bilden, nur wenige Wünsche hinsichtlich des Komforts offen und haben – jede für sich – Besonderes zu bieten: Blåhammaren ist bekannt für seine gute Küche und den Panoramablick, Sylarna für den fantastischen Ausblick auf das schroffe Sylgebirge. Dabei kommt natürlich auch beim Wandern die Landschaft nicht zu kurz: Weites Kalfjäll und eines der imposantesten Bergmassive Jämtlands bestimmen den Charakter dieser Tour.

Ausgangspunkt: Parkplatz bei Storulvåns Fjällstation. Vom Bhf. Enafors fahren Busse (privater Betreiber) zur 15 km entfernten Fjällstation. Mit dem Auto biegt man in Enafors von der E14 nach Süden ab und folgt der Beschilderung »Handöl«. Nach etwa 4 km, kurz vor Handöl, rechts Richtung Storulvåns Fjällstation, weitere 10 km.
Höhenunterschied: 1000 m.
Anforderungen: Ausgetretene Wege auf meist steinigem, stellenweise nassem Untergrund in stark wetterausgesetztem Gelände. Trittsicherheit erforderlich.
Einkehr/Unterkunft: Storulvåns Fjällstation, Blåhammarens Fjällstation (STF-Anlagen mit Selbstversorgung und Restaurantbetrieb), Sylarnas Fjällstation.
Karte: Fjällkarte 1:100.000; Z6 Storlien – Ljungdalen.
Hinweis: Der Status dieser Rundtour als »Klassiker« führt dazu, dass die Hütten voll sein können. Im »Überfüllungsfall« werden Matratzenlager eingerichtet.
Tipp: Leckeres Abendessen auf Blåhammarens Fjällstation.

1. Etappe: Storulvåns Fjällstation – Blåhammarens Fjällstation: Von der Fjällstation **(1)** wenden wir uns nach Süden, erreichen nach wenigen Schritten die Brücke über den Storulvån (»Großer Wolfsfluss«) und folgen dahinter dem breiten Holzplanken-Weg nach rechts in Richtung Blåhammarens Fjällstation (bzw. »Blåhammaren«). Dieser geht bald in einen breit ausgetretenen, steinigen Weg über, der durch Birkenwald bergan steigt. An der Hangkante finden wir einen Wegweiser **(2)**, an dem wir rechts abbiegen. Zunächst

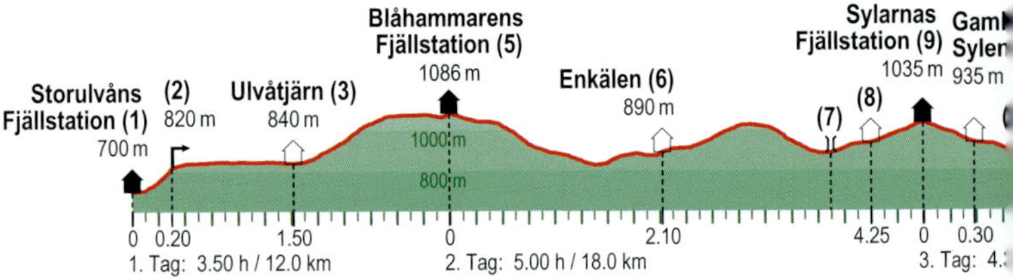

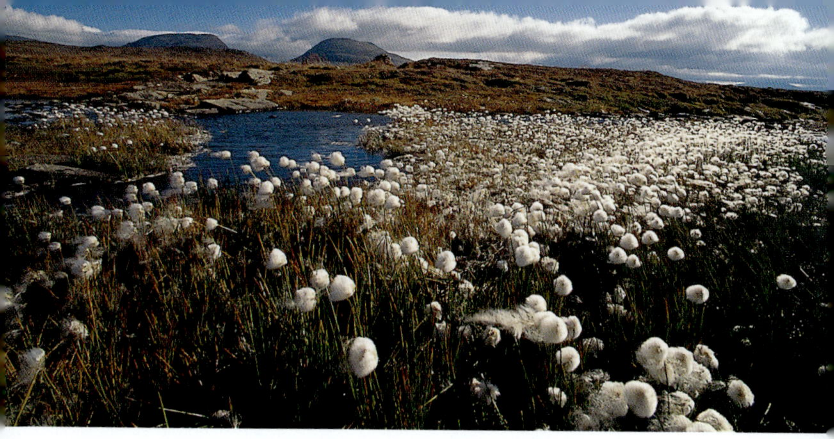

Wollgras säumt einen Tümpel am Weg zu Blåhammarens Fjällstation.

geht es steinig mit leichtem Auf und Ab nahe an der Waldgrenze, später weitgehend eben auf einer Schotterterrasse entlang. An einem »Watstellen«-Wegweiser steigen wir in eine Ravine zum Oberlauf des **Storulvån** hinunter, der auf Trittsteinen überquert werden kann und auf der anderen Seite wieder hoch. Dort erwartet uns die Windschutzhütte **»Ulvåtjärn« (3)**. Die Warnschilder »Hängdrivor« (Schneewächten) können wir als Sommerwanderer getrost ignorieren. Wenige Hundert Meter hinter der Rasthütte nehmen wir an einer Verzweigung **(4)** den linken Weg, der uns an einem Bach entlang bergauf führt. Schließlich knickt der Weg nach links ab und steigt weiter an, bis wir eine Hochebene erreichen. Über diese wandern wir mit geringen Höhenunterschieden an einigen kleinen Seen vorbei, bevor wir die Hüttenanlage der **Blåhammarens Fjällstation (5)** vor uns sehen.

2. Etappe: Blåhammarens Fjällstation – Sylarnas Fjällstation: Von der Fjällstation wandern wir Richtung Sylarna, vorbei an der Abzweigung nach Storerikvollen, zunächst leicht abwärts, und queren einige Bäche, bevor sich der Weg etwas stärker zum Oberlauf des **Finnbäcken** hin senkt. Ein Aufstieg über einen breiten Höhenrücken bringt uns in Sichtweite der Windschutzhütte **Enkälen (6)**, die wir über teils nassen Untergrund hangaufwärts erreichen. Von dort geht es mit wechselnder Steigung hinauf auf die Flanke der **Västra Endalshöjden**, deren breiten Rücken wir, vorbei an einem Wegweiser (»Sylarna«), überqueren und anschließend mit geringer Neigung ins Enan-Tal absteigen. Über feuchten Untergrund

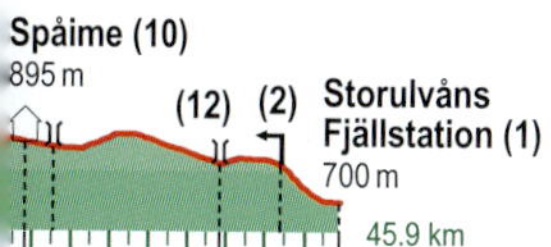

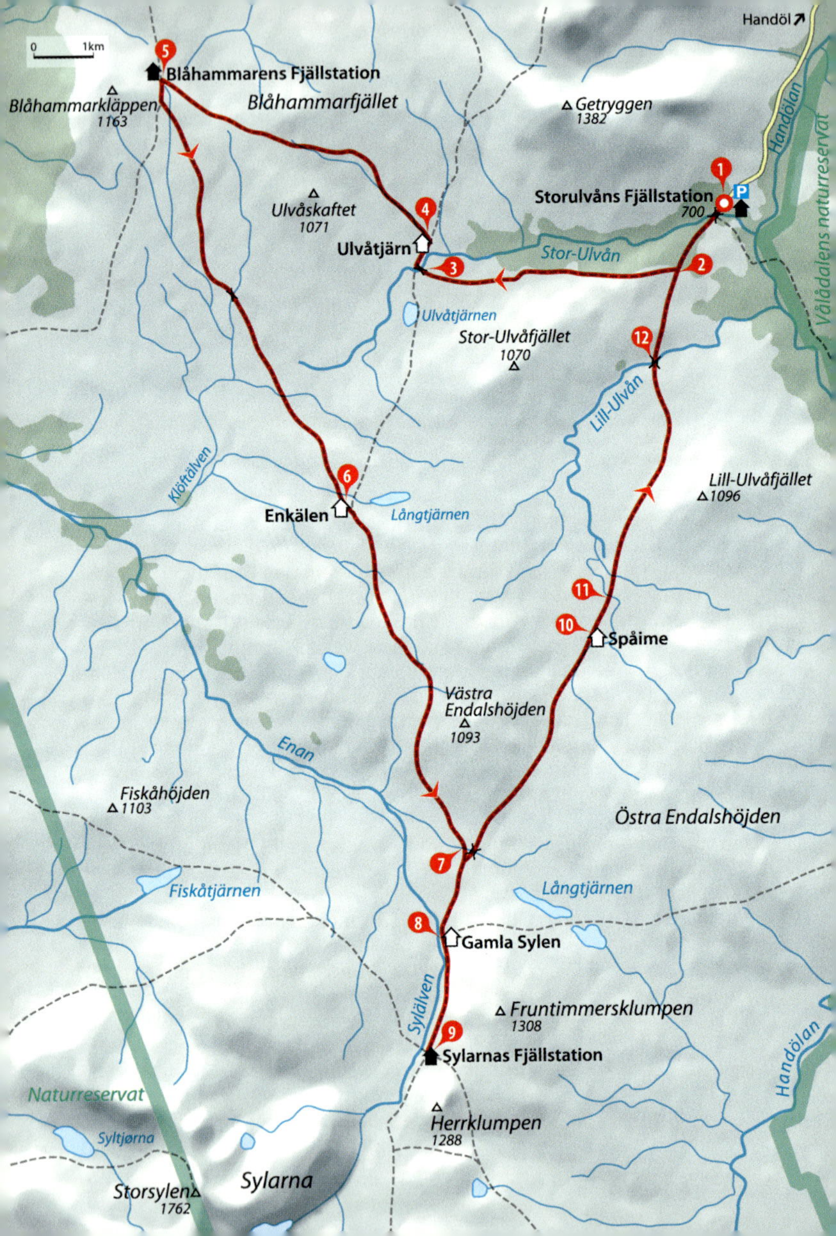

0 1km
Handöl
Blåhammarens Fjällstation
Blåhammarkläppen 1163
Blåhammarfjället
Getryggen 1382
Handölan
Våldalens naturreservat
Storulvåns Fjällstation 700
Ulvåskaftet 1071
Ulvåtjärn
Stor-Ulvån
Ulvåtjärnen
Stor-Ulvåfjället 1070
Lill-Ulvån
Lill-Ulvåfjället 1096
Klöftälven
Enkälen
Långtjärnen
Spåime
Västra Endalshöjden 1093
Enan
Fiskåhöjden 1103
Östra Endalshöjden
Fiskåtjärnen
Långtjärnen
Gamla Sylen
Fruntimmersklumpen 1308
Sylälven
Sylarnas Fjällstation
Handölan
Naturreservat
Syltjørna
Herrklumpen 1288
Sylarna
Storsylen 1762
1
2
3
4
5
6
7
8
9
10
11
12

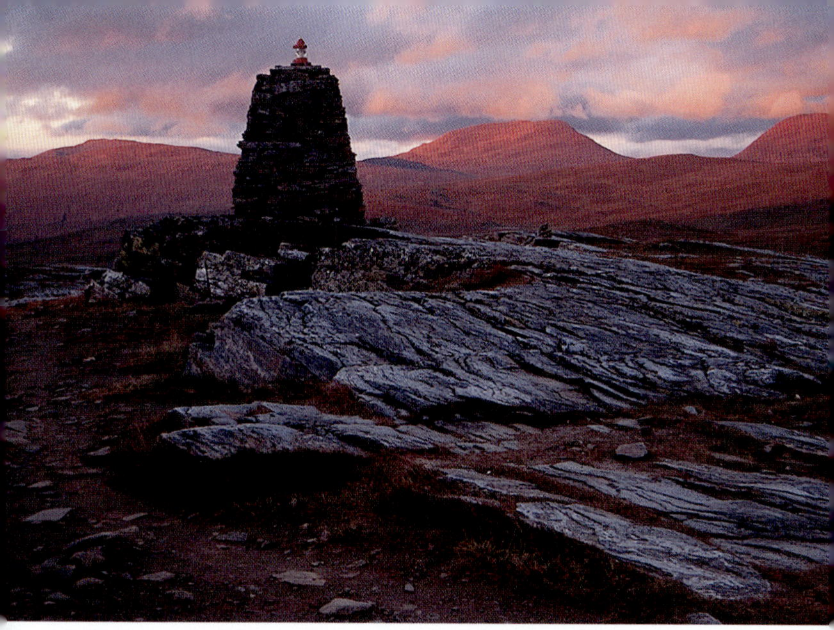

»Fjällglühen« auf der Kette der Snåsahögarna und das traditionsreiche Leuchtfeuer.

erreichen wir einen Wegweiser vor einer kleinen Brücke **(7)**. Wir überqueren diese nach Süden und wandern – teils auf sehr steinigem Gelände – über Hangterrassen hinauf zur Windschutzhütte **»Gamla Sylen« (8)**. Geradeaus vorbei geht es am Ostufer des Sylälven weiter zur **Sylarnas Fjällstation (9)**.

3. Etappe: Sylarnas Fjällstation – Storulvåns Fjällstation: Wir wandern zunächst zurück bis zur Brücke **(7)** über den **Enan** und biegen beim Wegweiser am jenseitigen Ufer halb rechts in Richtung Storulvån ab. Von dort geht es mit mäßiger Steigung hinauf auf den breiten Sattel zwischen Västra und Östra Endalshöjden. Dahinter fällt das Gelände mit geringer Neigung ab und wir erreichen die Schutzhütte **Spåime (10)**. Über eine ausgedehnte feuchte Senke, an deren tiefstem Punkt der Oberlauf des Lill-Ulvån von einer Brücke **(11)** überspannt wird, führt uns unser Weg hinauf auf die westliche Flanke des Lill-Ulvåfjället und von dort hinunter zu einer Hängebrücke **(12)**, auf der wir den **Lill-Ulvån** ein zweites Mal überqueren. Wir wandern einen Ausläufer des Stor-Ulvåfjället entlang und erreichen an einer Hangkante eine Wegkreuzung **(2)**, an der wir uns geradeaus orientieren und auf bereits bekanntem Weg den Hang hinunter zur **Storulvåns Fjällstation (1)** gelangen.

27 Am Ufer des Ånnsjön

3.15 Std.

Große Moorflächen und ein Paradies für Wasservögel

Kampfläufer, Doppelschnepfe, Goldregenpfeifer, Odinshühnchen, Kranich und Sterntaucher: Das sind einige der Vogelarten, die – neben vielen anderen – am Ånnsjön brüten und ihn zu einem Vogelschutzgebiet ersten Ranges und insbesondere im Frühsommer zu einem bevorzugten Ziel für Vogelfreunde machen. Aber auch diejenigen, denen diese klangvollen Namen wenig bedeuten, kommen am Ånnsjön mit seinen naturnahen Ufern, den großen Mooren, ausgedehnten Feuchtflächen und urigen Sumpfwäldern, die bequem auf Plankenwegen erkundet werden können, auf ihre Kosten.

Ausgangspunkt: Ånn, Parkplatz am Bahnhof.
Höhenunterschied: 30 m.
Anforderungen: Überwiegend schmale Plankenwege, die auf ca. 300 m Länge 1,5 m über Plankenwege in unterschiedlichem Erhaltungszustand verlaufen, wofür etwas Trittsicherheit erforderlich ist. Punktuell einige nasse Stellen.
Einkehr: Keine.
Karte: Fjällkartan 1:100.000; Z6: Storlien – Ljungdalen.

Vom Parkplatz am Bahnhof von **Ånn (1)** spazieren wir zum Bahnhofsgebäude und finden westlich davon einen Wegweiser »Halsenmossen, Dolparna, Nätaholmen, Lagunan«. Wir überqueren die Gleise und biegen dahinter rechts auf einen Schotterweg ab. Nach 200 m wenden wir uns nach links auf einen Waldweg (»Halsenstigen«) und nach weiteren 100 m (bei einem kleinen roten Gebäude) noch einmal nach links **(2)**, wo wir auf einen Plankenweg treffen, der uns durch Birkenwald zu einem kleinen Aussichtspunkt bringt. Von dort aus geht es – der blauen Markierung folgend – auf schmalen Pfaden und Holzplanken weiter durch Wald und offene Moorflächen bis zu einer T-Kreuzung **(3)**. Von dort aus machen wir einen Abstecher nach links zum **Nätaholmen**, wo sich ein großer **Vogelbeobachtungsturm (4)** befindet. Zurück an der Verzweigung **(3)** wählen wir nun den Weg geradeaus. Von hier aus heißt unser nächstes Ziel »Dolparna«: Wir wandern – teilweise auf Planken – über offene Moorflächen und durch Sumpfwälder und halten uns bei einer Kreuzung **(5)** geradeaus. Auch am Aussichtspunkt **Dolparna (6)** finden wir gute Beobachtungsmöglichkeiten vor. Von dort geht es kurz an einem träge fließenden Gewässer entlang, erneut über Moorflächen und anschließend über einen kleinen Hügel zu einer Kreuzung, auf der links **»Halsenmossen«** ausgewiesen ist. Auch zu diesem Beobachtungsturm lohnt sich der kurze

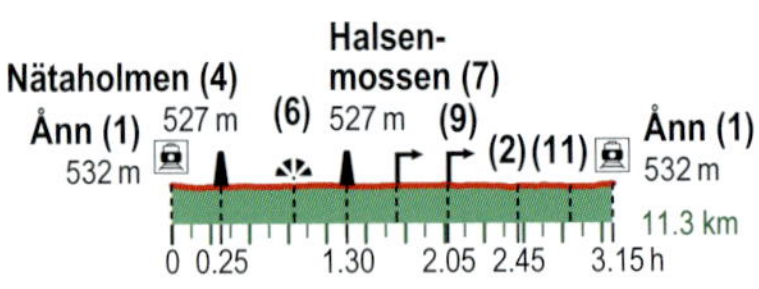

Abstecher **(7)**. Anschließend orientieren wir uns in Richtung »Klocka«. Nach erneuter Wanderung über Plankenwege mündet unser schmaler Fußpfad auf einen Feldweg **(8)**, dem wir nach rechts folgen (Wegweiser »FBU-Ånn«). Wir wandern auf dem schmaler werdenden Feldweg ca. 1,3 km nach Norden (hier einige nasse Stellen, die nicht beplankt sind). Kurz bevor wir den Siedlungsrand erreichen, weist uns ein Wegweiser (»Halsenstigen«) auf einen schmalen Pfad rechts in den Wald hinein **(9)**. Nach gut 200 m schließt sich die Wanderrunde an einer T-Kreuzung **(5)** und wir gehen – links abbiegend – auf bereits bekannten Wegen zurück: Bei einer Verzweigung **(3)** links und auf dem Feldweg rechts **(2)** erreichen wir wieder das Sträßchen südlich des Bahnhofs. Hier biegen wir rechts in den Sjöhemsvägen ab und folgen ihm bis zu seinem Ende am Seeufer mit Ausblick über die Wasserfläche. Wir kehren um und finden nach 80 m die Abzweigung des »Drömstigen« rechts **(10)**. Auf ihm gelangen wir zu den malerischen **Bootshäusern** von **Ånn (11)**. Zurück zum Bahnhof und seinem Parkplatz **(1)** geht es auf demselben Weg.

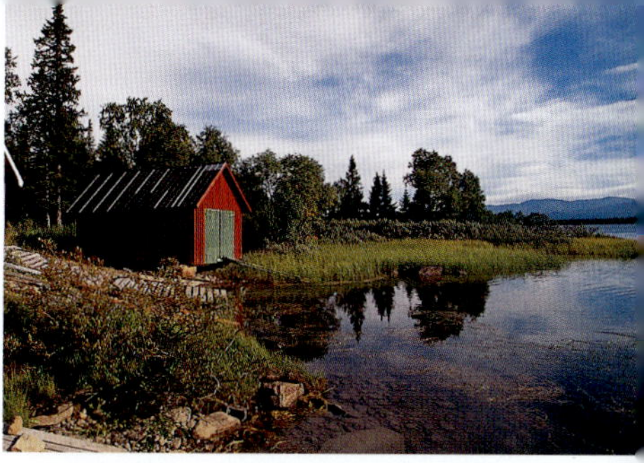

Die Bootshäuser von Ånn könnten aus einem Bilderbuch entsprungen sein.

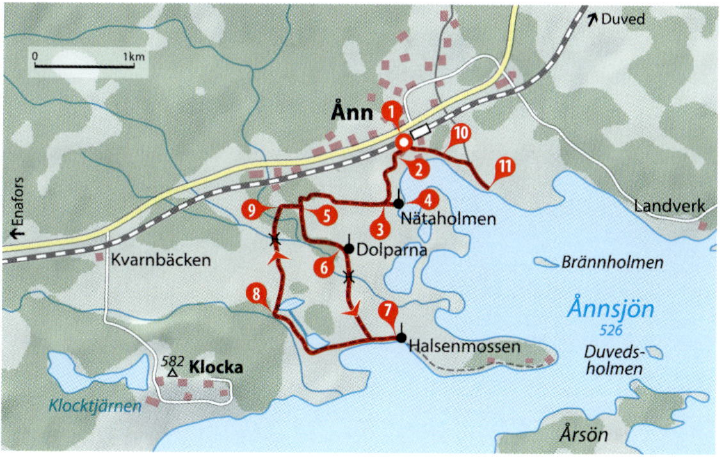

28 Mullfjället, 1031 m

4.45 Std.

Ein wenig begangener Aussichtsberg in Nachbarschaft des Åreskutan

Das Mullfjället ist der kleinere Nachbar des Åreskutan – wesentlich unbekannter und daher auch wesentlich stiller als dieser und vor allem nicht in demselben Maß den alpinen Bedürfnissen angepasst bzw. geopfert wie der große Nachbar. Er ist sogar so wenig begangen, dass man manchmal die Wegspur suchen muss! Obwohl nicht besonders hoch, erschließt sich vom Gipfel ein guter Ausblick auf die Gebirgswelt der näheren und weiteren Umgebung.

Ausgangspunkt: Ullåstugan, mit dem Auto westlich von Åre von der E14 nach Norden in Richtung Ullåstugan / Ullådalen abbiegen. Parkplatz 200 m südlich der Ullåstugan.

Höhenunterschied: 450 m.

Anforderungen: Auf weiten Strecken mooriges, nasses Gelände, unbeplankt (Wandergummistiefel oder wasserdichte Wanderstiefel). Trittsicherheit und ein gutes Orientierungsvermögen sind erforderlich, da streckenweise keine Wegspur vorhanden ist. Nicht zu empfehlen bei schlechter Sicht.

Einkehr: Keine.

Karte: Fjällkartan 1:100.000; Z6 Storlien – Ljungdalen oder Z7 Åre – Vålådalen – Bydalen.

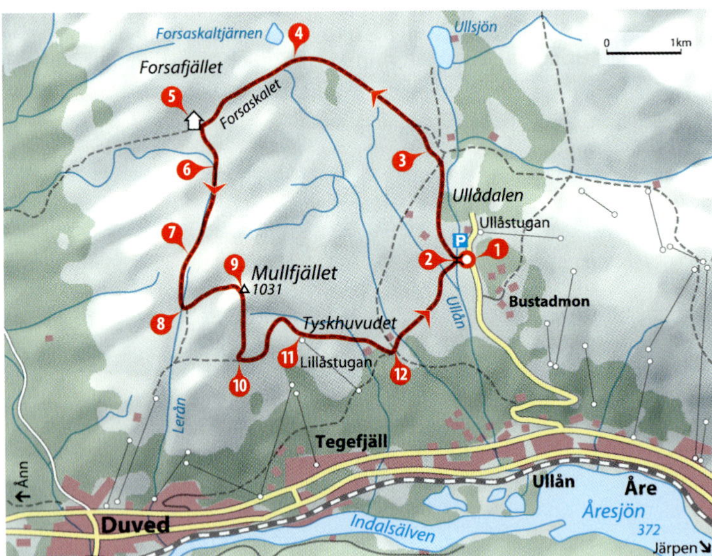

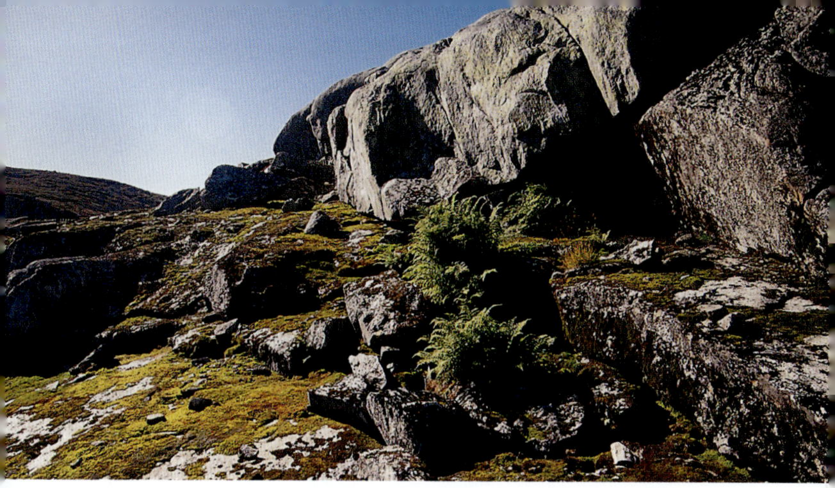

Am Nordrand des Mullfjället finden sich Felsabbrüche und Schneetälchenvegetation.

Vom Parkplatz **(1)** 200 m unterhalb der **Ullåstugan** geht es beim Schild »Fiskestig« hinunter zum Bach **Ullån** und über eine Brücke (die hübsche Badegumpe unterhalb merken wir uns für später). Anschließend erreichen wir über Planken einen Weg mit weiß-rot-weißer Markierung, der hinter einer Gabelung **(2)** halb rechts am Hang entlang aufwärtsführt. Unmarkierte Abzweigungen und querende Scootertrassen ignorieren wir und gelangen nach etwa 1,5 km zum Kreuzungspunkt »S11« **(3)**, wo wir uns halb links in Richtung »Forsaskalet« orientieren. Zunächst leicht aufwärts, später eine Zeit lang eben wandern wir auf einem Geländerücken bis zu einem weiteren Wegweiser, dessen Beschilderung »Mullfjällstoppen« **(4)** wir geradeaus folgen. Während bisher der Weg gut sichtbar war, verschwindet die Wegspur auf dem folgenden Kilometer im nassen Gelände fast völlig, aber die Wintermarkierung mit ihren Andreaskreuzen zeigt zuverlässig die grundlegende Richtung an. Zum Pass **Forsaskalet** hin wird der Pfad wieder deutlicher erkennbar und steuert eine kleine Windschutzhütte **(5)** an.

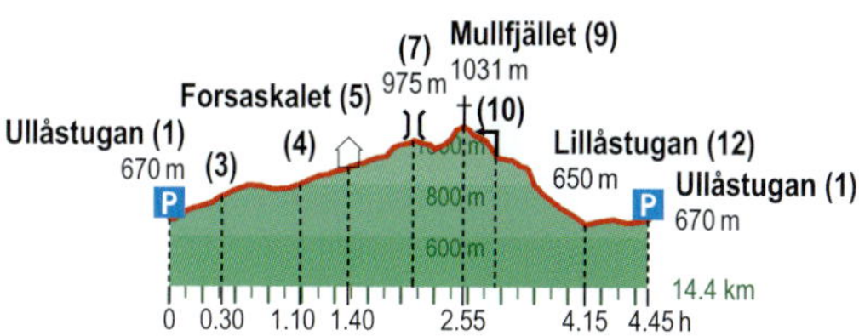

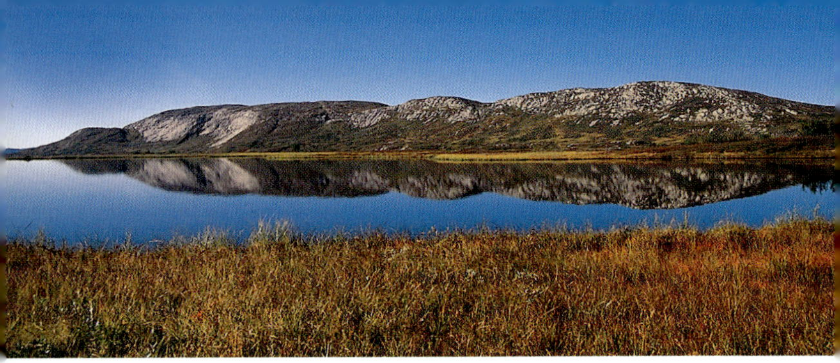

Das Mullfjället spiegelt sich in einem namenlosen See.

Beim dortigen Wegweiser »Mullfjällstoppen« orientieren wir uns halb links und gehen an den Winterwegweisern entlang aufwärts, da sich auf den ersten zweihundert Metern erneut keine Wegspur abzeichnet. Wir überqueren vor einem kleinen See dessen Auslauf nach rechts **(6)**, gehen am westlichen Seeufer entlang und anschließend in einem schmalen Tälchen aufwärts bis zu einem Pass **(7)**, hinter dem sich das Gelände senkt.

Südlich eines moorigen Kessels steuern wir den Wegweiser **(8)** an, den wir links am Hang sehen. Dort folgen wir dem Schild »**Mullfjället**« hangaufwärts und erreichen auf einem steinigen, aber gut sichtbaren Pfad bald den Gipfel **(9)**. Nun geht es in Richtung »Duveds Linbana« am Winterweg entlang nach Süden abwärts. Bei einem Querweg **(10)** angelangt, biegen wir links in Richtung Lillåstugan ab und folgen einem mit Pflöcken markierten Pfad durch welliges Gelände zunächst in einem Bogen nach Norden, bevor es an der Ostflanke unweit des **Tyskhuvudet** mit einem Schwenk nach Osten entlang eines Bachlaufs steil nach unten geht. Wieder in flacherem und recht nassem Terrain, dürfen wir das Abknicken des Weges nach links **(11)** nicht verpassen, der uns mit geringer Neigung zur Lillåstugan bringt. Vor der **Lillåstugan** finden wir eine beschilderte Kreuzung **(12)**, an der wir nach links zur Ullåstugan abbiegen. Nach 200 m nutzen wir einen Plankensteg über einen Bach und gelangen leicht ansteigend und erneut nass – teils über offene Moorflächen, teils durch Birkenwald – wieder zum Ullån. Wir begleiten ihn 200 m flussaufwärts bis zu einer vom Hinweg bekannten Brücke. Von dort zum Parkplatz **(1)** unterhalb der Ullåstugan ist es nur ein Katzensprung.

Der östliche Steilabfall des Mullfjället.

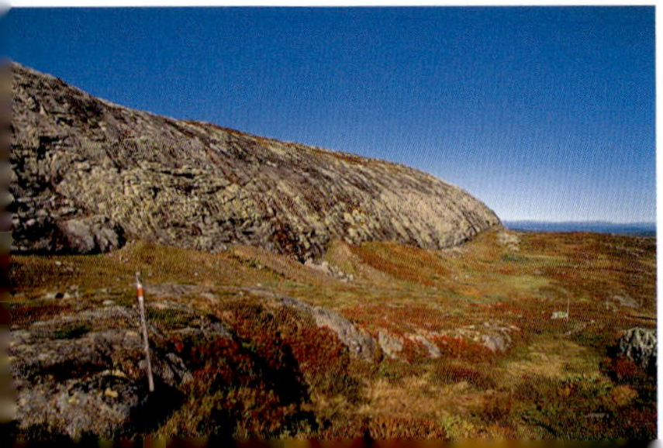

3.00 Std.

Fröjå Gruva 29

Zu den Höhepunkten historischer Bergbautechnik

Die Wanderung führt von Åre Björnen aus zum Freilichtmuseum Fröjå Gruva, einer alten Kupfergrube. Fröjå Gruva wurde seit 1744 betrieben, erlebte einen stürmischen Aufschwung und hatte einige Zeit lang sogar eine der höchsten Bevölkerungsdichten Jämtlands. Später folgten wechselvolle Jahre, die 1919 in der Stilllegung der Grube mündeten. Heute ist sie ein Freilichtmuseum, dessen Gebäude und technische Anlagen sukzessive restauriert und rekonstruiert werden. Im Umfeld finden sich kleine Hofstellen, die ebenfalls Teil des Freilichtmuseums sind.

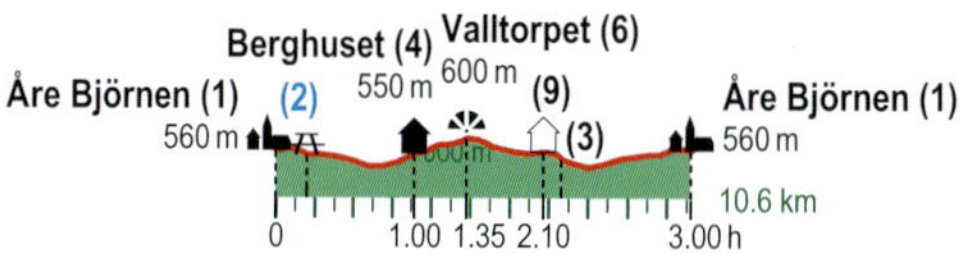

Ausgangspunkt: Wanderparkplatz am nördlichen Ortsausgang von Åre Björnen. Bei Björnänge dem Wegweiser »Huså« bzw. »Fröjå Gruva« nach Norden folgen und nach Åre Björnen hinauffahren.
Höhenunterschied: 180 m.

Anforderungen: Breite Schotterwege und schmale Waldpfade. Einige kleine Feuchtstellen.
Einkehr: Berghuset (Mittsommer bis Mitte August, 10–16 Uhr).
Karte: Fjällkartan 1:100.000 Z7 Åre – Vålådalen – Bydalen.

Das rekonstruierte Kraftübertragungsgestänge ist das Glanzstück der Anlage.

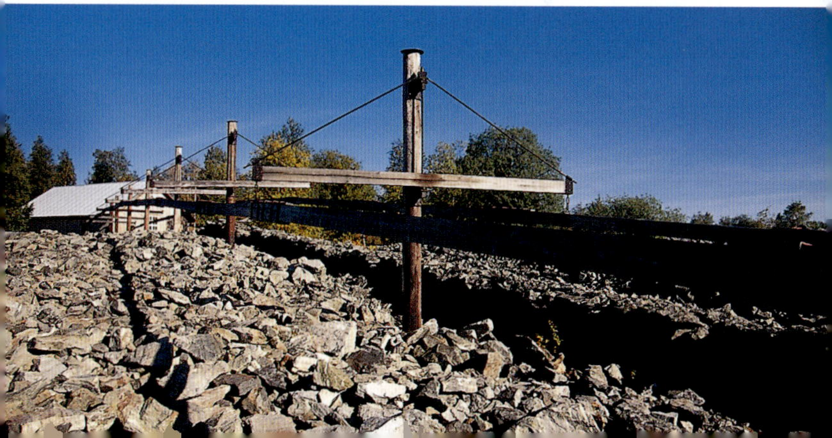

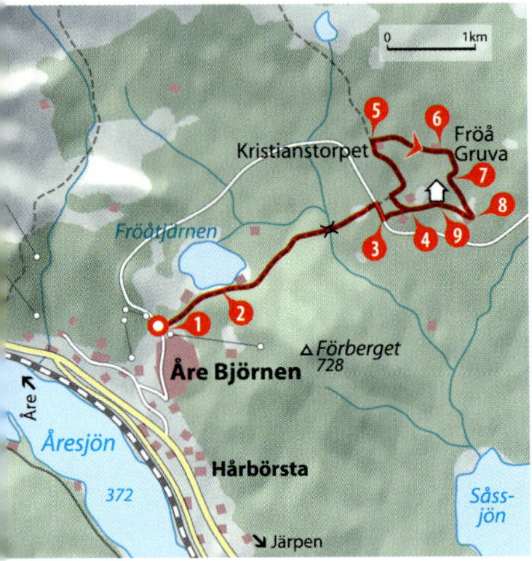

Wir gehen vom Parkplatz in **Åre Björnen (1)** ein paar Schritte auf der Straße zurück und biegen links (Nordosten) auf einen Schotterweg ein. Nach 20 m finden wir einen Wegweiser »Fröjå Gruva«, der den leicht ansteigenden Weg hinauf weist. Uns immer geradeaus haltend, wandern wir am **Fröjåtjärn (2)** entlang, bevor sich der Weg zum Fröjån senkt. Anschließend kommen wir leicht ansteigend zu einer Straße, überqueren diese geradeaus und befinden uns nun auf dem Grubengelände. Unser erstes Ziel ist das »Räderhaus« (Hjulhuset – **3**). Von dort führt ein Plankenweg parallel zum Glanzstück der Anlage, dem Kraftübertragungsgestänge (Stånggang), hinauf zum Pumpenhaus (Pumphuset). Dort biegen wir nach links auf einen Schotterweg ab und gehen geradeaus über eine Kreuzung **(4)**, vorbei an der Gastwirtschaft Berghuset und am Hof **Sellstedstorpet**, in Richtung Byxtjärnen. Wir wandern über Weiden und durch Fichtenwald aufwärts, bis wir an einer Wegkreuzung den Hof **Kristianstorpet** rechts vor uns sehen. Dorthin biegen wir ab **(5)** und gehen unmittelbar vor dem Hof erneut rechts (Wegweiser »Valltorpet«).

Zunächst durch alten Fichtenwald, anschließend in einem Linksbogen über eine Weide aufwärts (blaue Markierung) gelangen wir zum **Valltorpet (6)**. Wir gehen rechts außen am Grundstück entlang und biegen dahinter links ab, wo wir schräg vor uns am gegenüberliegenden Waldrand erneut eine blaue Markierung entdecken. Ihr und dem Wegweiser »Moveraretorpet« folgend, wandern wir durch Fichtenwald abwärts, biegen nach rechts auf einen Hauptweg ab, um ihn nach ca. 150 m wieder nach links zu verlassen **(7)**. Erneut geht es eine Zeit lang durch Wald, bevor wir an die Kreuzung am **Moveraretorpet (8)** gelangen, wo wir rechts gehen (»gruva«). Dieser Weg bringt uns am Blomstorpet vorbei zu einer Rasthütte **(9)**. Dort nehmen wir den linken Weg und gelangen, vorbei an der Gustavsgruva, der rekonstruierten Sortieranlage (Gruvvind) und dem Pavillon (Pivån), wieder zum Pumphuset. Von dort wandern wir auf dem Herweg nach **Åre Björnen (1)** zurück.

1859 entstand dieser Pavillon.

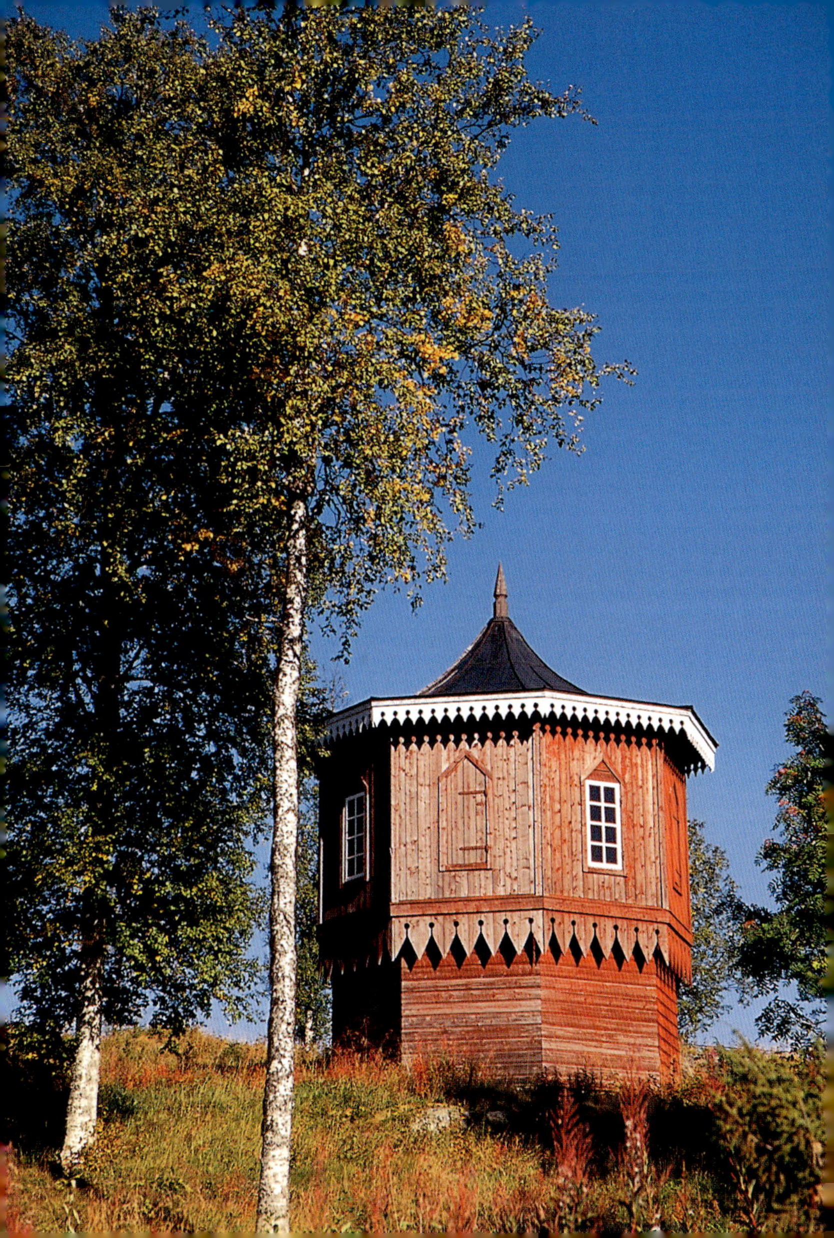

30 Glösa

3.00 Std.

Steinzeitliche Felsritzungen in jahrtausendealtem Siedlungsgebiet

Die Gegend um Alsen bietet als ein seit Tausenden von Jahren besiedeltes Gebiet zahlreiche prähistorische Fundstellen. Ziel der Wanderung ist deren Glanzpunkt, nämlich die ca. 5000 Jahre alten, steinzeitlichen Felsritzungen von Glösa mit mehr als 40 dargestellten Elchen und anderen Huftieren. Durch Wald und vorbei an aufgelassenen Hofstellen geht es jedoch zunächst auf den Honingsberg, der einen wunderbaren Ausblick auf den Alsen-See und die Kulturlandschaft am Hangfuß ermöglicht.

Ausgangspunkt: Alsen, Parkplatz am Badeplatz, ca. 1,5 km östlich.
Höhenunterschied: 220 m.
Anforderungen: Überwiegend einfache Forstwege, Wald- und Wiesenpfade, nur in einem Bereich steil und steinig. Teilstrecke auf Straße.
Einkehr: Keine.
Karte: Terrängkartan 1:50.000; 692 Mörsil.

Wir gehen vom Parkplatz in **Alsen (1)** aus kurz die Straße nach Osten entlang und biegen links auf den Schotterweg nach Rönnåsen ab **(2)**. Zunächst über Offenland, dann im Wald geht es leicht aufwärts. Bei der Abzweigung eines breiten Forstwegs **(3)** gehen wir rechts, kommen an einer ehemaligen Hofstelle (»**Ödesböle**«) linker Hand vorbei, halten uns bei einer Wegabzweigung geradeaus und achten – etwa 400 m dahinter – auf den Wegweiser »Bröllopsstenen«, der uns rechts in den Wald lotst **(4)**. Wir folgen der roten Markierung, ignorieren eine Abzweigung nach rechts und gehen höhenparallel durch den Wald, bis der Weg an einem Kreuzungspunkt scharf nach links

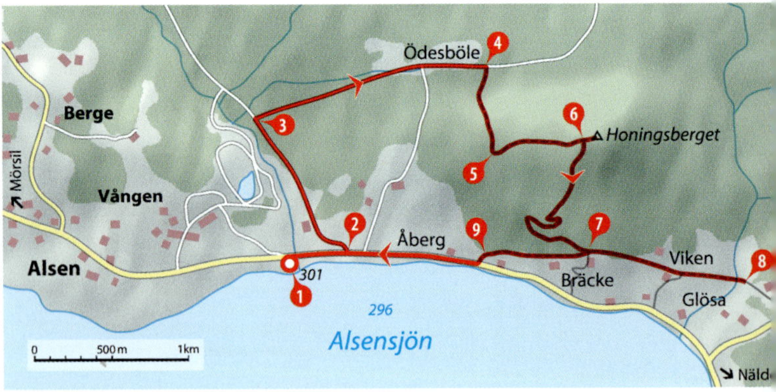

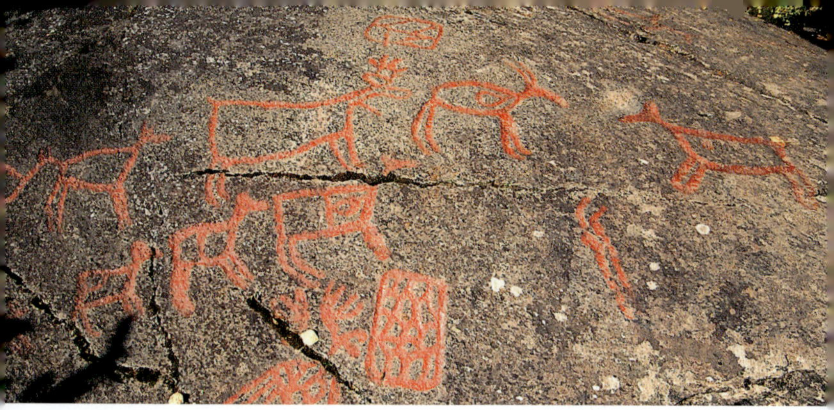

Elche und merkwürdige »Netzstrukturen« sind die Hauptmotive der Glösa-Felsritzungen.

abknickt **(5)** und mit mäßiger Steigung hangaufwärts führt. Am Oberhang erreichen wir eine Kreuzung **(6)**, an der wir rechts in Richtung Glösa abbiegen, vorher jedoch geradeaus einen Abstecher zum **Bröllopsstenen** (»Hochzeitsstein«) und dem Aussichtsplatz auf dem **Honingsberget** machen. In der Folge geht es – kurzzeitig steil und steinig – den Hang hinunter. Die rote Markierung führt uns nach links und in einem Rechtsbogen zu einem weiteren Aussichtspunkt und anschließend über die Lichtung des ehemaligen Lisbet Torpet, wo der Weg einen Bogen nach links beschreibt. Am Hangfuß erwartet uns eine Kreuzung **(7)**, von der aus wir einen Abstecher unternehmen. Wir folgen dazu der roten Markierung nach Osten über eine Lichtung und in ein kleines Wäldchen, erreichen einen Feldweg, den wir vor dem nächsten Waldrand nach links verlassen und kommen nach einer weiteren Waldpassage zu einer Brücke über einen Bach **(8)**. Auf der anderen Bachseite erreichen wir unterhalb des Wegs eine Aussichtsplattform, von der aus wir die steinzeitlichen Darstellungen bewundern können. Noch ein paar Meter weiter auf dem Ursprungsweg finden wir am Waldrand eine kleine Ausstellung. Zurück zum Ausgangspunkt **(7)** gelangen wir auf demselben Weg. An der Kreuzung gehen wir halb links leicht abwärts, nehmen bei einem Holzschuppen nicht den Traktorweg nach links, sondern bleiben geradeaus auf dem kleinen Pfad, der uns über Wiesen am Waldrand entlang hinunter nach **Rysshögen (9)** bringt, wo wir uns an einem Wegweiser, der sich nördlich eines Feldgehölzes befindet, orientieren können. Von hier geht es – links an dem kleinen Feldgehölz vorbei – hinunter zur Straße und auf ihr rechts zurück zum Parkplatz in **Alsen (1)**.

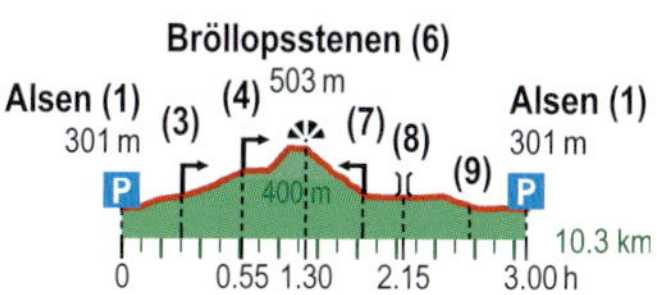

Hällingsåfallet

1.45 Std.

Wanderung zu einem Wasserfall und seinem Canyon

Der Hällingsåfallet ist – im Gegensatz zu denjenigen Wasserfällen, die kaskadenartig über mehrere Stufen fallen – ein »echter« Wasserfall, bei dem die Wassermassen tatsächlich senkrecht nach unten stürzen – in diesem Fall 43 m tief. Vom Wasserfall aus tost der Fluss durch einen 800 m langen und zwischen 15 und 60 m breiten Canyon, der erst seit dem Ende der letzten Eiszeit durch rückschreitende Erosion entstanden ist. Jetzt mal rechnen: 800 m Länge in ca. 8000 Jahren – das bedeutet eine rückschreitende Erosion bzw. Verlängerung des Canyons um 10 cm pro Jahr! Da kann man ja fast dabei zuschauen, wie der Canyon wächst!

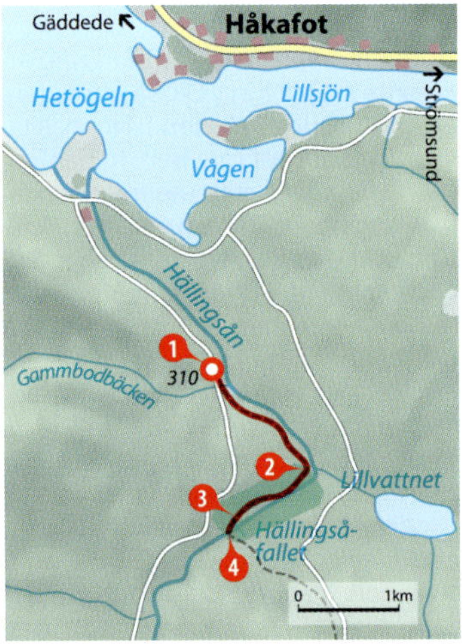

Ausgangspunkt: Parkplatz ca. 2 km nach der Abzweigung in Richtung Wasserfall. Ausgeschildert ab Gäddede und vom Väg 342 auf Höhe Lidsjöberg. Zufahrt auf gut ausgebauter Schotterstraße.
Höhenunterschied: 120 m.
Anforderungen: Schmale und stellenweise steinige Wege, Abstecher ohne Absturzsicherung. Trittsicherheit und Schwindelfreiheit (Abstecher) sind erforderlich. Bei Hochwasser nicht begehbar.
Einkehr: Keine.
Karte: Fjällkartan 1:100.000; Z3 Gäddede – Hotagsfjällen.

Der Pfad zum Hällingsåfallet beginnt gleich oberhalb des **Parkplatzes (1)**. Er führt mit kaum wahrnehmbarer Steigung durch Fichten- und Birkenwald unmittelbar am Hällingsån entlang. Hin und wieder überqueren wir kleine Bäche, die von der Seite einmünden, auf Stegen oder mit einem großen Schritt. Es geht vorbei an Nebenarmen, die in Niedrigwasserzeiten trocken fallen und an Kiesinseln, deren Lage sich jährlich verändert. Schließlich gelangen wir zum unteren Ausgang der Schlucht **(2)**, von wo es ein Stück mäßig steil aufwärts geht, um an den nördlichen Rand des **Canyons** zu gelangen. Danach führt der Weg mit geringer bis mäßiger Steigung weiter bergan; nasse Bereiche sind beplankt. An verschiedenen Stellen führen kleine Stichpfade nach links, die einen unmittelbaren Blick auf den Canyon und den darin tobenden Häl-

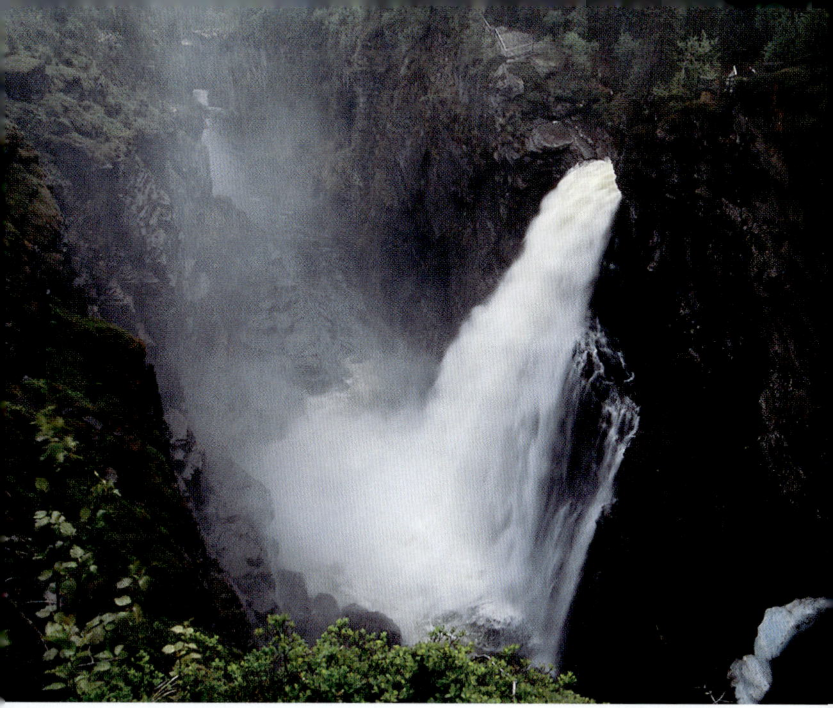

Der Hällingsåfallet stürzt 43 m tief in den Canyon – besonders imposant bei hoher Wasserführung im Frühjahr und Frühsommer.

lingsån erlauben. Diese Abstecher sollte man nur mit größter Vorsicht begehen, denn sie sind nicht gesichert!
Nach und nach wird das Rauschen aus der Schlucht übertönt vom Donnern des **Hällingsåfallet (3)**, dessen Sprühnebel wir bereits durch die Bäume erkennen können. Direkt gegenüber dem Wasserfall finden sich mehrere gesicherte Aussichtskanzeln, die einen guten Blick auf die Hauptattraktion und in die Längsachse des Canyons ermöglichen. Etwas abseits vom Weg, am oberen Parkplatz, befindet sich eine Windschutzhütte. Ein paar Schritte weiter auf dem Weg im Bogen nach links unten bringen uns zu einer Brücke knapp oberhalb des Wasserfalls **(4)**, wo die Wucht des Wassers am deutlichsten zu spüren ist. Zurück zum **Parkplatz (1)** auf demselben Weg.

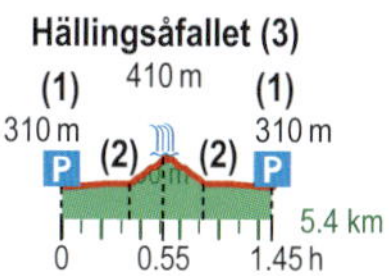

32 Ankarede und Lejarfallet

2.00 Std.

Vom südlichsten samischen Kirchdorf Schwedens zum Lejarfallet

Ankarede ist das Kirchdorf der Samen und der Bauern aus dem Kirchensprengel Frostviken und entstand Mitte des 19. Jh. an einem traditionellen samischen Begräbnisplatz. Es ist das südlichste Kirchdorf Schwedens. Die Hütten und Koten dien(t)en denjenigen als Übernachtungsmöglichkeit, die die Gottesdienste und mehrtägigen Feierlichkeiten besuchen wollten, aber zu weit entfernt wohnten, um Hin- und Rückweg an einem Tag zu bewältigen. Auch heute noch erwacht Ankarede jedes Jahr zum Mittsommerfest und zur Zeit des Herbstmarkts zu traditionellem Leben. Doch auch außerhalb dieser Festtage ist Ankarede mit seiner idyllischen Lage an der gemeinsamen Mündung der Flüsse Lejarälven und Leipikälven in den Stora Blåsjön einen Besuch wert, umso mehr, als man es mit einem Abstecher zum nahe gelegenen Lejarfallet verbinden kann.

Ausgangspunkt: Parkplatz vor Ankarede. Von Gäddede in Richtung Stekenjokk. Hinter Stora Blåsjön nach Ankarede abbiegen.
Höhenunterschied: 80 m.
Anforderungen: Stellenweise steiniger und feuchter Weg, teilweise beplankt.
Einkehr: Keine. Ankarede Kafé (Mittsommer bis Ende August, Mo–Sa 10–20 Uhr, So 11–20 Uhr).
Karte: Fjällkartan 1:100.000; Z1 Stekenjokk – Gäddede.

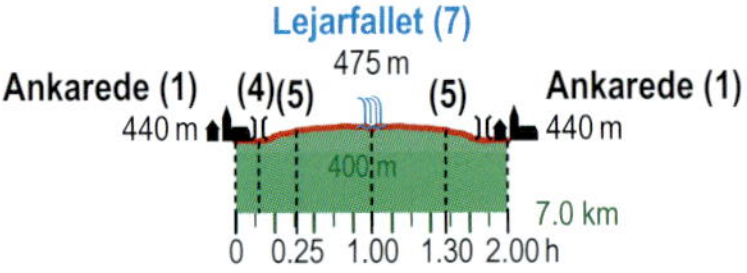

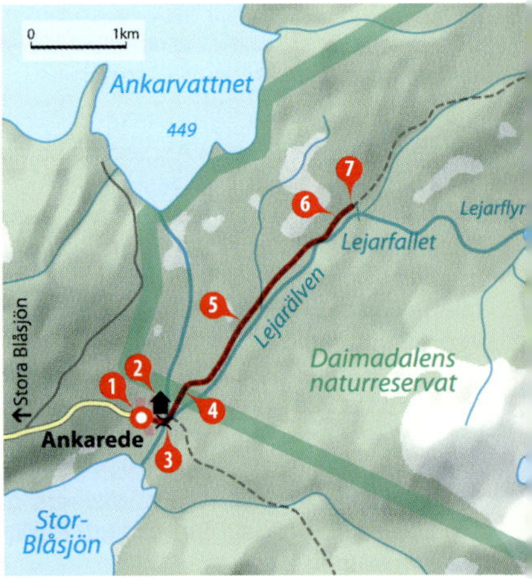

Vom Parkplatz vor **Ankarede (1)** gehen wir durch das Tor und stehen schon am Rand der kleinen Siedlung. Wir folgen – nach einem Abstecher zur Kapelle rechts vor uns – dem Hauptweg in kleinen Schlangenlinien nach links, vorbei an den traditionellen **Holzkoten (2)**. Wir überqueren die erste Brücke und biegen vor der zweiten Brücke links ab (»Lejarfallet« – **3**) und wandern auf einem breiten, gut gangba-

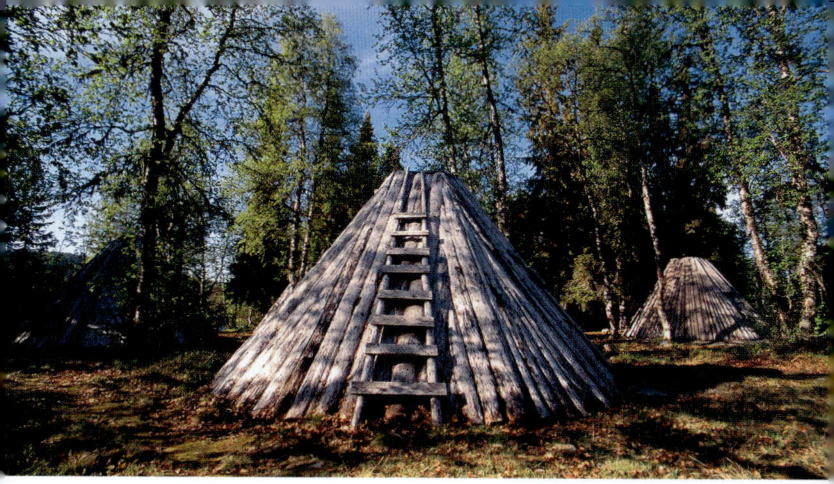

Während des Mittsommerfestes werden die Holzkoten von Ankarede noch benutzt.

ren Quadweg eben entlang und überqueren einen Nebenarm auf einer schmalen Brücke **(4)**. Danach gewinnt der Weg durch den Wald geringfügig an Höhe und entfernt sich dabei etwas vom Fluss. Unterwegs zeigt ein »Wanderer«-Piktogramm, dass wir auf dem richtigen Weg sind.

Mit einer Treppe überwinden wir eine kleine Böschung **(5)** abwärts und sehen rechts den Fluss nun häufiger durch die Bäume schimmern. Nach der ersten Hälfte des Weges wird es etwas wurzeliger und steiniger. Es geht mit geringen Höhenunterschieden weiter nach Nordosten, wobei feuchte Bereiche auf Planken überwunden werden. Schon bald können wir den Wasserfall hören und ihn auch von einem kleinen Hochpunkt aus frontal sehen **(6)**. Hinter dem Hochpunkt geht der Weg in einem Bogen – etwas feucht – hinunter zum Fuß des **Lejarfallet (7)**, der von dort aussieht wie ein riesiger weißer Hügel, v. a. wenn er im Frühsommer vom Schmelzwasser angeschwollen ist. Wir nehmen denselben Weg zurück zum Ausgangspunkt in **Ankarede (1)**.

Der Lejarfallet.

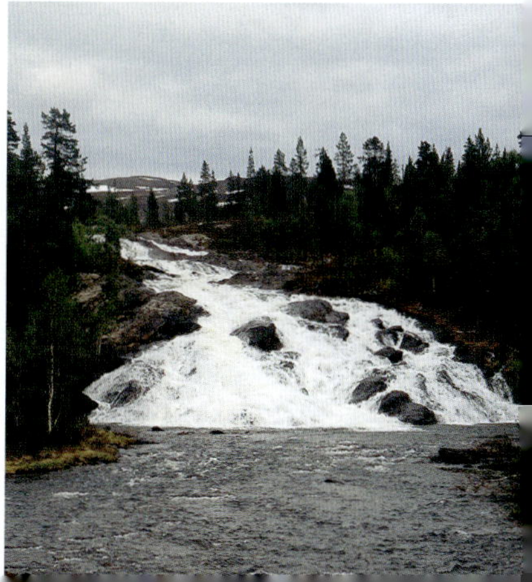

TOP **33** **_Bjurälven_**

3.45 Std.

Ein unterirdischer Fluss, Schlucklöcher und andere Karstformen

Vom Hof Leipikvattnet aus lässt sich das kleine, aber sehenswerte Karstgebiet des Bjurälven erwandern. Einen Fluss, der verschwindet und unterirdisch weiterfließt, gibt es ja öfter – aber einen Fluss, der gleich mehrfach verschwindet und wieder auftaucht, und zwar ziemlich spektakulär und auf ganz unterschiedliche Weise? Das ist der Bjurälven. Auch anderen Karsterscheinungen begegnet man auf Schritt und Tritt, z. B. wassergefüllten oder trockenen Großdolinen, Höhlen und »kochendem Wasser«. Ein unglaublich spannender Ausflug!

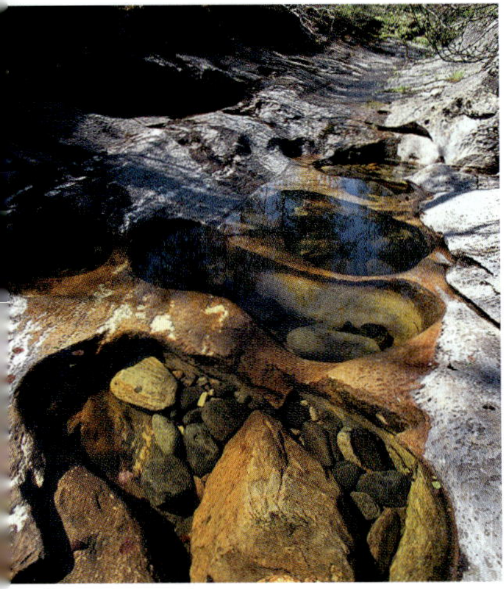

Gletschermühlen.

Ausgangspunkt: Parkplatz beim Hof Leipikvattnet. Anfahrt über Straße zum Stekenjokk bis zur Abzweigung nach Leipikvattnet und auf einer gut ausgebauten Schotterstraße 3 km bis zum Parkplatz.
Höhenunterschied: 200 m.
Anforderungen: Gut markierter, teils steiniger Waldweg; etwas Trittsicherheit ist erforderlich. Feuchtstellen sind überwiegend beplankt. Zahlreiche Treppen.
Einkehr: Keine.
Karte: Fjällkartan 1:100.000; Z1 Stekenjokk – Gäddede.

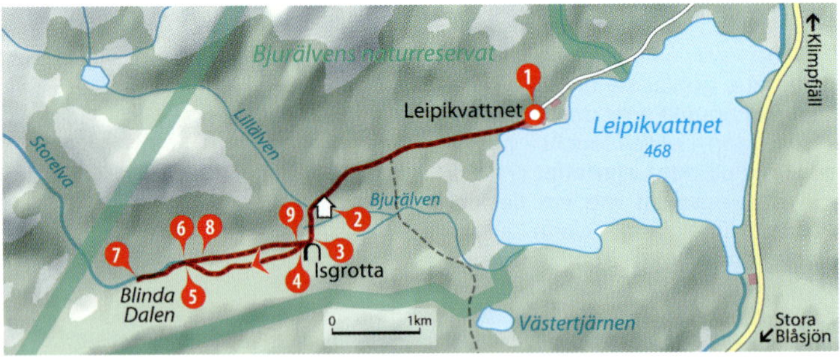

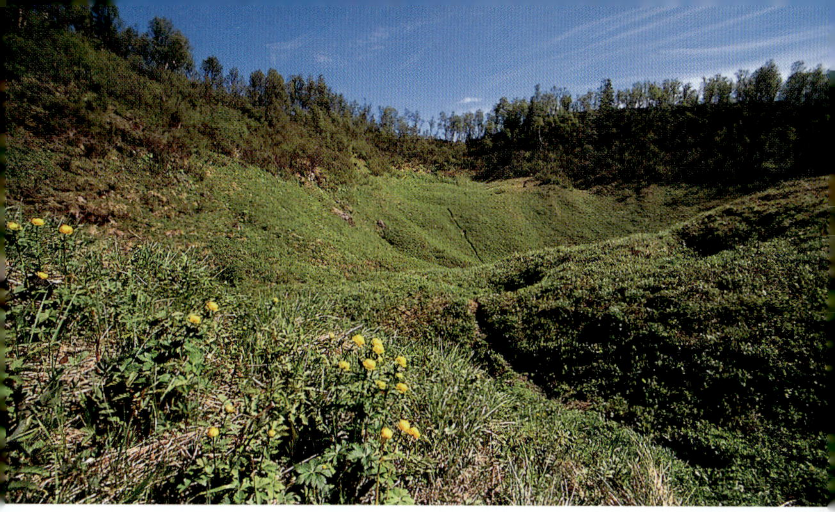

Der »Colosseum« genannte Talabschluss bildet das untere »Ende« des Blinda Dalen.

Die Wanderung beginnt westlich des **Parkplatzes** (**1** – Schild »Bjurälven«) und führt auf den ersten 1,5 km auf einem etwas steinigen Waldpfad mit geringen Höhenunterschieden nach Westen. Ab dem Schild »Bjurälvens Naturreservat« (hier geradeaus) steigt der Weg an und führt – häufig über Planken – hinter einem Hochpunkt hinunter zu einer **Rasthütte (2)**. Von dort steigen wir (»Vandringsslinga genom Bjurälvens Karstområde«) mit dem Brausen des Wasserfalls des nahen Lillälven im Ohr über eine Treppenanlage hinunter zur Brücke über den Bjurälven.

Gleich anschließend geht es wieder aufwärts zur **Eisgrotte (3)**, die wir links liegen lassen. Nach einer Treppe abwärts biegen wir links auf einen zunächst undeutlichen Pfad ab (**4** – rote Markierung), überqueren zweimal ein Bachbett und erreichen

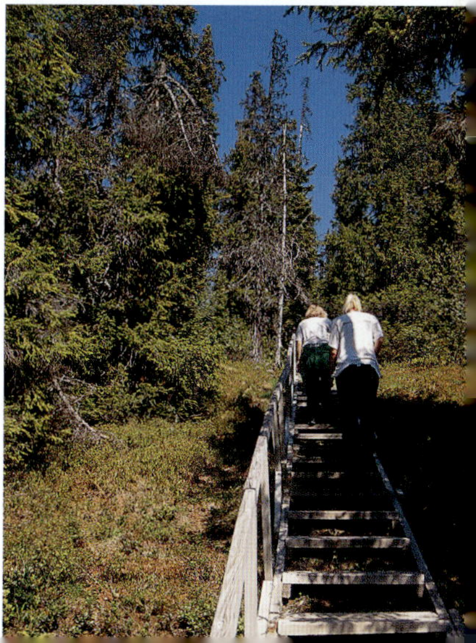

Treppen erleichtern den An- und Abstieg über steile Böschungen und Hänge.

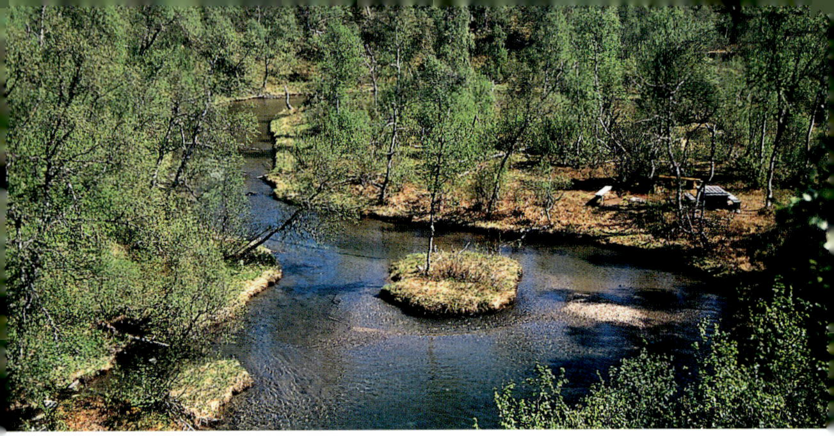

Gerade erst wieder an der Oberfläche und schon richtig breit: der Bjurälven.

bei einem kleinen Anstieg einen felsigen Flussabschnitt mit Gletschermühlen. Bald sehen wir den großen **Donor** rechts vor uns. Wir wandern weiter durch kleinräumig stark kupiertes Gelände, wobei die An- und Abstiege überwiegend auf Treppen erfolgen. Nach einem weiteren Aufstieg öffnet sich rechts der Blick auf die größte der Dolinen. Leicht abwärts gelangen wir anschließend an eine Verzweigung **(5)**, wo wir links einen Abstecher machen. Vorbei an einer wassergefüllten Doline erreichen wir das amphitheaterförmige, »Colosseum« **(6)** genannte östliche »Ende« des **Blinda Dalen**. Steil geht es dort hinunter und dann das sich windende Tal entlang, wobei der (stark überwachsene) Weg meist auf der tiefsten Stelle verläuft. Schließlich treffen wir auf die Hauptversickerungsstelle des Bjurälven (**7** – nur bei Niedrigwasser versickert er noch weiter westlich).
Zurück zum Ausgangspunkt des Abstechers **(5)** und von dort links hangabwärts. Wir überqueren eine kleine Brücke **(8)** und sehen den Donor und die Versickerungsstelle nun von Norden. Kräftig auf und ab folgen wir den Treppenanlagen, während das in den Gumpen links unter uns aufsteigende Wasser zu brodeln scheint (»kochendes Wasser«).
Schließlich erreichen wir, an einem idyllischen Rastplatz vorbei, die mittlere Brücke **(9)**, hinter der sich unsere Runde schließt. Zurück zum **Parkplatz (1)** auf bekanntem Weg.

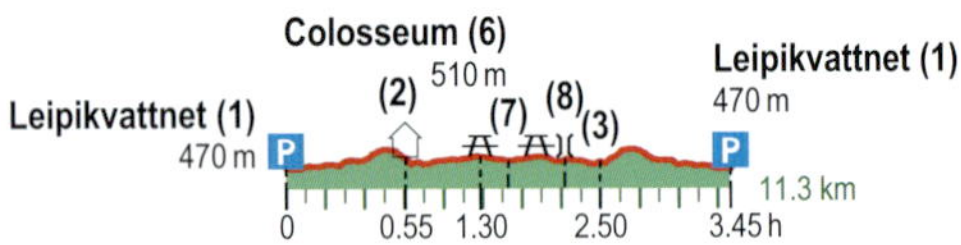

5.00 Std.

Öreälven 34

Wandern an Mäandern

Am Öreälven kann man ausprobieren, wie es sich anfühlt, an einem natürlich mäandrierenden Fluss zu wandern. Hier füllen sich Begriffe wie Prall- und Gleitufer, Altwasser und Altarm mit Leben. Häufig trifft man auf Spuren von Bibern, z. B. in Form von Biberwechseln zwischen Fluss und Altarm oder von Nagespuren an Bäumen. Fast unvorstellbar, dass die heute fast allgegenwärtigen Biber in Schweden bereits um 1870 infolge heftigen Jagddrucks ausgestorben waren (das Bibergeil war als »Allheilmittel« gegen alle möglichen Krankheiten sehr begehrt und wurde praktisch in Gold aufgewogen) und erst 1922 in wenigen Exemplaren wieder ausgewildert wurden.

Ausgangspunkt: Rastplatz nördlich der Brücke über den Öreälven. Mit dem Auto Väg 353 bis Agnäs.
Endpunkt: Bjurholm; an Schultagen nachmittags zwei Busabfahrten zurück nach Agnäs. In den Ferien und am Wochenende Taxi (Johanssons Taxi, Tel. +46 932 10781, Tel. +46 70 6609182 oder Bjurholms Taxi, Tel. +46 932 10011).
Höhenunterschied: Aufstieg 100 m, Abstieg 30 m.
Anforderungen: Feldwege und schmale, z. T. überwachsene Pfade sowie Wiesenwege. Einige kurze, allerdings steile Auf- und Abstiege. Bei Hochwasser nicht begehbar.
Einkehr: Keine.
Karte: Terrängkartan 1:50.000; 712 Bjurholm; Sverigeserien Topo 50, 105 Bjurholm.
Variante: Mit dem Kanu von Bjurholm nach Petnäset, von dort (WP 6) zu Fuß zurück (ca. 7 km – auch für Kinder geeignet, Öreälvens Kanot-Center, Tel. +46 932 10215 oder +46 70 6342065).

Blick über einen der zahlreichen Mäanderbögen des Öreälven.

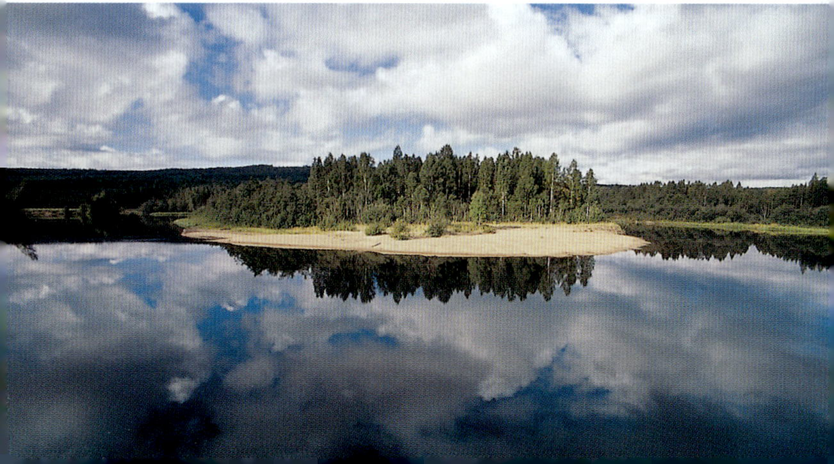

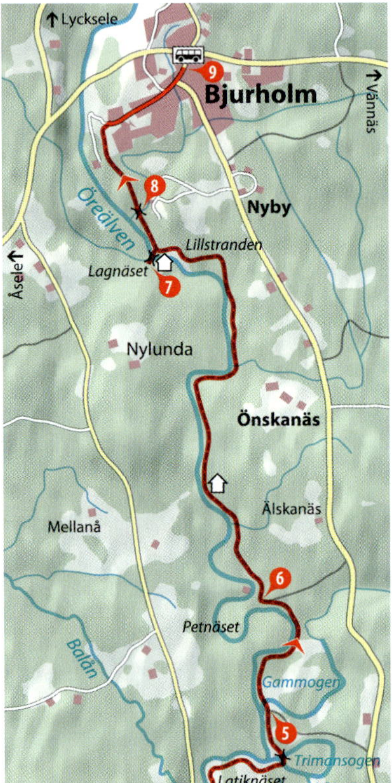
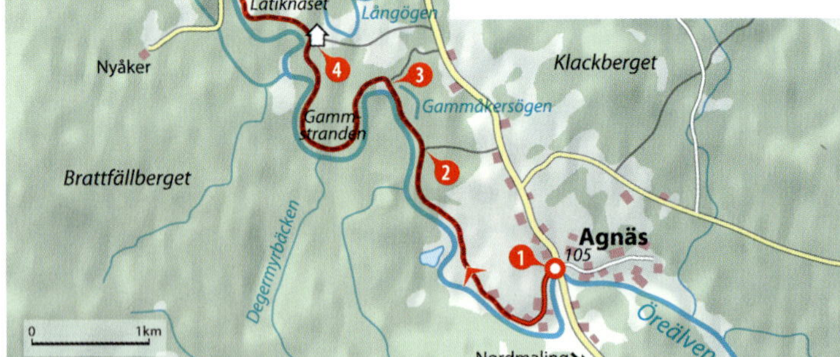

Wir gehen vom Rastplatz bei **Agnäs (1)** aus das Sträßchen am Nordufer des Öreälven nach Südwesten und folgen dann einem Feldweg an mehreren Gehöften vorbei über einen Geländerücken, hinter dem er in einen Pfad übergeht. Auf ihm wandern wir über eine Kuhweide und gelangen kurzzeitig erneut auf einen Feldweg, den wir – wo dieser rechts abknickt – geradeaus auf einem Wiesenweg am Ufer entlang verlassen **(2)**. Vorbei am Altarm Gammåkersogen kommen wir zu einer Flussschleife, wo wir einer Feuchtstelle nach links ausweichen und anschließend nach links abbiegen (**3** – orange Markierung beachten). Bevor wir die Flussschleife umrunden, ergibt sich die Gelegenheit, rechter Hand alte Siedlungsreste aus dem 15. Jh. zu erkunden (»Gammstranna«). Im Norden der Flussschleife überqueren wir einen schmalen Geländerücken, halten uns dahinter links und schwenken kurz danach auf eine undeutliche Fahrspur nach rechts. Gleich hinter einer Rasthütte **(4)** biegen wir links auf einen Feldweg ab, umrunden die Flussschlinge **Latiknäset** und bewältigen nördlich davon einen kurzen steilen An- und Abstieg. Hinter einer Brücke halten wir uns links, überqueren eine zweite Brücke und gehen dahinter weiter am Ufer entlang. Auf einen Feldweg biegen wir links ab **(5)**. Ihm folgen wir durch die erste Rechtskurve und verlassen ihn in der zweiten Rechtskurve auf einem schmalen Pfad geradeaus. Bei einer Verzweigung, bei der beide Wege orange markiert sind, erkunden wir zunächst den linken Weg (Überraschung!), bevor wir auf dem rechten Pfad weiterwandern und bald **Petnäset (6)** erreichen (Windschutzhütte ca. 200 m flussaufwärts). Hinter einem Toilettenhäuschen setzt sich der Pfad fort, erklimmt ein Hochufer und konfrontiert uns anschließend mit einem steilen Abstieg. Nach einer Weile kommen wir zu einer Rasthütte, wo wir geradeaus gehen, dem Pfad mit leichter Steigung bergan folgen und anschließend wieder hinunter zum Flussufer gelangen, wobei wir Abzweigungen nach rechts ignorieren. Die orange Markierung lotst links über einen Bach und in der Folge in wechselnder Entfernung vom Fluss nach Norden.

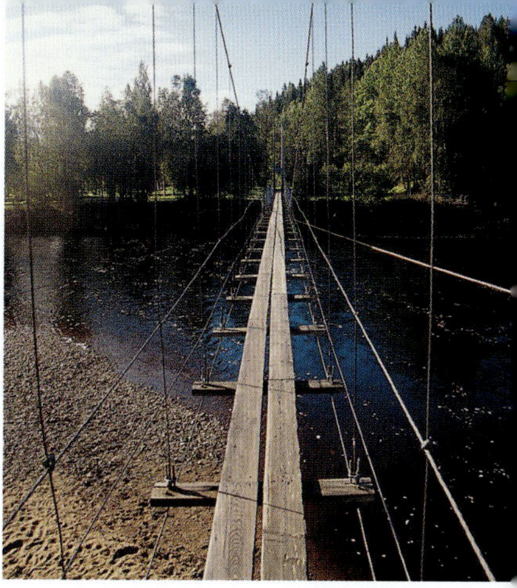

Kein »Muss«: die 60 m lange Hängebrücke nach Lagnäset.

Bei **Lillstranden** vollführt der Weg einen Linksknick und ein vorspringender Geländerücken zwingt anschließend zu steilem Auf- und Wiederabstieg. Kurz danach gelangen wir an eine Hängebrücke (Spannweite 60 m! – **7**), über die sich ein lohnender Abstecher nach **Lagnäset** anbietet. Wieder zurück, wandern wir ufernah weiter nach Norden, bis wir hinter einer kleinen Brücke rechts abbiegen **(8)** und eine Steilstufe erklimmen. Wir laufen auf dem Geländerücken entlang und biegen hinter einem Fußballfeld rechts zur Storgatan ab, auf der wir hangaufwärts zur Hauptkreuzung von **Bjurholm (9)** gelangen. Dort links zur Bushaltestelle vor dem COOP-Markt.

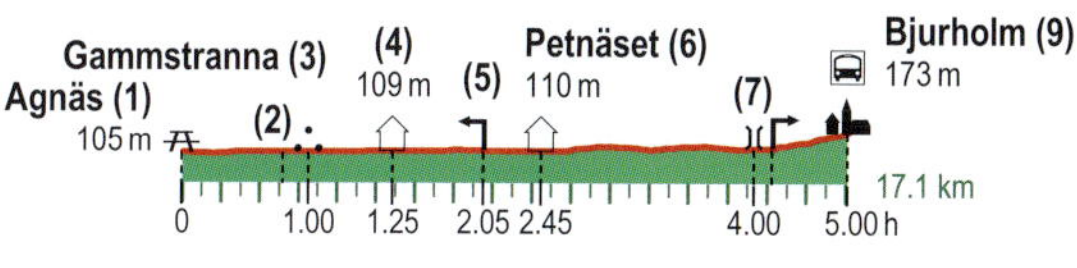

35 Lögdeälven und Drakryggen

2.45 Std.

Über den »Drachenrücken« in ein tief eingeschnittenes Flusstal

Drakryggen, »Drachenrücken« heißt – etwas pompös – ein schmaler und steiler Sandrücken, dessen markante und teilweise vegatationsfreie Kammlinie von einem Plateau hinunter zum Lögdeälven führt. Er ist einer der Höhepunkte dieser kleinen Runde, die zunächst durch Sand-Kiefernwälder, an Mooren entlang und vorbei an kleinen Waldseen führt. Über den »Drachenrücken« geht es dann hinunter in das tief eingeschnittene Flusstal des Lögdeälven, an dem sich die Wanderung an einem von Menschen unbeeinflussten Flussabschnitt flussaufwärts fortsetzt.

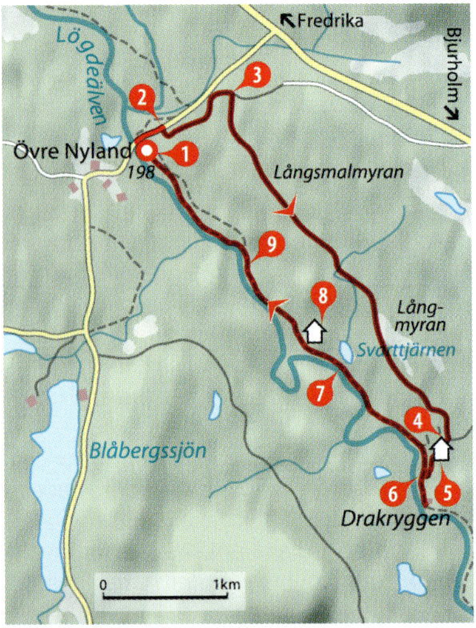

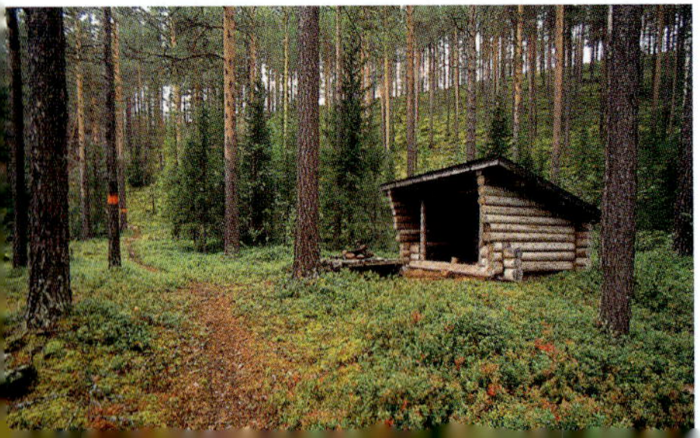

Ausgangspunkt: Parkplatz an der Lögdeälven-Brücke von Övre Nyland. Mit dem Auto vom Väg 92 in Richtung »Öv. Nyland« abbiegen, nach ca. 1 km unmittelbar vor der Brücke über den Lögdeälven links auf den Parkplatz.
Höhenunterschied: 100 m.
Anforderungen: Überwiegend einfache Waldwege und -pfade, jedoch mit zwei steilen An- und Abstiegen. Nicht durchführbar bei Hochwasser.
Einkehr: Keine.
Karte: Terrängkartan 1:50.000; 711 Fredrika; Sverigeserien Topo 50, 105 Bjurholm.

Wir gehen vom Parkplatz an der Lögdeälven-Brücke bei **Övre Nyland (1)** auf dem Ankunftsweg ca. 200 m zurück und biegen rechts in einen Forstweg ein **(2)**, der leicht bergan kurvt. Bei einer Gabelung nehmen wir den rechten Weg **(3)** und folgen ihm eine Zeit lang durch schwach bewegtes Gelände, vorbei an Kiefernwäldern, Mooren und kleinen Waldseen. Schließlich steigt der Weg wie-

Windschutz am Wegesrand.

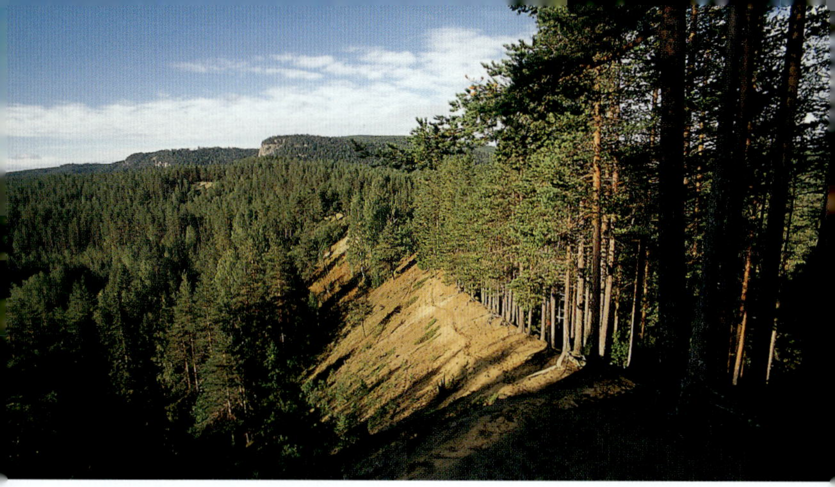

Der »Drachenrücken« im Licht der Morgensonne.

der etwas an und wir erreichen, vorbei an einem unmarkierten Weg nach rechts, ein Plateau, von dem aus ein orange markierter, beschilderter Pfad (»Drakryggen«) nach rechts abzweigt **(4)**. An der Hangkante finden wir eine Windschutzhütte **(5)**, von der aus wir zum einen auf das Flusstal des Lögdeälven und zum anderen genau auf den »Drachenrücken«, einen teilweise vegetationsfreien, steilen Sandrücken, hinabblicken.

Beim Hinabblicken bleibt es nicht: Wir steigen auf dem **Drakryggen** abwärts, ignorieren die »Himlastigen« rechts und gelangen über einen steilen Hang schließlich auf den Talgrund. Bei einer T-Kreuzung **(6)** machen wir einen kurzen Abstecher nach links zur **Storforskojan** und dem vorgelagerten Gleitufer. Anschließend folgen wir der Beschilderung »Strandvägen« und dem mit orangen Markierungen versehenen Pfad flussaufwärts. Der Pfad führt nah am Fluss entlang, kürzt aber hin und wieder eine Flussschlinge ab. Bei einer Weggabelung entscheiden wir uns für die linke, flussnähere Variante **(7)** und kommen zu einer Windschutzhütte **(8)**, hinter der es zügig den Hang hinauf- und auf der anderen Seite wieder hinuntergeht. Einen Weg nach rechts ignorieren wir und erreichen mit etwas Auf und Ab einen Aussichtspunkt **(9)**. Von dort hinunter und anschließend halb links, wo uns Spuren kräftiger Biberaktivität in Form von zahlreichen gefällten Bäumen erwarten. Nach kurzer Zeit erreichen wir wieder den Parkplatz an der Lögdeälven-Brücke bei **Övre Nyland (1)**.

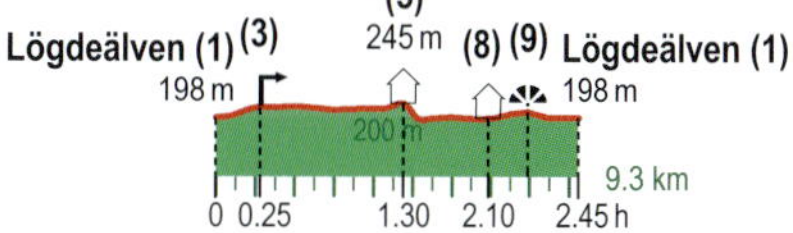

36 Långvattnet

2.45 Std.

Landschaftliche Idylle zwischen Seen und Kiefern

Die Landschaft bei Långvattnet ist das Ergebnis des Zusammenspiels von Eis und Wasser gegen Ende der letzten Eiszeit. Beim Rückzug des Eises lag Långvattnet am Ufer eines riesigen Binnenmeeres, dem Ancylus-See, in das sich ein Schmelzwasserfluss aus dem sich zurückziehenden Gletschertor ergoss. Auf diese Weise entstanden Deltas, Oser und Toteislöcher, die heute z. T. wassergefüllt sind. Außerdem ließ das Eis haushohe Findlinge zurück.

Ausgangspunkt: Parkplatz in Långvattnet. Von Junsele oder Backe auf dem Väg 346. Bei der Beschilderung »Långvattnet« nach Südwesten abbiegen.
Höhenunterschied: 10 m.
Anforderungen: Forstwege und Waldpfade.
Einkehr: Keine.
Karte: Terrängkartan 1:50.000, 705 Junsele.
Variante: Verschiedene Abkürzungen möglich.
Tipp: Zwischen Sollefteå und Junsele finden sich beim Ort Näsåker leicht zugängliche prähistorische Felsritzungen, die zu den figurenreichsten Schwedens zählen, unbedingt sehenswert! Infozentrum im Ort.

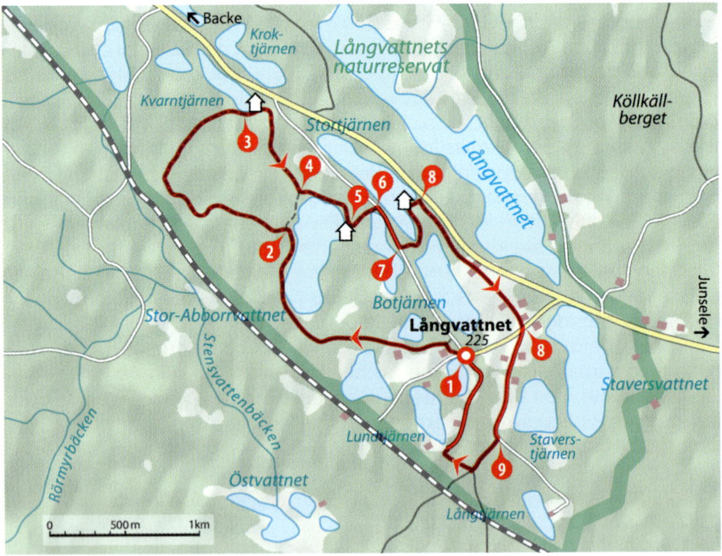

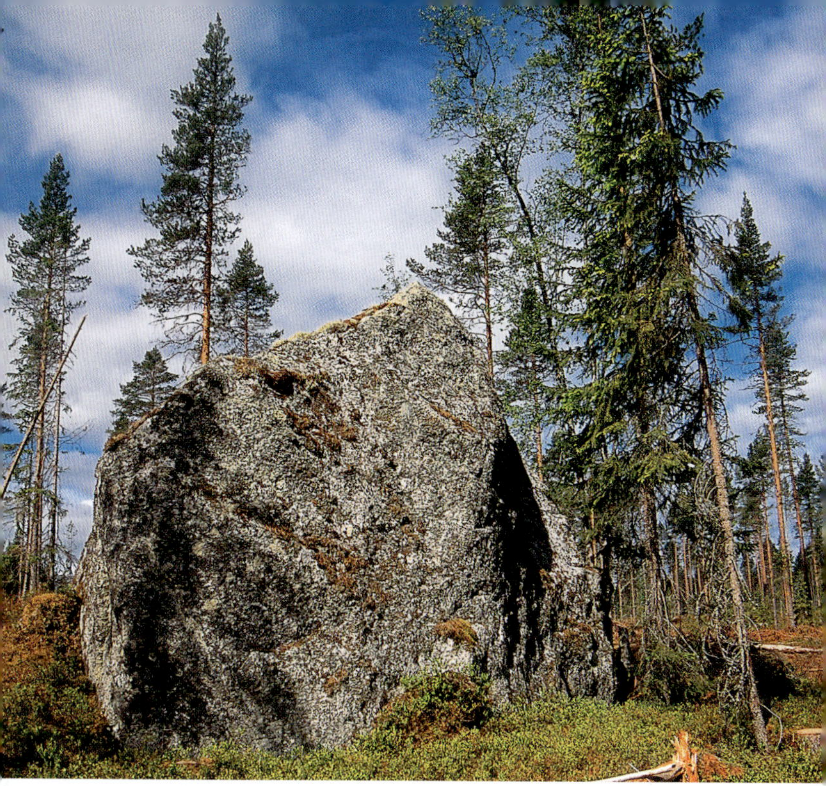

Die Findlinge im Naturreservat Långvattnet sind im Wortsinne »haushoch«.

Vom Parkplatz in **Långvattnet (1)** aus gehen wir 50 m in Richtung Westen und biegen dann in den »Naturstig« rechts ein, der uns auf einen breiten Forstweg führt, dem wir links abbiegend folgen. Bei einer Gabelung halten wir uns rechts in Richtung »Stor Abborrvattnet« und entscheiden uns am Ende des Forstweges (Wendeplatz) für den ufernahen, rechten Pfad (rote Markierung). Wir folgen ihm, bis in einer Bucht das Schild »Naturstig« nach links weist **(2)**. Ab hier ist die Markierung »Blauer Punkt auf gelbem Grund« relevant, die uns auf einem schmalen Waldpfad in einer weiten Schleife

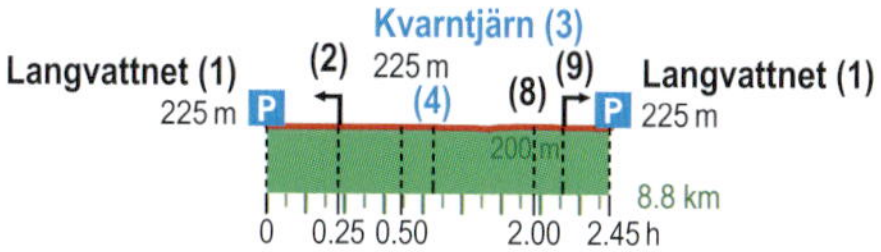

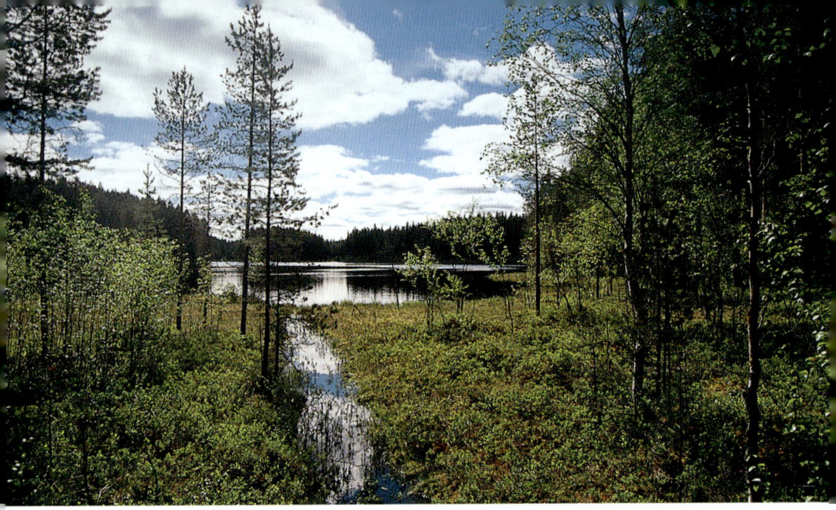

Seen, Moränenrücken und Kiefernwälder bestimmen das Bild des Naturreservats.

durch einen Bereich führt, in dem zahlreiche haushohe Findlingsblöcke abgelagert wurden (Erläuterungen nur auf Schwedisch).

Wir erreichen in welligem Gelände schließlich das Südufer des **Kvarntjärn (3)**, von wo es durch kupiertes Gelände nach Süden zum Stor Abborrvattnet geht. Am Nordufer dieses Sees verlassen wir die gelb/blaue Markierung, biegen nach links ab **(4)** und gehen am Ostufer entlang nach Süden. An einer Bucht – gegenüber einer Windschutzhütte – gehen wir bei einer Verzweigung links den Hang hinauf **(5)** und gelangen nach Kurzem an eine Straße, auf die wir rechts abbiegen **(6)**.

Beim Hinweisschild »Stortjärn« verlassen wir sie nach links **(7)** und nehmen den linken der zwei abwärts führenden Wege, gehen über einen kleinen Steg und biegen 50 m vor einer Windschutzhütte rechts ab. Kurz vor der Hauptstraße schwenkt der Pfad nach rechts, führt eine Weile straßenparallel, geht zunächst in einen Forstweg und danach im Offenland in einen Feldweg über. An mehreren Gehöften vorbei erreichen wir eine Kreuzung **(8)**, die wir geradeaus überqueren. Zunächst leicht hangabwärts, anschließend schwach ansteigend kommen wir 150 m hinter dem Hof mit der Hausnummer 225 an eine Gabelung, wo wir uns für den rechten Weg **(9)**, unmittelbar dahinter für den linken Weg entscheiden. Nach etwa 200 m bei einer Kreuzung im Wald gehen wir rechts und nehmen auch bei den folgenden beiden Verzweigungen jeweils die rechte Möglichkeit. So gelangen wir auf einen breiten Feldweg, der uns zurück zum Parkplatz in **Långvattnet (1)** bringt.

3.45 Std.

Graninge Bruk 37

Wanderung zu einer historischen Eisenhütte

Die Wanderung führt um die Seen Hultsjön und Brukstjärn durch eiszeitlich geprägte Landschaft mit idyllischen Seen und lichten Kiefernwäldern zur historischen Eisenhütte Graninge Bruk. Sie entstand 1670 und entwickelte sich im frühen 18. Jh. zur größten Eisenhütte Ångermanlands. Zum Werk gehörten nicht nur die Betriebsgebäude, sondern auch ein Ensemble aus Herrenhaus, Wohnhäuser für die Arbeiter und ein – typisch für die damaligen Werkskirchen – achteckiges Kirchengebäude. Ein Teil der Werksanlage enthält noch die ursprüngliche Ausstattung. 1870 wurde das Werk stillgelegt.

Ausgangspunkt: Parkplatz am Badeplatz von Viksmon. Bei Viksmon vom Väg 331 nach Süden in Richtung Södra Graninge abbiegen und auf der gut ausgebauten Schotterstraße ca. 1 km bis zum Badeplatz (beschildert) fahren.
Höhenunterschied: 100 m.

Anforderungen: Waldpfade und Forstwege, Straßen.
Einkehr: Gaststätte »Graningebyn« (Mo–Fr 8–16 Uhr, So / Feiertag 10–16.30 Uhr).
Karte: Terrängkartan 1:50.000, 689 Bispgården; Sverigeserien Topo 50, 099 Bispgården.

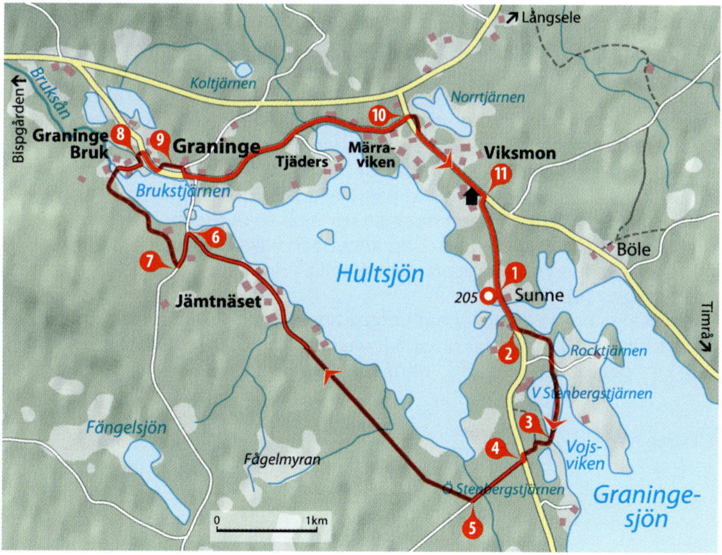

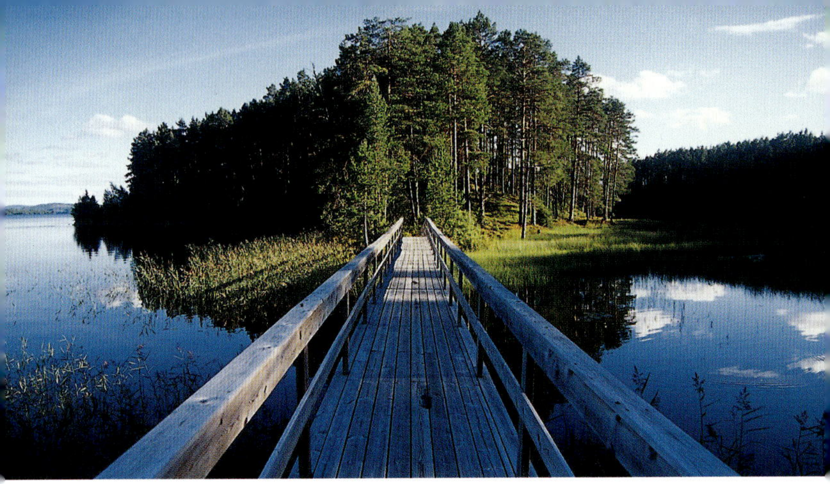

Am Westufer des Graningesjön verbinden Stege die Moränenrücken.

Vom Parkplatz an der **Badestelle in Viksmon (1)** aus gehen wir auf der Grusstraße nach Süden über eine Brücke. Etwa 200 m dahinter treffen wir auf den Wegweiser »Stenbergsleden«, der uns links in den Wald lotst **(2)**. Nach weiteren 150 m verlassen wir den Waldweg nach links auf einen schmalen Pfad (unmarkiert), gehen an einem Seeufer entlang und schwenken vor einem weiteren See nach rechts. Wir überqueren einen breiten Forstweg, hinter dem sich unser Weg auf dem schmalen Geländerücken zwischen **Graningesjön** und Västra Stenbergstjärnen fortsetzt.

Wir kommen zu einer Steganlage **(3)**, hinter der wir uns rechts halten und über einen weiteren Plankenweg ans westliche Ufer gelangen. Hier geht es links den Hang hinauf; oben machen wir eine links-rechts-Kombination, die uns zu einer Grusstraße führt. Dort kurz nach links und anschließend auf einem abzweigenden Grusweg dem Schild »Ronkebacken« leicht hangabwärts folgen **(4)**.

Hinter einer breiten Hochspannungsschneise geht es ohne Beschilderung rechts hinein **(5)** auf einen grasüberwachsenen Forstweg. Wir laufen ihn ca. 2,5 km geradeaus entlang, ohne uns um Abzweigungen zu kümmern. Schließlich gelangen wir wieder ins Offenland, wandern vorbei an einem **Sägewerk** und folgen der Straße bis zu einer breiten Forststraße **(6)**, die in

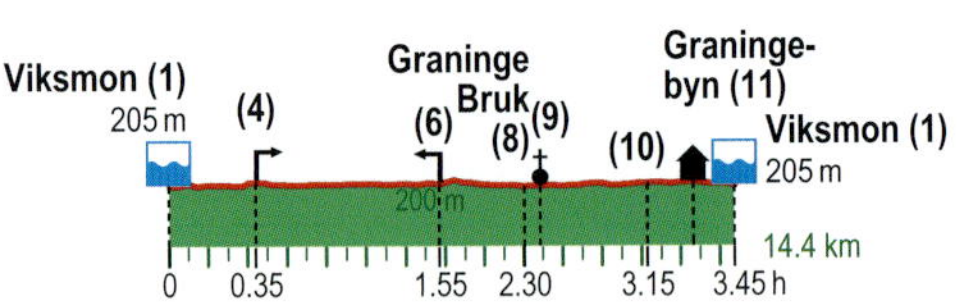

spitzem Winkel nach links abgeht (»Ringvägen«). Auf sie biegen wir ab und finden oberhalb eines kleinen Anstiegs – gegenüber mehreren Briefkästen – einen Grasweg nach rechts **(7)**. Wir lassen einige Hütten rechts liegen und gehen am Südufer des **Brukstjärnen** entlang. Am Siedlungsrand biegen wir auf einen Feldweg rechts ab und erreichen hinter der 2. Brücke **Graninge Bruk**, zu dessen Werksanlagen **(8)** wir links abbiegen. Wir wenden uns sowohl dort als auch auf der Dorfstraße nach rechts und nehmen hinter dem letzten der historischen Arbeiterhäuser den Fahrweg nach links. Wir passieren die achteckige Kirche **(9)** und folgen dem Weg an einer Verzweigung rechts zurück zur Dorfstraße. Dort links. Auf der Straße geht es knapp 2,5 km, teilweise am Nordufer des **Hultsjön** entlang bis zur Einmündung in die Hauptstraße **(10)**. Gegenüber finden wir einen Waldweg, der nach rechts schwenkt. Er entlässt uns auf die Hauptstraße, der wir bis zur Abzweigung nach Södra Graninge folgen. Dort gehen wir rechts **(11)** und wandern auf der Grusstraße zunächst durch Wald, dann durch Offenland zurück zum Ausgangspunkt an der Badestelle von **Viksmon (1)**.

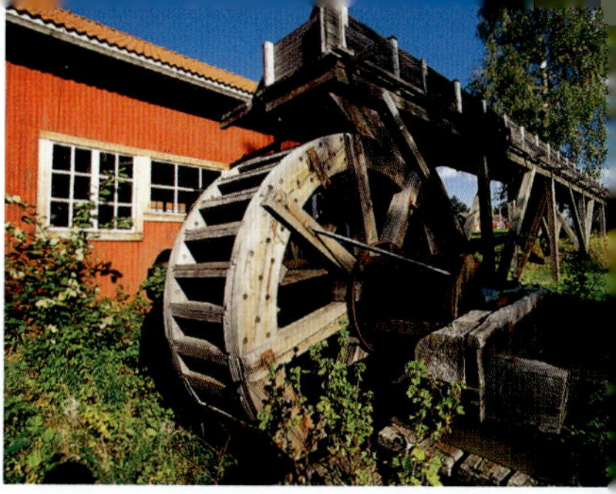

Das Herz der Anlage: das alte Wasserrad.

Blick auf die alten Werksanlagen von Graninge Bruk.

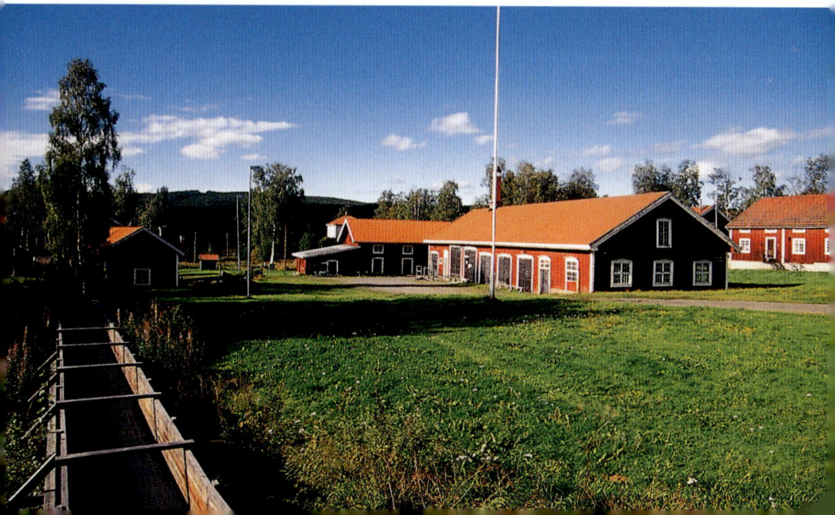

38 Skuleskogen Nord

4.30 Std.

Inseln, Buchten, Küstenlinie und viele Attraktionen am Wegesrand

Diese Wanderung verspricht attraktive Küstenlinie, abwechslungsreiche Waldbilder und verhilft auch der Hauptattraktion des Nationalparks, der Kluft Slåttdalsskrevan, zu ihrem Recht. Die Passage durch dieses geomorphologische Highlight ist an sich schon beeindruckend und wird zusätzlich belohnt durch den Ausblick von der Oberkante. Zudem weist der Nordteil des Nationalparks einige Besonderheiten auf: Botanisch Interessierte finden dort einige Wuchsorte der bis zu 4 m (!) langen Engelshaarflechte. Eine spannende Angelegenheit ist auch die Bucht Salsviken, die nur noch über einen schmalen Kanal mit dem Meer verbunden ist und in ca. 100 Jahren aufgrund der Landhebung völlig abgeschnürt sein wird, sowie die ehemaligen Inseln Tärnättholmarna, die erst seit wenigen Jahrzehnten Bestandteil des Festlandes sind.

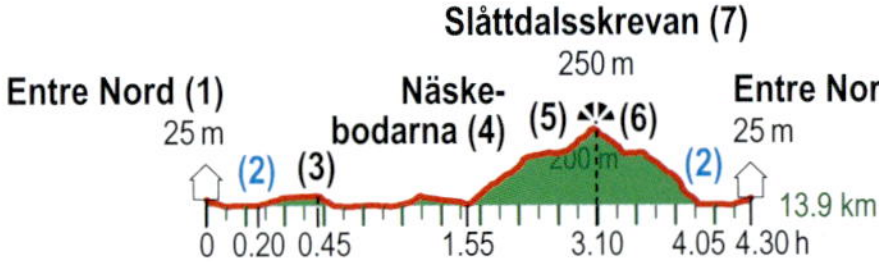

Ausgangspunkt: Entré Nord. Über Köpmanholmen (ausgeschildert von der E4) und Näske auf gut ausgebauten Schotterstraßen erreichbar.
Höhenunterschied: 370 m.
Anforderungen: Abschnittsweise sehr steinige Waldwege und felsiger Untergrund, beim Abstecher zur Slåttdalsskrevan Blockschutt. Trittsicherheit ist erforderlich. Bei Nässe unangenehm.
Einkehr: Keine.
Karte: Terrängkartan 1:50.000, 699 Skuleskogen; Sverigeserien Topo 50, 100 Härnösand oder 104 Örnsköldsvik.

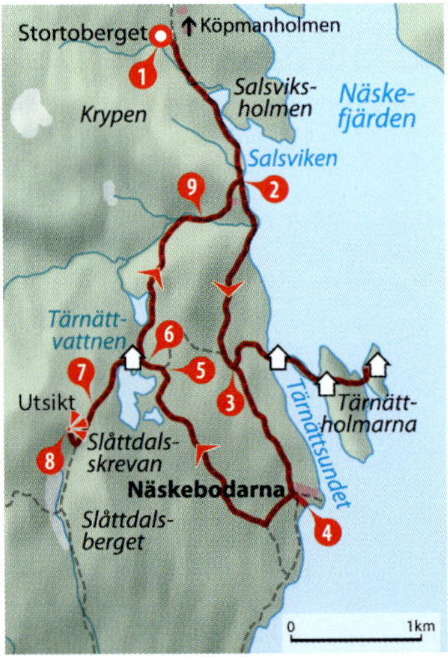

Vom **Entré Nord (1)** führt der Pfad, der nach 200 m auf den Hauptweg rechts einschwenkt, hinunter zur Bucht **Salsviken**. Fast unmittelbar am Ufer entlang wandern wir geradeaus, vorbei an einem Abzweig **(2)**, und – mit blauer Markierung – über einen Bach (das Schild »Spang« weist uns den Weg zu einer Brücke). Bald danach steigt der Weg über steiniges Gelände etwas an. Wir ignorieren zwei Abzweigungen nach rechts und treffen bald danach auf eine Abzweigung nach links **(3)**, von der aus wir einen Abstecher zu den **Tärnättholmarna** machen. Den Hang hinunter gelangen wir über stellenweise feuchten Untergrund und über einen Isthmus zur ersten der (ehemaligen) Inseln, wandern vorbei an zwei hübsch gelegenen Rasthütten und kommen über einen zweiten Isthmus zur östlichen Insel. Zurück nach **(3)** auf demselben Weg.

Wir setzen unsere Wanderung nach Süden fort (»Näskebodarna«) und biegen – nachdem wir einen Blick auf die Bucht geworfen haben **(4)** – nördlich der Lichtung nach Südwesten Richtung Slåttdalsskrevan ab.

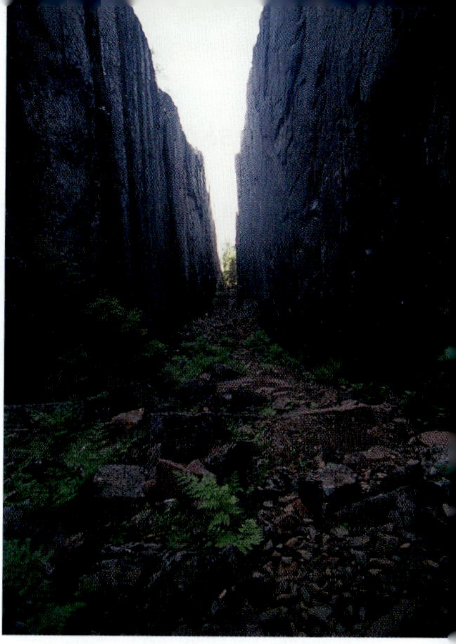

Die Kluft Slåttdalsskrevan ist das »Markenzeichen« des Nationalparks Skuleskogen.

Im Fichtenwald leicht hangaufwärts gelangen wir auf einen Querweg, auf den wir ebenfalls rechts abbiegen. Anschließend wandern wir – an prähistorischen Grabstellen vorbei – durch lichten Kiefernbestand auf felsigem Untergrund mit blauer Markierung aufwärts. Bei einer Verzweigung auf der Anhöhe **(5)** gehen wir halb links und erreichen die Kreuzung beim **Tärnättvattnen (6)**. Von hier machen wir geradeaus einen Abstecher zur **Slåttdalsskrevan (7)**, der über felsiges Gelände und dabei kurzzeitig steil aufwärts führt. Unvermittelt taucht der Einschnitt der Kluft vor uns auf, die wir hangaufwärts auf Blockschutt durchqueren. Am Hochpunkt hinter der Treppe nicht verpassen: den Abstecher nach rechts (»utsikt«) zum Aussichtspunkt **(8)**.

Nun zurück zum Kreuzungspunkt beim **Tärnättvattnen (6)**. Von dort aus in Richtung Näske nach Norden (orange Markierung). An einem Seeufer kommen wir in blockreiches Gelände; danach geht es mit geringer bis mäßiger Neigung, jedoch sehr steinig, bergab. Bei einer Wegverzweigung **(9)** entscheiden wir uns für den linken Weg, der über eine Steilstufe hinunter zur Brücke über den **Skravelbäcken** führt, der unterhalb einen hübschen Wasserfall bildet. Im Wald weiter abwärts gehend, erreichen wir am Ufer den Querweg **(2)**, den wir bereits vom Hinweg kennen. Ihm folgen wir zurück zum **Entré Nord (1)**.

TOP

39 Skuleskogen Süd

5.15 Std.

Die klassische Eintagestour im Nationalpark Skuleskogen

Diese Tagestour vom Entré Syd aus gilt als der »Klassiker« unter den Wanderungen im Nationalpark. Die Besonderheit des Nationalparks, die Slåttdalsskrevan, eine bis zu 22 m tiefe und durchschnittlich 5 m breite Kluft durch den Slåttdalsberget, wird auf ganzer Länge durchwandert. Von der Flanke des Slåttdalsberget bietet sich eine faszinierende Aussicht auf die umgebenden Buchten und Inseln.

Ausgangspunkt: Entré Syd, östlicher (neuer) Parkplatz. Nationalpark Skuleskogen, Entré Syd ist ab der E4 ausgeschildert und auf einer schmalen, aber gut befahrbaren Schotterstraße erreichbar.
Höhenunterschied: 440 m.
Anforderungen: Abschnittsweise sehr steiniger, stellenweise felsiger Untergrund. Zwei sehr steile Auf- und Abstiege über Blockschutt und Felsblöcke. Trittsicherheit und Schwindelfreiheit sind erforderlich. Bei Nässe nicht zu empfehlen.
Einkehr: Keine.
Karte: Terrängkartan 1:50.000, 699 Skuleskogen; Sverigeserien Topo 50, 100 Härnösand oder 104 Örnsköldsvik.

Variante: Wer abkürzen möchte, läuft am WP 8 geradeaus, überwindet ein Moor mit einem Plankenweg und biegt nach einem Geröllfeld bei einer Verzweigung rechts ab (Schild »Käl P 2 3«). Der Pfad führt mit einem Linksbogen abwärts zur Bucht Kälaviken (WP 2) und von dort auf dem schon bekannten Weg zurück zum Parkplatz (Tour dann ca. 1 Std. kürzer).
Kombinationsmöglichkeit: Erweiterung in Richtung Norden durch Tour 38 zwischen WP 3 und Salsviken in umgekehrter Richtung. Anschließend zurück zum WP 2 und von dort Aufstieg zum Tärnättvattnen (WP 6). Ab dort weiter mit Tour 39 (gesamt ca. 6.15 Std.).

Grandiose Aussicht von der Oberkante der Slåttdalsskrevan auf die Küste.

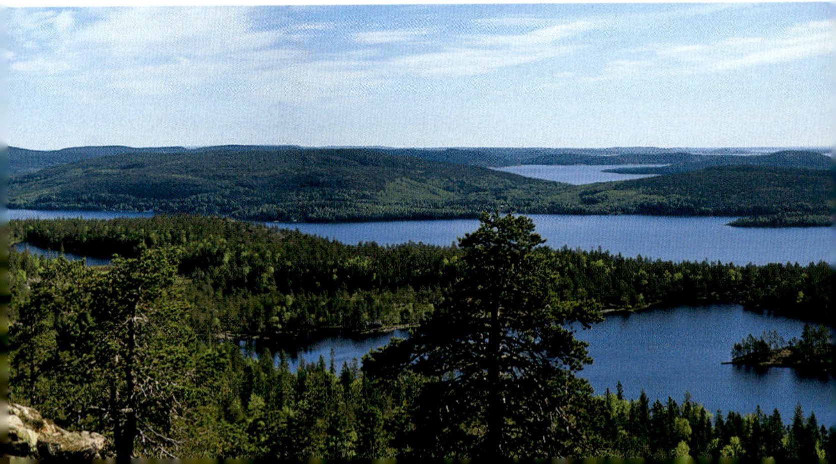

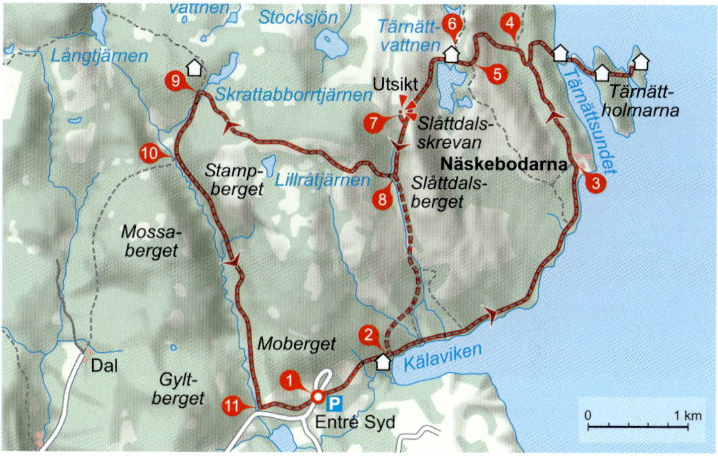

Von der Parkplatzeinfahrt am **Entré Syd (1)** geht es mit oranger Markierung auf einem Forstweg den Hang hinunter zur Bucht **Kälaviken (2)**. Kurz darauf verzweigt sich der Weg, wobei wir den jetzt blau markierten rechten Weg in Richtung Näskebodarna wählen. Der breite Waldweg ist einfach zu laufen und weist nur geringe Höhenunterschiede auf. Abzweigungen nach links ignorieren wir. Bei der Lichtung von **Näskebodarna (3)** schwenkt der Weg nach Norden. Wieder im Wald, gehen wir bei einer Verzweigung geradeaus und wandern bis zu einer Abzweigung nach rechts, von der wir einen Abstecher zu den »Tärnättholmarna« machen. Den Hang hinunter gelangen wir über stellenweise feuchten Untergrund und über einen Isthmus zur ersten der (ehemaligen) Inseln, wandern vorbei an zwei hübsch gelegenen Rasthütten und kommen über einen zweiten Isthmus zur östlichen Insel.

Wieder zurück auf dem Hauptweg, gehen wir ca. 200 m in der Ursprungsrichtung weiter und orientieren uns dann bei einer Verzweigung **(4)** links in Richtung Slåttdalsskrevan. Wir gelangen bald an einen Steilanstieg, wo wir zunächst zwischen Felsen steil nach oben und schließlich in einer engen Kluft über Felsblöcke sehr steil aufwärtssteigen – gelegentliches »Hand anlegen« kann sich hier als hilfreich erweisen. Nach einer Passage nach links (blaue Markierung) mündet unser Pfad auf einen Querweg **(5)**, auf dem wir nach rechts wandern.

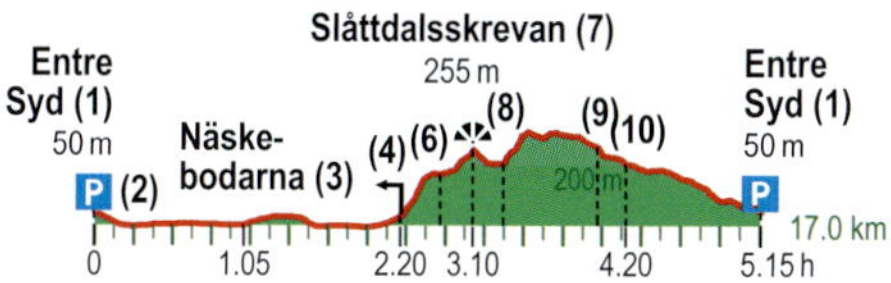

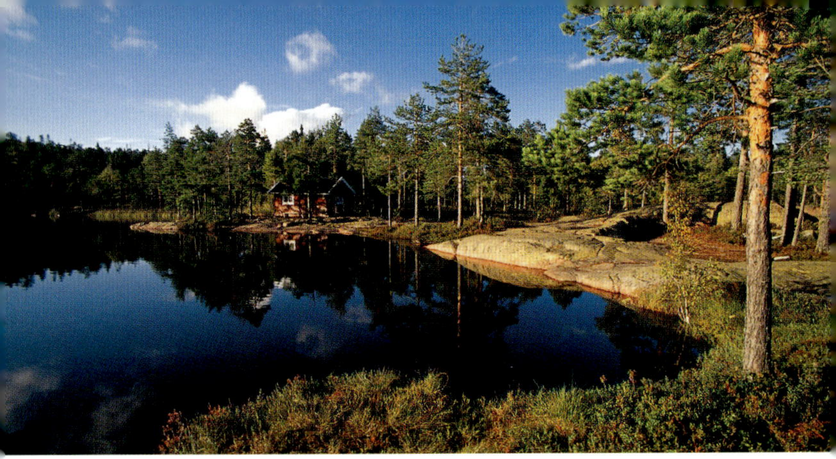

Vom Nordufer des Tärnättvattnen grüßt eine Rasthütte.

Bei der Kreuzung an der Hütte **Tärnättvattnen (6)** halten wir uns geradeaus. Dahinter beginnt – jetzt mit oranger Markierung – der Anstieg zur **Slåttdalsskrevan (7)** über felsiges Gelände, dabei kurzzeitig steil aufwärts. Unvermittelt taucht der Einschnitt der Kluft vor uns auf, die wir hangaufwärts auf Blockschutt durchqueren. Am Hochpunkt hinter der Treppe nicht verpassen: den Abstecher nach rechts (»utsikt«) zum Aussichtspunkt.

Anschließend folgt ein blockreicher, steiler Abstieg durch den südwestlichen Abschnitt der Kluft. Dem Hinweisschild »Käl« folgend, erreichen wir den Hangfuß, wo wir zwar auf gleichbleibender Höhe, aber recht ruppig über Geröll und Wurzeln eine Wegkreuzung **(8)** erreichen und dort rechts abbiegen (»Entré West«). Wir queren den Talgrund und erklimmen dann mit einem kräftigen Anstieg über natürliche Felsterrassen den Höhenrücken. Oben schlängelt sich der Weg zwischen einigen kleinen Mooren hindurch und führt über felsigen, aber gut gangbaren Untergrund mit nur geringen Höhenunterschieden nach Westen. Mit einigem Abstand passieren wir den kleinen See Lillråttjärnen. Nach einem Abstieg, der am Unterhang eine steile Passage beinhaltet, erreichen wir 200 m südlich des Skrattabborrtjärn den Talgrund und biegen links auf einen querenden Pfad ab (»Käl«, **9**). Anschließend wandern wir zunächst in südwestlicher, nach einem Knick des Tals in annähernd südöstlicher Richtung. Die Abzweigung nach Dal ignorieren wir **(10)**. Der Weg führt auf Waldwegen, abschnittsweise auch auf mit Planken versehenem Untergrund, mit geringem, aber stetigem Höhenverlust am östlichen Talrand entlang. Wo unser Tälchen in ein breites Quertal mündet, folgen wir einem Pfad links **(11)** durch dichteren Wald zurück zum Ausgangspunkt am **Entré Syd (1)**; alternativ: bis vor zur Straße laufen und dort links gehen.

Ulvön

Ein schmuckes Fischerdörfchen und sein attraktives Hinterland

Beim Landgang auf Ulvön wird nicht nur das malerische Fischerdorf Ulvöhamn erkundet, sondern auch sein Hinterland mit Seen und bewaldeten Hügeln, wobei das Panorama vom »Lotsberget« den krönenden Abschluss bildet. Ulvöhamn war im 17. und 18 Jh. einer der Hauptstützpunkte der Gävlefischer, die das Monopol innehatten, an der Bottenküste Heringe zu fischen. Aus dieser Zeit stammt die Tradition der Verarbeitung des Fangs zu »Surströmming« (vergorener Fisch in Konserven), die in kleinem Stil seit wenigen Jahren wiederbelebt wurde. Ebenfalls bemerkenswert ist die von den Gävlefischern errichtete Kapelle aus dem Jahr 1622. Äußerlich macht das kleine Gebäude nicht viel her, sein Geheimnis offenbart es erst im Innenraum, der über und über bemalt ist (geöffnet in der Saison tgl. 12–15 Uhr). Die Kapelle gilt nicht nur als die schönste der Gävlefischer-Kirchen, sondern ist auch das älteste erhaltene Holzgebäude Ångermanlands. Optimales »Schären-Feeling« kommt bei der Anfahrt von Köpmanholmen – idealerweise via Trysunda – auf.

Ulvöhamns Kapelle aus dem Jahr 1622 ist innen über und über bemalt.

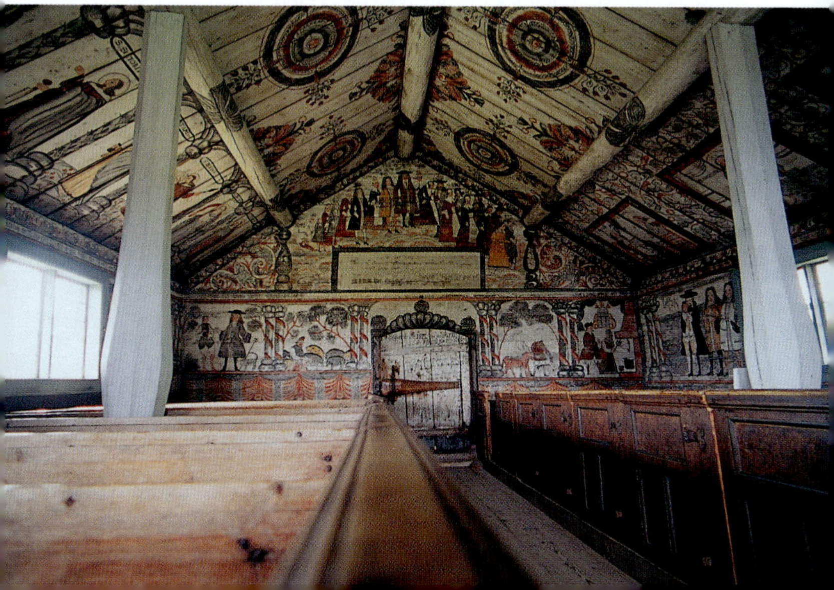

Ausgangspunkt: Kai in Ulvöhamn. Anreise mit Motorboot M/F Ulvön (Tel. +46 660 78715) ab Köpmanholmen (von der E4 ausgeschildert). Parkplatz am Bootsanleger in Köpmanholmen (gebührenpflichtig).
Höhenunterschied: 180 m.
Anforderungen: Waldpfade, vereinzelt feucht und steinig.
Einkehr: Verschiedene Gaststätten in Ulvöhamn, Kiosk in der Lotsstugan.
Karte: Terrängkartan 1:50.000, 699 Skuleskogen; Sverigeserien Topo 50, 104 Örnsköldsvik.
Tipp: Surströmming-Fabrik in Ulvöhamn. Was Surströmming ist? Auf jeden Fall ein Erlebnis! Probieren Sie ihn – falls Sie ihn an der Nase vorbeikriegen.

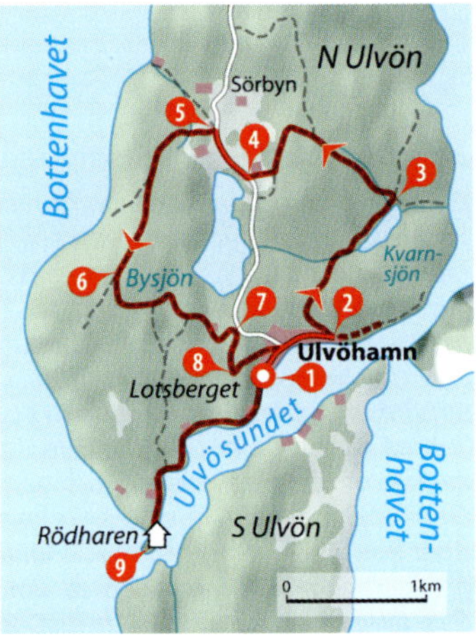

Vom Kai in **Ulvöhamn (1)** aus geht es rechts die Uferstraße entlang, an der Kreuzung und der alten Kirche vorbei bis zu einer beschilderten Abzweigung **(2)** nach links (»Kvarnhusviken«). Bevor wir jedoch links abbiegen, gehen wir noch 300 m geradeaus, um hinter dem neuen Anleger Ulvöns Kieselstrand zu bewundern.
Von der Abzweigung aus kurvt der Weg den Hang hinauf. Bei einer Weggabelung wählen wir den gelb markierten, rechten Weg und gelangen mit ge-

Wie aus einem Schweden-Bilderbuch: das Fischerörtchen Ulvöhamn.

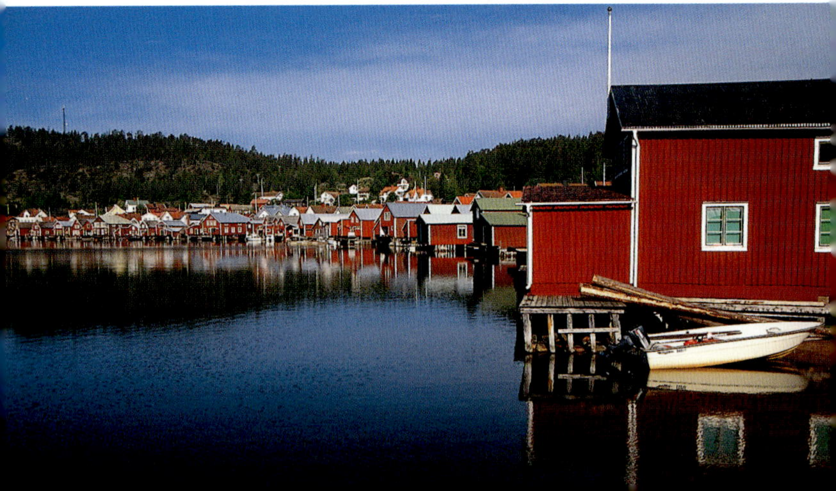

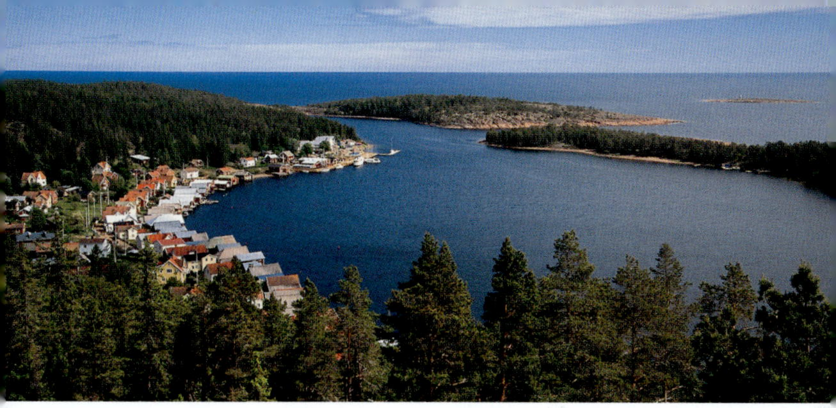

Ulvöhamn vom Lotsberget aus gesehen.

ringem Höhenverlust zum **Kvarnsjön**, gehen an seinem nordwestlichen Ufer entlang und erreichen kurz darauf eine Wegkreuzung **(3)**, wo wir den linken Weg in Richtung Sörbyn wählen. Anschließend wandern wir mit etwas Höhengewinn auf einen flachen Rücken und erreichen kurz, nachdem sich der Weg wieder abwärtssenkt, eine Weggabelung, an der wir links gehen. Bald erreichen wir beim alten Schulhaus von **Sörbyn (4)** wieder Offenland und eine Fahrstraße. Wir biegen dort rechts ab und verlassen sie nach knapp 400 m nach links (**5** – gelbe Markierung beachten). Wir gelangen über Wiesen wieder in den Wald, halten uns bei einer Forstweg-Verzweigung halb links und gehen schließlich auf einem schmalen Pfad weiter, der nach einiger Zeit scharf links abknickt **(6)**.
Der folgende Kilometer führt uns über etwas steiniges Gelände abwärts. Bei einer Verzweigung gehen wir geradeaus weiter, gelangen nach etwas Auf und Ab nach rechts auf einen Feldweg und umgehen auf ihm eine Hüttensiedlung. Wir biegen rechts auf die Fahrstraße ab, in die er einmündet, verlassen sie aber schon nach 50 m erneut (**7** – ab hier ohne gelbe Markierung), um rechts einem Waldweg hinauf zum **Lotsberget (8)** bzw. zur Lotsstugan (Ausblick!) zu folgen.
Wir gehen an dieser vorbei und gelangen auf knapp 300 Treppenstufen hinunter nach Ulvöhamn, biegen auf der Straße rechts ab und wenden uns an der Kreuzung erneut nach rechts und erreichen wieder den Kai in **Ulvöhamn (1)**. Von dort unternehmen wir noch einen Ausflug zur Landspitze **Rödharen (9)**, bevor wir endgültig zum Startpunkt in **Ulvöhamn (1)** zurückkehren.

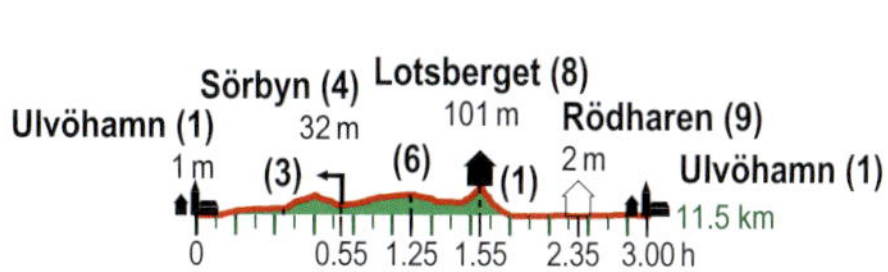

41 Norrfällsviken und Storsanden

2.45 Std.

Beeindruckende Strandwälle, ein Fischerdorf und ein Sandstrand

Bei einer Weltmeisterschaft in Sachen »Landhebung« würde Höga Kusten – die »Hohe Küste« – sie mit großem Vorsprung gewinnen. In geologischen Dimensionen betrachtet geht es hier nach oben wie im Expressfahrstuhl! Um 8 mm pro Jahr hebt sich das Land, das vom Gewicht des Eispanzers während der Vereisung nach unten gedrückt wurde und durch den Rückgang bzw. das Verschwinden des Eises entlastet wird (»Isostatische Hebung«). Auf dieser Wanderung beobachten wir die Ergebnisse des Hebungsprozesses in Form der hinter- und übereinander gestaffelten Strandwälle (schw. »Klappersten«) des ehemaligen Uferverlaufs, die zu den größten Schwedens gehören.

Ausgangspunkt: Norrfällsviken. Parkplatz 200 m vor dem Ort.
Höhenunterschied: 160 m.
Anforderungen: Wald- und Feldwege, schmale Pfade mit verbreitet sehr geröllreichem Untergrund. Trittsicherheit ist erforderlich. Bei Nässe nicht zu empfehlen.
Einkehr: Gaststätten in Norrfällsviken.
Karte: Terrängkartan 1:50.000, 691 Nordingrå oder 699 Skuleskogen; Sverigeserien Topo 50, 100 Härnösand.

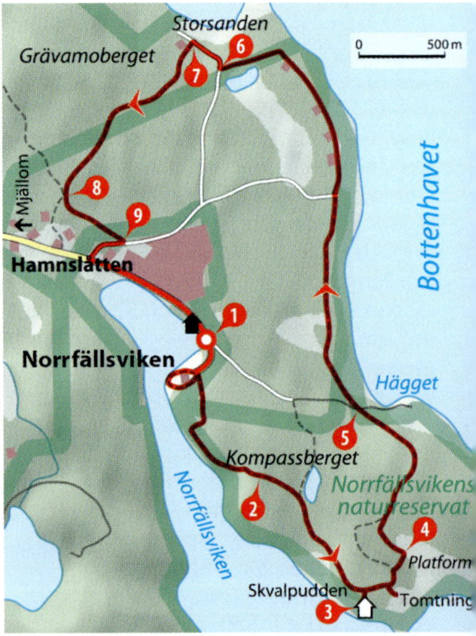

Vom **Parkplatz (1)** aus machen wir zunächst eine kleine Runde durch die Siedlung **Norrfällsviken** und nehmen dann gegenüber dem Restaurant »Fisk affär« den mit »Kompassberget« beschilderten Weg, der rechts am Campingplatz vorbei leicht aufwärtsführt. Wir folgen der Markierung »blauer Punkt«, die uns im Zickzack hinunter ans westliche Ufer führt. Bei einer Gabelung nehmen wir den linken Weg, auf dem wir den **Kompassberget (2)** erreichen. Dort schwenkt der Weg nach halb rechts und es geht über Felsstufen und -blöcke hangabwärts zum Südufer eines kleinen Sees. Beim dortigen Schild »Skvalpudden« halten wir uns rechts und wandern an der

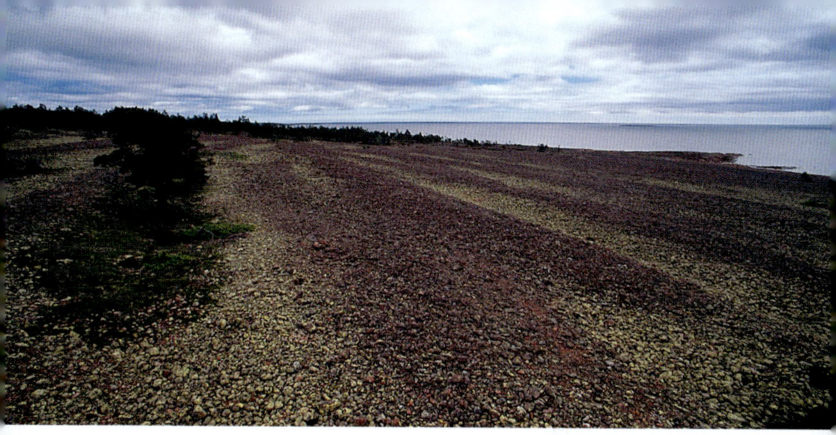

In Norrfällsviken legen die größten Strandwälle Schwedens Zeugnis über die Landhebung ab.

Hangflanke entlang zu einem mit einem Steinkegel markierten Hochpunkt. Kurz dahinter lohnt ein Abstecher nach rechts (»**Skvalpudden**« – **3**), bevor wir weiter geradeaus in Richtung »Hägge« gehen. Ein weiterer Abstecher nach rechts (»Tomtning«) bringt uns zu alten Siedlungsresten. Kurz darauf folgen wir dem Hinweisschild »Platform« nach rechts und genießen von einer **Aussichtsplattform (4)** den Blick auf die größten Strandwälle Schwedens. Hangaufwärts gelangen wir zu einer Kreuzung, halten uns erneut rechts (»Bådamalen«) und wandern den steinigen und geröllreichen Hang entlang und hinunter. Den Feldweg am Hangfuß überqueren wir geradeaus **(5)**, gehen links kurze Zeit ohne Weg parallel zum Ufer, bevor wir auf einen angelegten Fußweg treffen, der in einen Fahrweg mündet. Wir folgen dem später nach links schwenkenden Weg zum **Storsanden (6)**, biegen dort rechts ab und gehen – nachdem wir den Strand erkundet haben – auf dem Waldweg nach Nordwesten und finden ca. 50 m vor einer Schranke **(7)** links einen schmalen Waldpfad (gelbe Markierung), den wir über einen Höhenrücken nach Südwesten entlang wandern.
Bei einer Verzweigung **(8)** halten wir uns halb links (»Stugbyn, Campingen«), biegen auf der Straße rechts ab **(9)** und gelangen mit ihr in einem Linksbogen auf die Hauptstraße. Hier links zurück zum **Parkplatz (1)** nordöstlich von **Norrfällsviken**.

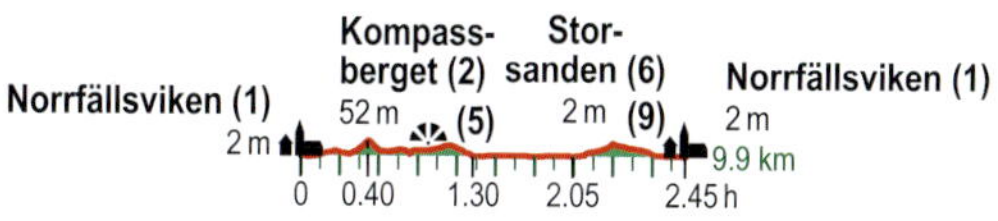

42 Nordingrå und seine Seen

3.45 Std.

Zehn Seen im Herzen der »Hohen Küste«

Die Seenlandschaft um Nordingrå gilt als das »Herz« der Hohen Küste und war bereits im 19. Jh. ein beliebtes Ausflugsziel. Glitzernde Seen, waldbedeckte Hügel sowie Höfe und kleine Weiler mit den typischen roten Häusern vermitteln einen Eindruck von »Schweden wie aus dem Bilderbuch«. Die Wanderung erschließt zahlreiche dieser Seen – vom großen Vågsfjärden mit der ihn umgebenden Kulturlandschaft bis zum kleinen, im Wald versteckten Högforstjärn. Die Endungen -fjärden (-fjord), -sundet (-sund) und -viken (-bucht) erinnern daran, dass einige der Seen zur Zeit der Namensgebung noch mit dem Meer verbunden waren.

Ausgangspunkt: Parkplatz an der Kreuzung zwischen Väg 848 und Väg 825 bei Järesta (2,5 km nordwestlich von Nordingrå).
Höhenunterschied: 300 m.
Anforderungen: Befestigte und unbefestigte Straßen, Feldwege und schmale Waldpfade. Letztere stellenweise steinig und feucht. Etwas Trittsicherheit ist erforderlich.
Einkehr: Cafés in Nordingrå sowie in Lappudden (letzteres geöffnet nur von Mittsommer bis zur 2. Augustwoche, Mo–Fr 12–16 Uhr).
Karte: Terrängkartan 1:50.000, 691 Nordingrå; Sverigeserien Topo 50, 100 Härnösand.

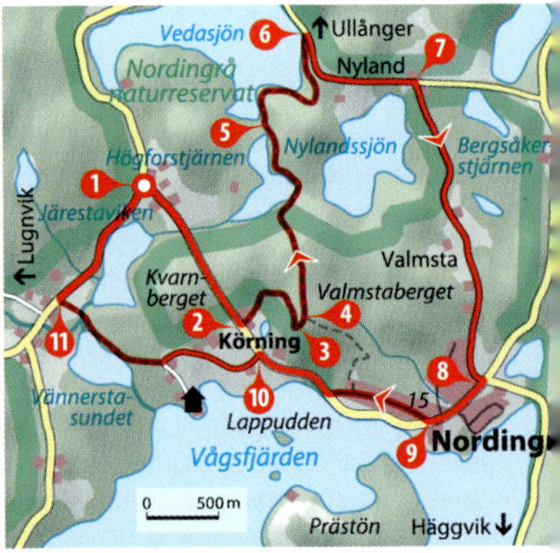

Wir verlassen den Parkplatz bei **Järesta (1)** auf der Straße nach Südosten in Richtung Nordingrå. Nach ca. 1 km, im Weiler Körning, finden wir zwischen den Häusern einen Feldweg nach links (»Körningsberget« – **2**). Er wird zu einem schmalen Steig, der in einem Rechtsbogen den Hang erklimmt und auf der Felskanzel des **Körningsberget (3)** mit Ausblick über den Vågsfjärden mündet. Wir verlassen den Aussichtsplatz auf der gegenüberliegenden Seite und treffen unweit dahinter auf einen Querweg, auf den wir links abbiegen **(4)**. Zunächst eben, dann mit Höhenverlust geht es durch Wald in Richtung Norden. Am Hangfuß schwingt der Weg zunächst nach rechts, um dann mit einem Linksbogen mit geringer Entfernung am Högforstjärnen entlangzuführen. Eine Abzweigung **(5)** am Nordende des Sees führt – als Sackgasse – links zu einem Rastplatz direkt am Ufer. Wieder zurück auf dem

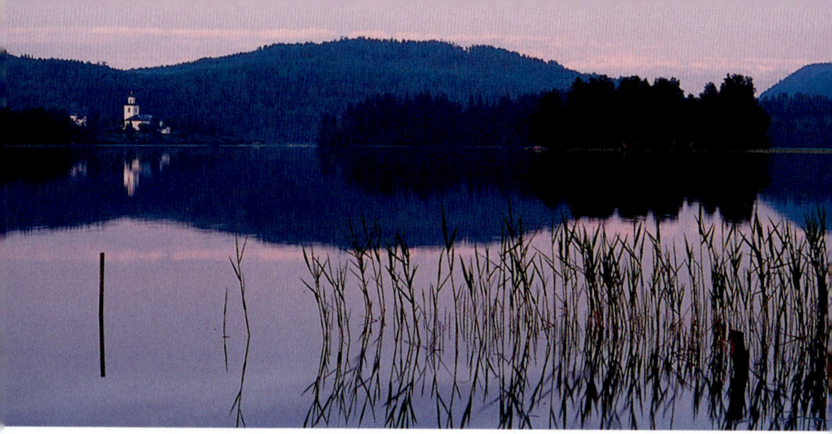

Abendstimmung am Vågsfjärden mit der Kirche von Nordingrå links im Hintergrund.

Hauptweg, erreicht der Pfad den Vedasjön und führt an ihm entlang, wobei er sich stellenweise etwas vom Ufer entfernt. Er mündet in eine Straße, auf der wir uns nach rechts wenden **(6)**. Mit einer Kurve gewinnen wir etwas an Höhe und erreichen auf Höhe des Weilers **Nyland** eine rechts abzweigende, unbefestigte Straße **(7)**. Sie bringt uns in 2 km nach Nordingrå, wo wir auf der Hauptstraße rechts abbiegen **(8)**. Nach einigen hundert Metern sehen wir linker Hand die **Kirche von Nordingrå (9)**, vor der wir links abbiegen, um die historischen Kirchenställe zu erkunden. Wir kehren um, überqueren die Hauptstraße geradeaus und orientieren uns vom Parkplatz aus halb links in den Klockarvägen. Zunächst mit Höhengewinn, hinter einer S-Kurve dann abwärts kommen wir wieder zur Hauptstraße, der wir geradeaus am Vågsfjärden entlang folgen. Bei der nächsten **Abzweigung** biegen wir links ab **(10)**. Auf dem Feldweg geht es über leicht bewegtes Gelände an hübschen Bauernhöfen vorbei, deren Zufahrten wir unbeachtet lassen. Auch die Abzweigung nach Lappudden lassen wir links liegen. Unweit dahinter knickt der Feldweg links ab, während wir unseren Weg geradeaus auf einem Pfad fortsetzen, der in einem Rechtsbogen zum Vännerstasundet hinunterführt. Wir begleiten sein Ufer Richtung Nordwesten und behalten diese Richtung bis zur Hauptstraße in **Järnsta** bei. Dort rechts **(11)**. Nach 1 km haben wir wieder den Parkplatz bei **Järesta (1)** rechts vor uns.

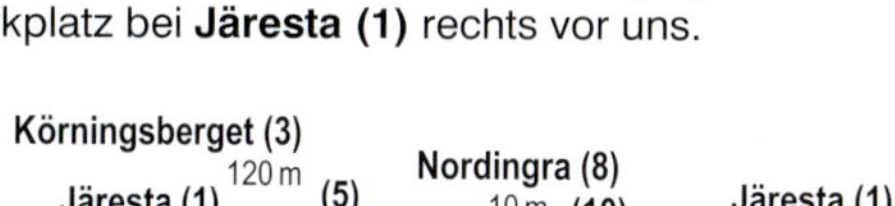

43 Rotsidan und Fällsviken

1.45 Std.

Flache Felsküste und kleine Buchten

Das Naturreservat Rotsidan ist nicht ganz so rot, wie der Name anzudeuten scheint, sondern eher von einem rötlichen Braun. Nicht jedoch wegen der Farbe, sondern wegen der flachen Felsen, die dort das Ufer bilden, ist dieser Küstenabschnitt ein beliebtes Ausflugsziel. Ein kleines, noch nicht touristisch überprägtes Juwel ist außerdem Fällsvikshamnen, eine Siedlung samischen Ursprungs, zu beiden Seiten der schmalen Bucht Fällsviken.

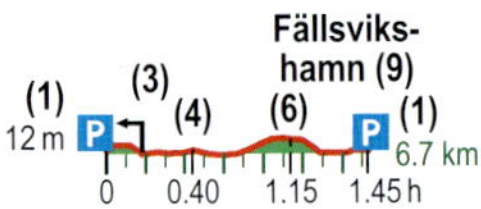

Ausgangspunkt: »Gästparkering Rotsidan« ca. 500 m hinter der Kapelle von Fällsvikshamnen. Von Fällsvik aus kommend zunächst in Richtung Fällsvikshamnen abbiegen, dann auf einer schmalen Schotterstraße der Ausschilderung zur Kapelle folgen. Hinter der Kapelle dann links halten.
Höhenunterschied: 100 m.
Anforderungen: Feld- und Waldwege, stellenweise geröllreicher Untergrund, an der Küste flache Felsen. Ein Minimum an Trittsicherheit ist erforderlich. Bei Nässe etwas unangenehm, da teilweise glatt.
Einkehr: Keine.
Karte: Terrängkartan 1:50.000, 691 Nordingrå; Sverigeserien Topo 50, 100 Härnösand.

Vom **Parkplatz (1)** setzen wir den Weg in Fahrtrichtung zu Fuß fort und wählen oberhalb des Anstiegs den linken Fahrweg **(2)**, um ihn nach 50 m nach rechts auf einen Waldpfad zu verlassen (Symbol Värdsarvsleden), der – mit blauen Punkten markiert – durch zunehmend lückiger werdenden Wald hinunter zur Küste führt **(3)**. Dort halten wir uns links und wandern entlang der Felsküste Rotsidan nach Nordosten. Auch hier ist der Weg mit blauen Punkten gekennzeichnet, doch lässt es sich näher am Ufer etwas besser wandern.
Wir umgehen einen Abschnitt mit groben Kieseln oberhalb im

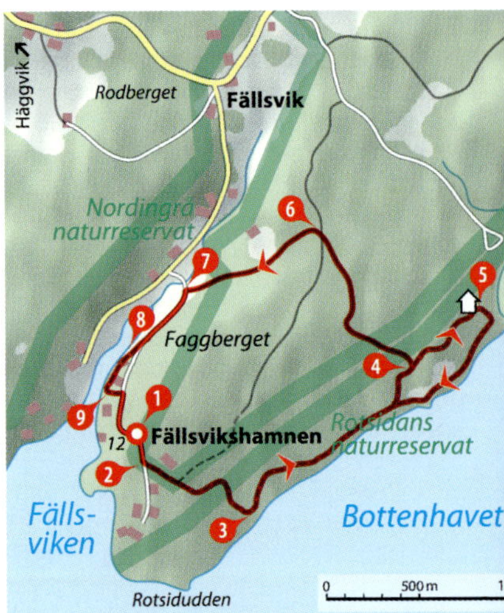

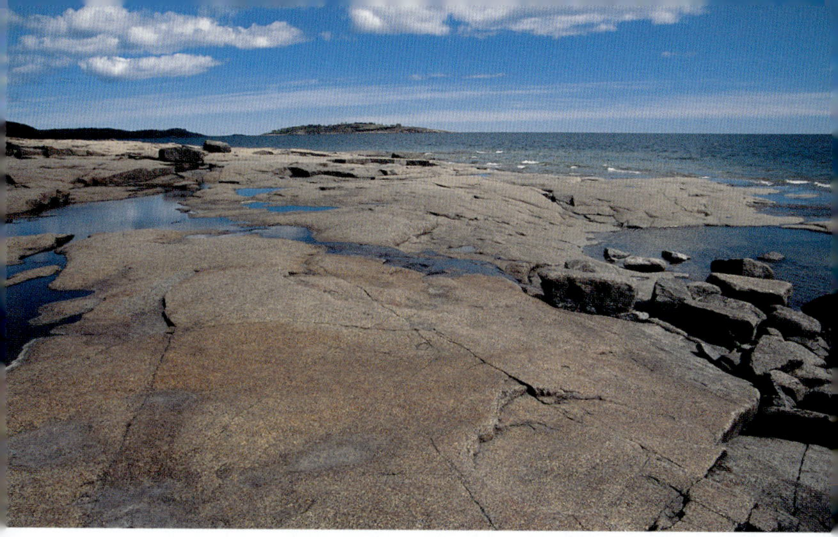

Rotsidan ist berühmt für seine flache Felsküste und ein beliebtes Ausflugsziel.

Wald, gehen danach erneut ein Stück am Ufer entlang, bevor uns die Markierung über **Strandwälle** nach links in den Wald hineinweist. Dort treffen wir auf einen Feldweg **(4)**, von dem aus wir einen Abstecher unternehmen. Dazu orientieren wir uns zunächst an der blauen Markierung (nicht die Zufahrt zum Haus nehmen) und folgen ihr nach Nordosten. 50 m vor einem Toilettenhäuschen biegen wir rechts hinunter zum Meer ab **(5)** und wandern entlang des Ufers wieder nach Südwesten zurück.
Hinter einem Geröllfeld, das wir vorsichtig überqueren (alternativ: dieselbe Route zurück zum Beginn des Abstechers) treffen wir wieder auf den bekannten Weg, auf dem wir rechts gehend wieder den Feldweg erreichen. Diesmal bleiben wir aber auf dem Feldweg, dem wir – die blaue Markierung jetzt ignorierend – in Schlangenlinien den Hang hinauf folgen.
An einem Kreuzungspunkt **(6)** nehmen wir nicht den schmalen Weg scharf links, sondern den im stumpfen Winkel links abzweigenden, breiten Forstweg Richtung Südwesten. Wir passieren eine Schranke und wandern etwas abwärts, wo wir uns am Hangfuß **(7)** links wenden (»Kapell«, »Fällsvikshamn«). Wir gehen den Fahrweg ein Stück entlang und biegen – bevor er links ansteigt – rechts zu den Häusern von **Fällsvikshamnen (8)** hin ab. Anschließend nehmen wir im Ort den Weg links hoch **(9)** zur Kapelle und schwenken am Fahrweg wieder nach rechts in die ursprüngliche Wanderrichtung ein. Hinter einer Verzweigung nach links erreichen wir nach Kurzem wieder den **Parkplatz (1)**.

44 Jon-Nilsberget und Skiringen

4.45 Std.

Wanderung mit Ausblick auf fünf Fjorde

Welterbe »Höga Kusten«: Das ist beeindruckende Natur und ländliche Kulturlandschaft in enger Verzahnung, was sich bei dieser Wanderung deutlich widerspiegelt: Auf der ersten Hälfte der Wanderung stellt sich die »hohe Küste« wild und rau dar, auf der zweiten – zahmeren – Hälfte dominieren hingegen die Eindrücke bäuerlicher Nutzung. Ein Höhepunkt ist der Ausblick auf insgesamt fünf Förden bzw. Fjorde vom höchsten Punkt des Högakustenleden aus!

Ausgangspunkt: Parkplatz gegenüber dem Campingplatz Hörsång. Bei Hornön die E4 verlassen. Anschließend über die Svartnora-Brücke nach Osten und an Lövvik vorbei weiterfahren bis zum Nordende des Grönsviksfjärden.
Höhenunterschied: 400 m.
Anforderungen: Waldwege mit stellenweise steinigem und feuchtem Untergrund, ansonsten Feld- und Forstwege, Straßen. Trittsicherheit ist erforderlich.
Einkehr: Keine.
Karte: Terrängkartan 1:50.000, 691 Nordingrå; Sverigeserien Topo 50, 100 Härnösand.

Vom Parkplatz in **Hörsång (1)** gehen wir auf der Straße ein paar Schritte nach Süden, biegen aufwärts in den **Genvägen (2)** ein und gehen dort, wo dieser links abknickt, geradeaus auf einem – teilweise stark überwachsenen – Waldweg weiter, der uns zum **Fjärdbottentjärn** bringt. An dessen **Südufer (3)** treffen wir auf den von links kommenden Högakustenleden (HKL), dem wir geradeaus zunächst leicht hangaufwärts, nachher hangabwärts zum Nördomstjärn folgen. Vorbei an einem Biberdamm und über einen Steg gelangen wir auf einen Forstweg, auf den wir links abbiegen **(4)** und eine Weile entlanggehen (Markierung: oranger Punkt). Bei einer Forstweg-Verzweigung nach gut 1 km halten wir uns rechts **(5)**.
Am Ende des Forstwegs beginnt ein steiniger Pfad, der sich mit wech-

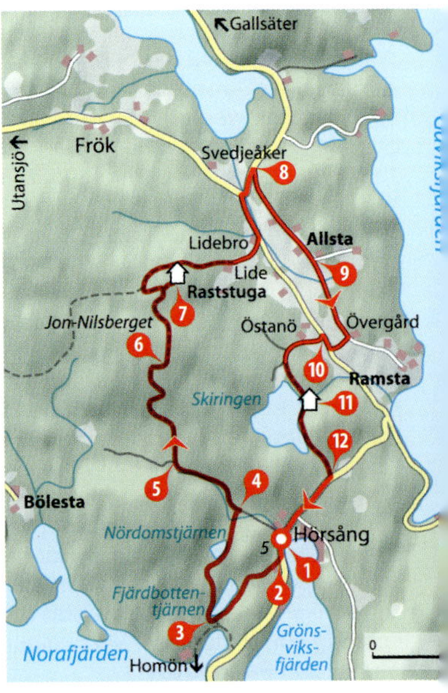

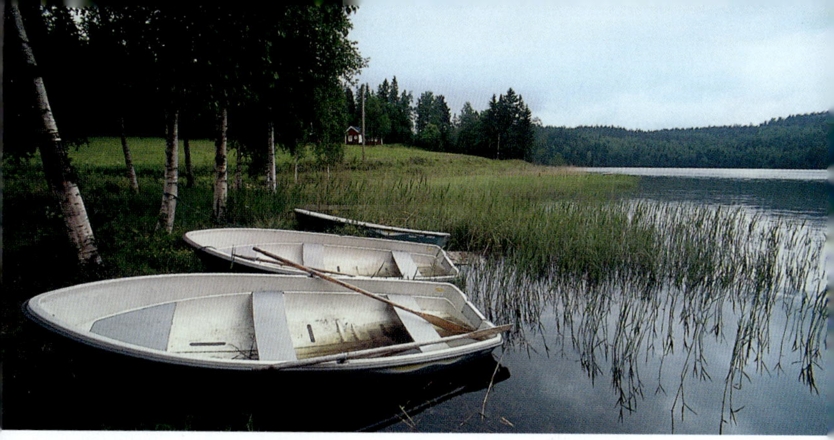

Der See Skiringen liegt am Fuß des Jon-Nilsberget, der höchsten Erhebung am Höga-kustenleden.

selnden Steigungen den Hang hinaufschlängelt und uns zum **Jon-Nilsberget (6)** bringt, von dem sich die Aussicht auf die umgebenden Förden bzw. Fjorde erschließt. Von dort geht es abwärts in einen Sattel, anschließend hinauf auf den gegenüber liegenden Hügel. Bei einer Kreuzung machen wir rechts einen Abstecher zur **Nipstugan (7)** und orientieren uns dann am Schild »Gavik«, von wo uns der Weg in einem weit ausholenden Rechtsbogen hinunter ins Tal führt. Unterhalb des Hofs Lide geht es auf einen leicht abwärts führenden Feldweg nach links und beim Weiler **Lidebru** auf der Straße ebenso. Wir laufen kurz auf der Straße entlang, biegen dann rechts hangaufwärts (Schild »Salteå«) und oben am Hang erneut rechts (»Allsta«) auf eine Fahrstraße ab **(8)**.
Mit leichtem Höhengewinn erreichen wir **Allsta (9)**, gehen bei der dortigen Weggabelung halb rechts und anschließend den Hang hinunter. Beim Hof Övergård biegen wir rechts ab und auf der Hauptstraße erneut nach rechts. Dieser folgen wir nur kurz nach Norden, bevor wir bei **Östanö (10)** links auf einen Fahrweg den Hang hinauf einbiegen. Wir lassen mehrere Hofzufahrten rechts liegen und gelangen schließlich auf einem Feldweg zu einer Windschutzhütte am See **Skiringen (11)**. Wir wandern am Seeufer entlang weiter nach Süden, anschließend – die Richtung beibehaltend – auf einem Waldweg bis zur Straße **(12)**. Dort wenden wir uns nach rechts und erreichen bald wieder den Parkplatz in **Hörsång (1)**.

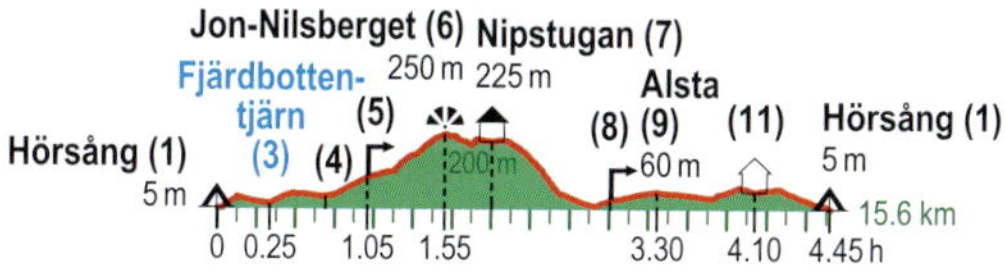

45 Smitingen und Klubbsjön

2.30 Std.

Starke Kontraste: weiße Sandstrände und raue Granitküste

Gegensätze ziehen sich an! Hier sind es weißer Sandstrand und schroffes Felsenlabyrinth, die pittoresk aufeinandertreffen. Der Sandstrand von Smitingen gilt – obwohl nicht besonders ausgedehnt – als einer der schönsten Strände Norrlands und war bereits in den 30er-Jahren des letzten Jahrhunderts ein beliebtes Ausflugsziel. Auch heute zieht er an warmen Sommertagen viele Badegäste an. Doch auch die wesentlich schroffere Umgebung – insbesondere der Klubbsjön und die durch die Meeresbrandung entstandenen Höhlen – sind einen Besuch wert.

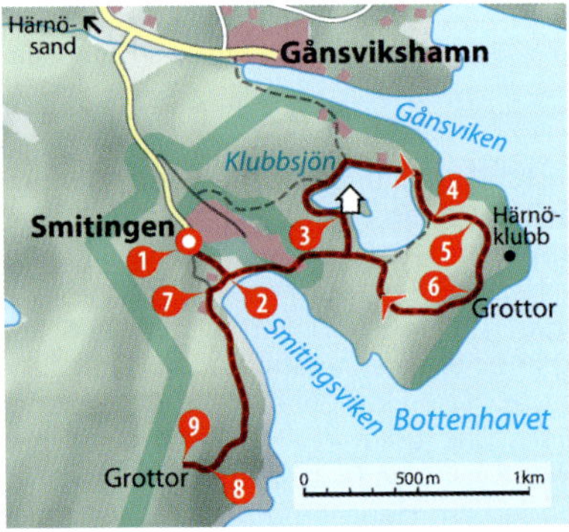

Ausgangspunkt: Parkplatz bei Smitingen. Ab Härnösand ausgeschildert (»Smitingen Havsbad«), Busse von Härnösand nach Smitingen.
Höhenunterschied: 180 m.
Anforderungen: Verbreitet felsiger und geröllreicher Untergrund. Stellenweise steile Passagen. Trittsicherheit ist erforderlich. Bei Nässe unangenehm.
Einkehr: Cafe Smitingen (Mittsommer bis Ende August).
Karte: Terrängkartan 1:50.000, 685 Härnösand; Sverigeserien Topo 50, 100 Härnösand.
Variante: Rundweg um den Klubbsjön überwiegend einfach (»blau«).

Vom Parkplatz bei **Smitingen (1)** erreichen wir mit wenigen Schritten den Strand **(2)**, gehen links und finden auf der Nordseite einen Querweg, dem wir kurz nach rechts folgen, bevor uns ein Schild »Klubbsjön« links in den Wald weist. Auf dem bestens ausgebauten Weg kommen wir zu einer Gabelung, bei der wir links abbiegen und auf einem luxuriös ausgebauten Plankenweg eine Rasthütte am **Klubbsjön (3)** erreichen. Dahinter setzt sich der Weg als Waldpfad fort, wo wir uns bei Verzweigungen jeweils rechts halten. Am Nordost-Ufer, etwa 200 m hinter einem Steg über einen Bach, gehen wir bei einer Verzweigung **(4)** links aufwärts (Schild »Grottor«), erreichen in zunehmend felsigem Gelände eine weitere Gabelung, bei der wir uns links halten, und kurz danach einen Geländehochpunkt **(5)**. Von dort geht es – mit oranger Markie-

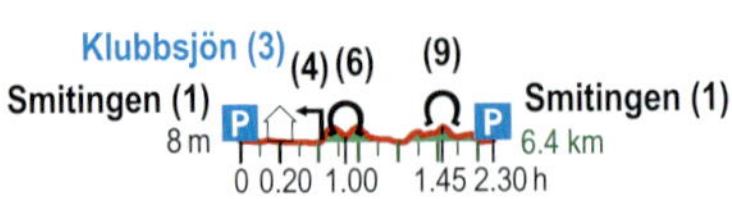

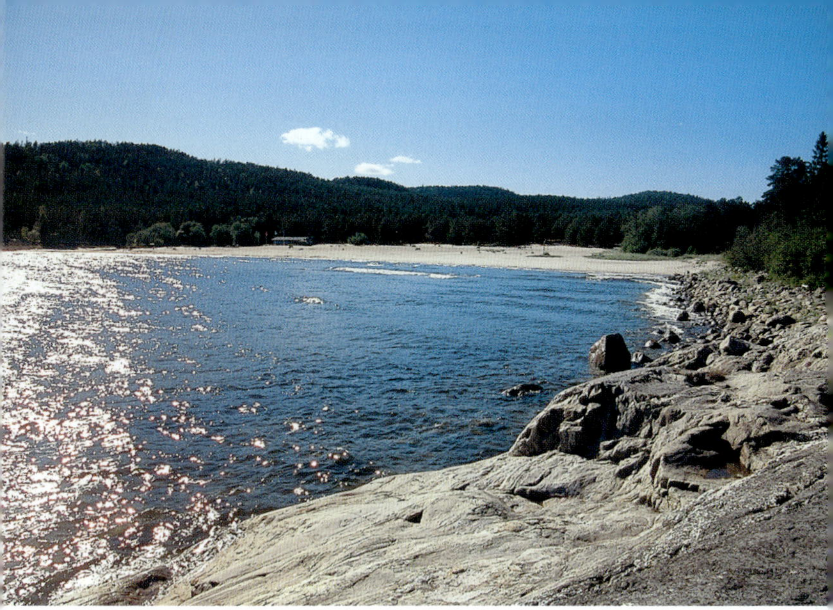

Badebucht und weißer Sandstrand sind charakteristische Kennzeichen von Smitingen.

rung – über felsiges, blocksteiniges Gelände und über einige Klüfte, die von schmalen Stegen überspannt werden, abwärts. Bei einem Abstecher (**6** – »Grotta«) hangabwärts (steil, bei Nässe rutschig) kann auf Meeresniveau eine Höhle erkundet werden. Anschließend setzen wir unsere Runde fort, indem wir nach Südwesten hangaufwärts steigen, wobei wir uns etwas auf die Markierung konzentrieren müssen.

Bei einer Weggabelung nehmen wir den rechten Weg (»Smitingen«). Nach einem kurzen Abstieg treffen wir erneut auf eine Weggabelung, bei der wir uns rechts halten, und erreichen nach Kurzem die Einmündung auf einen Querweg, wo wir links abbiegen. Bald sind wir wieder an einer bekannten Wegkreuzung und gehen geradeaus zurück zum Strand **(2)**. Nun erkunden wir das Gelände auf der Südseite: wir folgen dem »Geologistig« **(7)** felsig und steinig den Hang hinauf. Nach dem ersten Anstieg geht es etwas auf und ab, vorbei an einem Aussichtspunkt mit Bänkchen und einem von der Brandung herausmodellierten Rauk.

Schließlich kommen wir an den Rand eines Strandwall-Feldes **(8)**. Dort biegen wir rechts den Hang hinauf ab (Schild »Grotta«), umgehen zwei große Findlinge und entdecken etwas höher am Hang den Eingang zur **Höhle (9)**. Auf demselben Weg geht es zurück zum Parkplatz bei **Smitingen (1)**.

46 Lörudden

2.00 Std.

Wanderung direkt am Meeresufer zu einer Badebucht

Der kleine Fischerhafen Lörudden ist mit seinen roten Hütten, Fischerbooten und versteckten Winkeln ein attraktiver Ausgangspunkt für diese kleine Wanderung. Der Ausflug erschließt so unterschiedliche Küstenformationen wie Felsufer, Blocksteinküste und Strandwälle sowie – als i-Tüpfelchen – einen kleinen Sandstrand, der sich – geeignetes Wetter und akzeptable Wassertemperaturen vorausgesetzt – sogar zum Baden eignet. Je nach Windstärke und -richtung ist dort mit mehr oder weniger Brandung zu rechnen.

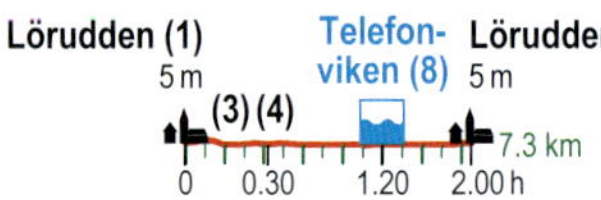

Ausgangspunkt: Abfahrt von der E4 in Njurundabommen. Von dort aus ausgeschildert (Lörudden/Löran). Parkplatz links am Ende der öffentlichen Straße.

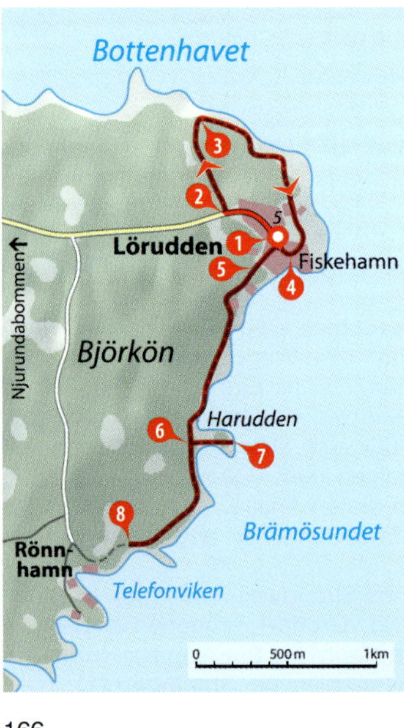

Höhenunterschied: 30 m.
Anforderungen: Stellenweise steinige Wald- und Wiesenwege, einige gut gangbare felsige Partien.
Einkehr: Restauran Lörudden (Anf. Juni–Ende Aug. 12–20 Uhr, im Sept. Sa, So 12–20 Uhr).
Karte: Terrängkartan 1:50.000, 666 Iggesund; Sverigeserien Topo 50, 069 Sundsvall.

Wir gehen vom Parkplatz in **Lörudden (1)** auf dem Ankunftsweg zurück und biegen etwa 50 m hinter dem letzten Haus bei einer Sendeanlage auf der rechten Seite **(2)** rechts auf eine flache Felsplatte ab, an deren nördlichem Ende ein kleiner Waldweg beginnt, der sich durch Fichten- und Kiefernwald dahinschlängelt. Er bringt uns hinunter zur nördlichen Felsküste **(3)**, die wir nach Belieben erkunden können. Anschließend folgen wir dem Weg weiter nach rechts, wo er in eine schmale Fahrstraße übergeht. Auf ihr wandern wir an Ferienhäuschen vorbei zu dem kleinen Hafen von

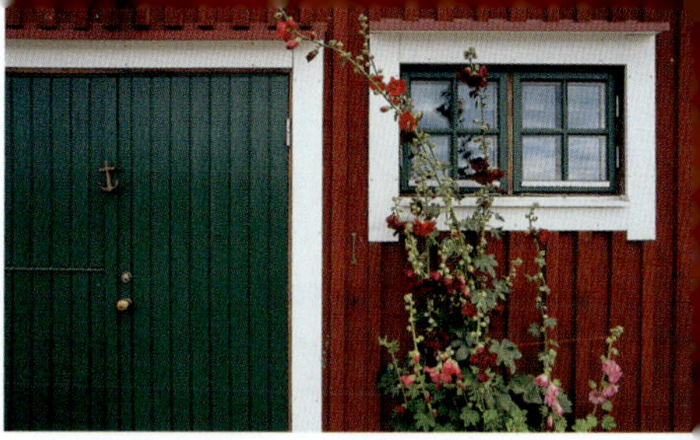

Hübsches Detail im Fischerörtchen Lörudden.

Lörudden (4), der mit seinen roten Hütten, den Fischerbooten und hübschen Details zum Verweilen einlädt. Von dort gehen wir auf der Straße zurück in Richtung Parkplatz und nehmen – gegenüber der Einfahrt zum Parkplatz – den schmalen Feldweg nach links (Wegweiser »Lörans Kapell«), folgen ihm bei einer Abzweigung **(5)** geradeaus (nicht zur Kapelle abbiegen) und erreichen das Ufer, das sich hier wild und blockreich darstellt, während unser Weg angenehm über Wiesen und durch Wald führt und – abgesehen von ein paar steinigen Abschnitten – einfach begehbar ist. Wir machen einen Abstecher **(6)** auf die Halbinsel **Hårudden (7)**, auf der wir einige Strandwälle entdecken können; anschließend abwechselnd durch Wald und offene Bereiche erreichen wir die hübsche sandige Badebucht »**Telefonviken**« **(8)**. Von hier aus gehen wir auf demselben Weg zurück zum Parkplatz in **Lörudden (1)**.

Direkt am Meer entlang führt der Weg zur Bucht »Telefonviken«.

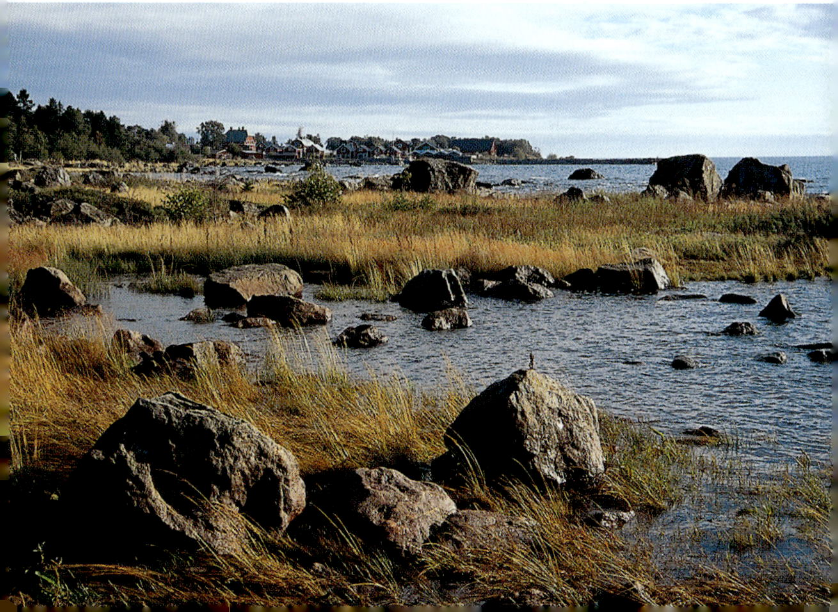

47 Zwischen Delsbo und Bjuråker

4.30 Std.

Ländliches Schweden wie aus dem Bilderbuch

Überall in Schweden trifft man auf traditionelle Bauernhöfe, nirgends jedoch in so großer Zahl und auf so engem Raum wie in Hälsingland. Nicht umsonst stehen die »Hälsingegårdar«, die Bauernhöfe dieser Region, auf der Vorschlagliste für das Unesco-Weltkulturerbe! Diese Kulturdenkmäler aus dem 17. und 18. Jh. beeindrucken sowohl durch ihr äußeres Erscheinungsbild, als auch durch ihre »inneren Werte«, nämlich durch kunstvoll bemalte Zimmerwände. Doch nicht nur die kulturgeschichtlich bedeutsamen Höfe, sondern auch die zahlreichen anderen hübschen Anwesen dieser ländlichen Streusiedlungen und der malerische See Dellen sind es wert, erkundet zu werden.

Ausgangspunkt: Delsbo, Parkplatz am Delsbo Forngård, ca. 2,5 km nördlich des Ortszentrums.
Höhenunterschied: 150 m.
Anforderungen: Straßen, Feld- und Forstwege, Pfade. Die Orientierung ist aufgrund der vielen Wege und Sträßchen mitunter etwas unübersichtlich.
Einkehr: Bjuråkers Forngård (Anfang Juli bis Mitte August, 12–17 Uhr).
Karte: Terrängkartan 1:50.000, 672 Delsbo; Sverigeserien Topo 50, 088 Ljusdal.
Variante: Mit dem Bus von Delsbo nach Bjuråker (Mo–Fr), von dort zurückwandern (ca. 9 km, für Kinder geeignet).
Tipp: In der Hauptsaison kann man einige der Höfe besichtigen: Bjuråker Forngård (Tel. +46 653 15070, Besuch nach Voranmeldung), Delsbo Forngård (Tel. +46 653 10459); Vesteräng Ol-Ers Gård (Tel. +46 653 10495, Voranmeldung notwendig, Übernachtung möglich).

Traditionell aufgesetzte Garben vor dem Ol-Ers-Gård.

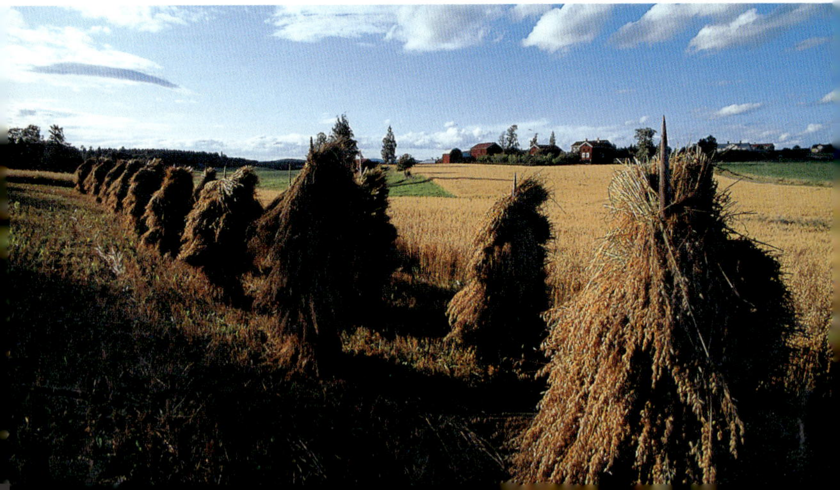

Wir gehen vom Parkplatz des **Bauernhausmuseums Delsbo (Delsbo Forngård – 1)** 100 m nach Osten zur Hauptstraße, überqueren diese geradeaus und spazieren hinüber zur **Kirche (2)**, vor der wir links auf ein Teersträßchen abbiegen (südlich der Kirche befindet sich das historische Pfarrgebäude »Lyktan«). Wir wandern diese Straße entlang und gehen bei der Verzweigung nach Myra rechts. Nach etwa 500 m biegen wir links auf ein unbefestigtes Sträßchen ein (**3**, »Nordanäng«) und folgen ihm – Hofzufahrten links und rechts kümmern uns nicht – am Weiler **Österberge**, den wir geradeaus durchqueren. Gut 500 m dahinter wählen wir bei einer Gabelung bei einigen Häusern den linken Weg. Kurz danach beschreibt unser Weg einen Linksbo-

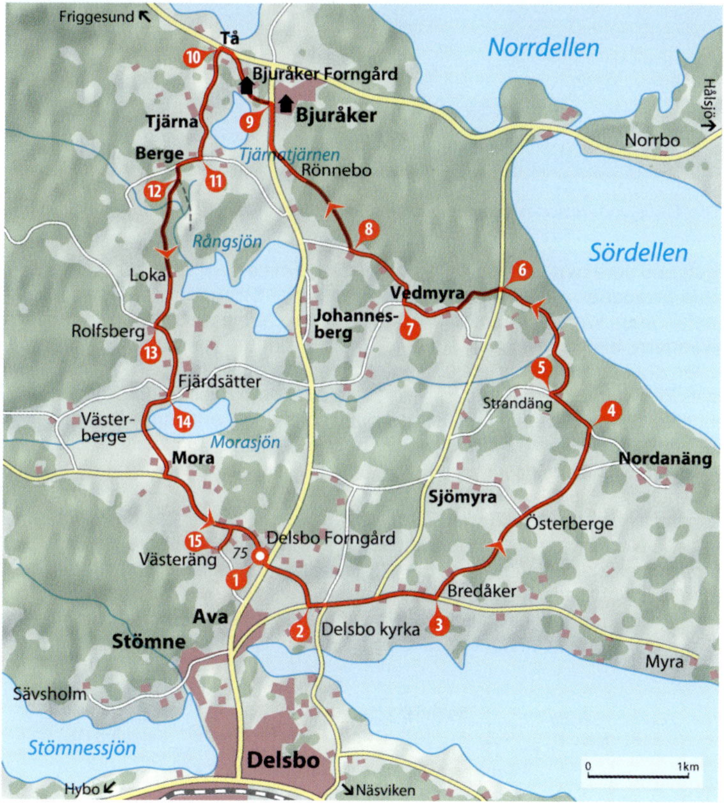

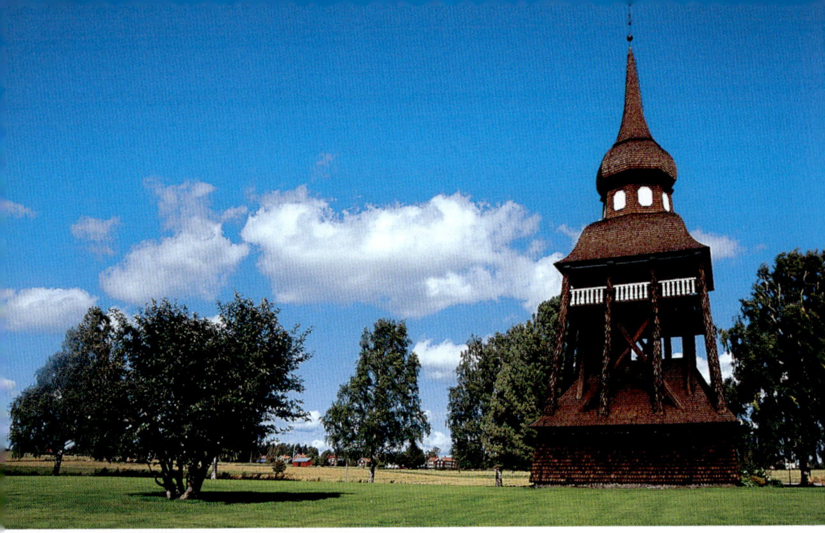

Die Kirche von Delsbo hat wie viele schwedische Kirchen einen separaten Glockenturm.

gen und vereinigt sich westlich von Östansjö mit einem von rechts kommenden Sträßchen **(4)**. Wir folgen ihm, bis es bei **Strandäng** in einen stärker befahrenen Weg einmündet, auf den wir rechts abbiegen **(5)** und ihn entlang wandern, bis wir die Hauptstraße erreichen. Wir überqueren sie und entdecken auf der anderen Seite einen schmalen Waldweg **(6)**, der sich nach kurzer Zeit mit einem anderen Weg vereinigt und nach rechts weiterführt. Schließlich geht es in einem Bogen nach links und – entlang eines niedrigen Steinwalls – wieder ins Freie, wo wir bei **Vedmyra** auf ein kleines Sträßchen stoßen, auf dem wir rechts gehen.

Wir nehmen – nach ca. 500 m – die dritte Abzweigung nach rechts **(7)** hin zu einem frei stehenden Bauernhof, vor dem der Weg eine Kurve nach links macht. Nun geht es etwas auf und ab, bis wir an einem älteren Hof – gegenüber einer kleinen Scheune, die auf traditionellen Stelzen steht – rechts in den Wald abbiegen **(8)**. Im Wald lassen wir ein Haus links liegen und erreichen bald den Weiler **Rönnebo** (etwas zurückgesetzt steht hier rechts vom Weg ein weiteres historisches Gebäude von 1750). Wir gelangen auf die

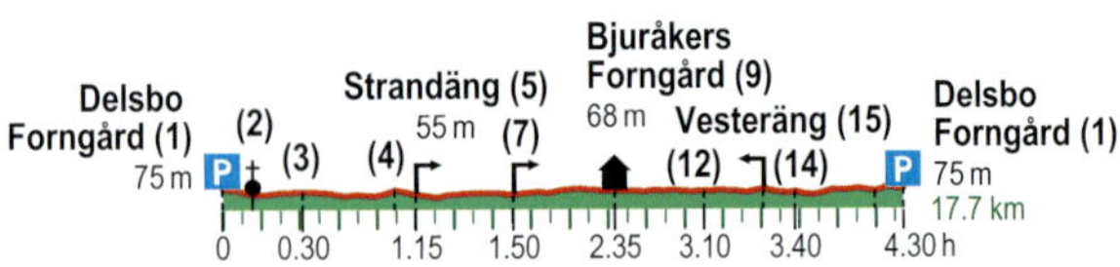

Hauptstraße, der wir 300 m nach rechts folgen, bevor ein Schild »Bjuråkers Forngård« links auf einen Feldweg zeigt **(9)**. Geradeaus durchqueren wir das **Bauernhausmuseum** und erreichen – uns weiter geradeaus haltend – wieder eine Hauptstraße. Wir wenden uns nach links, bevor wir nach etwa 100 m erneut links abbiegen (**10** – »Tjärna«). Anschließend wandern wir geradeaus durch die Siedlung hindurch und kommen danach in den Weiler **Berge**. Dort wenden wir uns rechts **(11)**, unterqueren nach ca. 200 m eine Stromleitungstrasse und biegen unmittelbar dahinter auf einen Waldweg links ab.
Hinter dem zweiten Waldstück heißt es aufpassen und den schmalen Pfad nicht übersehen, der nach halb rechts abbiegt **(12)** und uns am Waldrand entlang ins Offenland führt, bevor wir mit einem Linksschwenk erneut Wald betreten. Dort treffen wir auf einen breiteren Weg, dem wir links zum Hof Loka folgen. Auf einem unbefestigten Sträßchen geht es geradeaus bis zu einer T-Kreuzung, bei der wir rechts abbiegen. Bei der folgenden Einmündung in **Rolfsberg** auf eine Querstraße links **(13)**. Schließlich erreichen wir Fjärdsetter, lassen die erste Straße nach rechts unbeachtet und nehmen dort, wo unser Sträßchen mittels einer T-Kreuzung auf eine Querstraße mündet, die rechte Möglichkeit **(14)**. Wir umrunden das Ostufer des **Morasjön** und gelangen in Mora auf die Hauptstraße. Ihr folgen wir links bis zum Schild »Vesteräng«, wo wir einen kurzen Abstecher nach rechts machen, um den historischen Gebäudekomplex des **Ol-Ers-Gård** zu bewundern (**15** – Privatgelände). Wieder zurück gehen wir weiter die Straße entlang zum Parkplatz des **Delsbo Forngård (1)**.

Blick über den Morasjön auf die Siedlung Fjärdsetter.

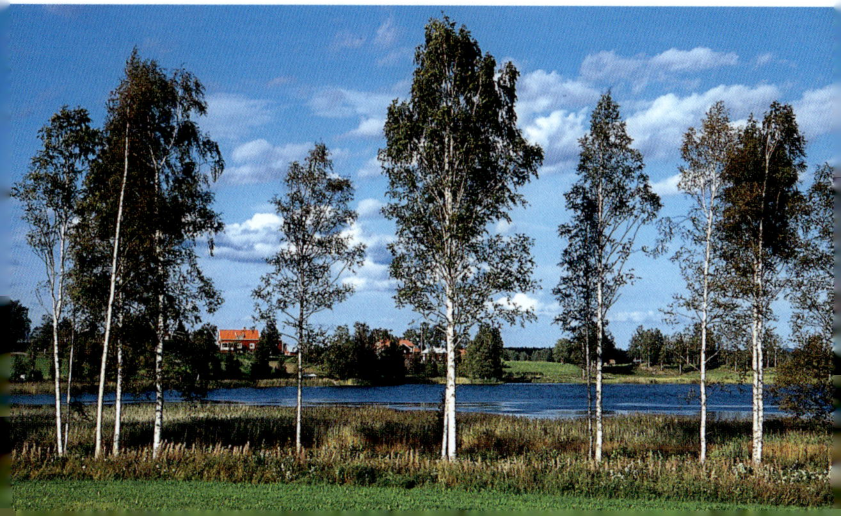

TOP **48** # Hölick

2.30 Std.

Sandstrand, alte Strandlinien und ein kleines Fischerdorf

Die Wanderung bei Hölick besticht durch vielfältige Landschaftsformen und bietet Abwechslung pur: ein kleines Fischerdorf, einen schnuckeligen Sandstrand, pittoreske Kiefern, alten Nadelwald und beeindruckende Strandwälle, an denen sich die Uferlinien vergangener Zeiten bzw. die nacheiszeitliche Landhebung ablesen lassen. Als »Dreingabe« gibt es noch frühgeschichtliche Überreste und den Einstieg zu Europas zweitlängster Grundgebirgs-Höhle zu entdecken (nur mit Führung zugänglich).

Ausgangspunkt: Großer Parkplatz am Ende der öffentlichen Straße in Hölick. Hölick / Hornslandet ist von Hudiksvall ausgeschildert.
Höhenunterschied: 80 m.
Anforderungen: Waldwege mit stellenweise geröllreichem Untergrund. Der (fakultative) Abstecher zum Aussichtspunkt führt teils über Blockschutt, etwas Vorsicht und Trittsicherheit erforderlich.
Einkehr: Keine. Café und Restaurant »Sjöboa« (Mitte Juni bis Ende Aug. 12–19 Uhr), Kiosk auf dem Campingplatz.
Karte: Terrängkartan 1:50.000, 666 Iggesund; Sverigeserien Topo 50, 089 Hudiksvall.

Vom Parkplatz in **Hölick (1)** aus gehen wir auf dem Sträßchen weiter nach Südosten hinauf zur **Lotsenstation**. Über mehrere Treppen erreichen wir einen Aussichtspunkt **(2)**, der uns einen Überblick über das heutige »Programm« verschafft. Wieder zurück, biegen wir gegenüber der Lotsenstation rechts auf einen schmalen Fahrweg ab. Gegenüber der Hausnummer 66 führt ein Trampelpfad zum Strand, den wir bis zu seinem Nordende entlanggehen. Dort finden wir einen schmalen Weg, auf dem wir eine kleine Watstelle queren und in den Wald gelangen. Bald erreichen wir eine Kreuzung nörd-

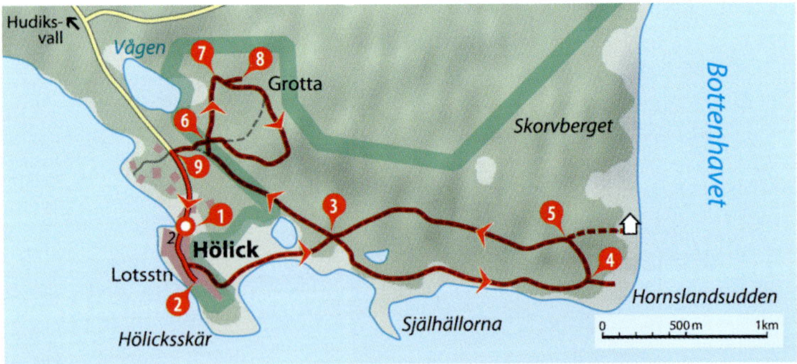

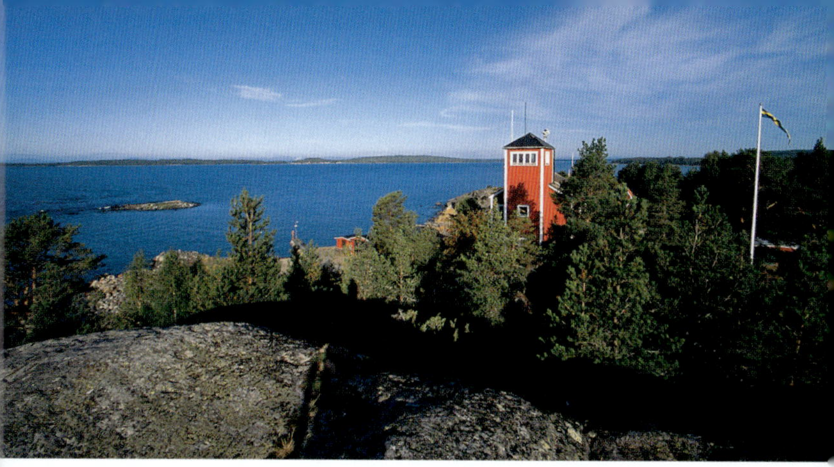

Der Aussichtsturm der Lotsenstation überragt die Küste bei Hölick.

lich der Bucht Asphamn **(3)**, biegen dort halb rechts ab und folgen dem mit grün-weißen Rauten gekennzeichneten Weg. Auf ihm gelangen wir zur **Hornslandsudden (4)**, von wo aus wir einen Abstecher nach rechts machen können, um die charakteristischen Strandwälle zu bewundern.
Wieder zurück, steigt der Pfad leicht nach Norden an, tangiert Überreste eisenzeitlicher Wohnstätten (»fornminne«) und erreicht eine kleine Kreuzung, die wir geradeaus überqueren. Kurz darauf kommen wir an eine weitere Kreuzung **(5)**, von wo sich rechts ein Abstecher zu einem **Aussichtspunkt** anbietet (stellenweise Blockschutt). Ansonsten wenden wir uns links und folgen der Markierung »gelbe Raute« hangabwärts. An der bekannten Kreuzung **(3)** am Hangfuß angelangt, orientieren wir uns nach rechts wieder an der grün-weißen Raute, folgen ihr durch den Campingplatz und überqueren dahinter eine Wegkreuzung **(6)** geradeaus (»skogsling«, »grotta«), wobei wir uns jetzt an der rot-weißen Raute orientieren.
Nach etwa 500 m biegen wir nach rechts ab **(7)** und haben anschließend die Möglichkeit, bei einem Abstecher nach links aufwärts (Blockschutt) den Eingang zur zweitlängsten **Grundgebirgs-Höhle** Europas (1340 m lang) zu entdecken (**8**; Begehung nur mit Führung). Wir folgen anschließend weiter dem Rundweg (Markierung: rot-weiße Raute) und erreichen wieder die Kreuzung **(6)**, die wir geradeaus überqueren. Kurz darauf erreichen wir die Straße. Hier wenden wir uns nach links **(9)** und sind bald wieder an unserem Ausgangspunkt, dem Parkplatz in **Hölick (1)**, angelangt.

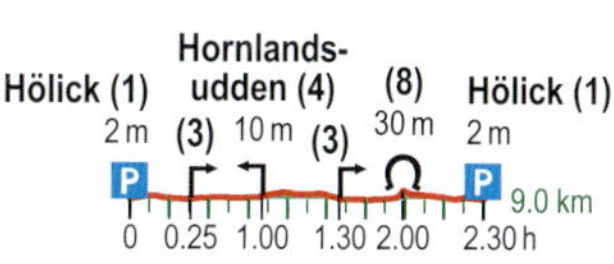

49 Rund um Växbo

2.45 Std.

Spaziergang zur Mühle von Växbo und ins Trolldalen

Diese Wanderung führt zur idyllisch gelegenen Mühle von Växbo (Växbo Kvarn) und ins »Trolltal«, in dem schon im 18. Jh. Lein mit wasserbetriebener Mechanik verarbeitet wurde. Der früher weit verbreitet Leinanbau – immerhin ist Lein die »Landschaftsblume« von Hälsingland – und die beschwerliche und geruchsintensive Leinverarbeitung, von der noch viele der älteren Leute berichten können, ist völlig zum Erliegen gekommen. Nur in der Manufaktur Växbo Lin wird noch – inzwischen in Schweden einzigartig – Lein versponnen und gewebt.

Ausgangspunkt: Svedja (1). Växbo ist vom Väg 50 und vom Väg 83 ausgeschildert; auf der Straße bis zum Weiler Svedja fahren. Dort nach Südwesten auf den Lintjärnsvägen, gleich nach 10 m links auf dem Grasstreifen parken. Bus von Bollnäs und Söderhamn (Mo–Fr).
Höhenunterschied: 120 m.
Anforderungen: Feld- und Waldwege, kurzzeitig Straße.
Einkehr: Växbo Krog (Anfang Juni–Ende August Mo–Sa 12–20 Uhr, So 12–17 Uhr, September / Oktober Samstag, Sonntag 12–16 Uhr), Trolldalens Bageri & Cafestuga (Ende Mai–Ende August 11–17 Uhr).
Karte: Terrängkartan 1:50.000, 665 Bollnäs, Sverigeserien Topo 50, 085 Söderhamn.
Tipp: Werksverkauf von Leinentextilien in der Manufaktur Växbo Lin: Mo–Fr 10–17 Uhr (Hauptsaison bis 18 Uhr), Sa 10–14 Uhr (nur Hauptsaison). Besichtigung auch ohne Voranmeldung möglich.

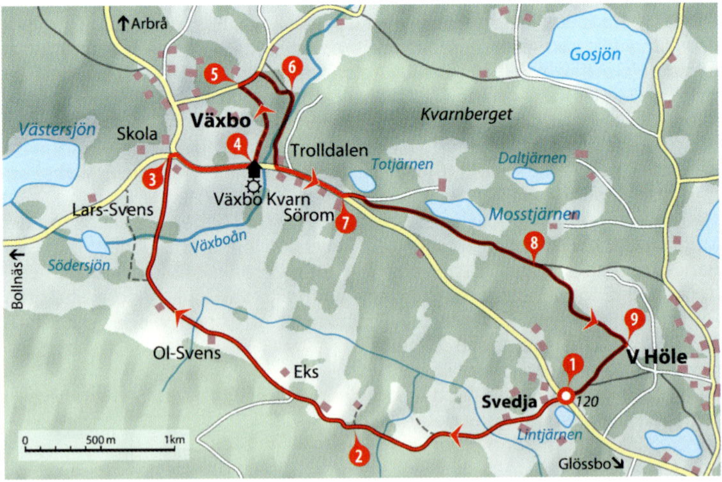

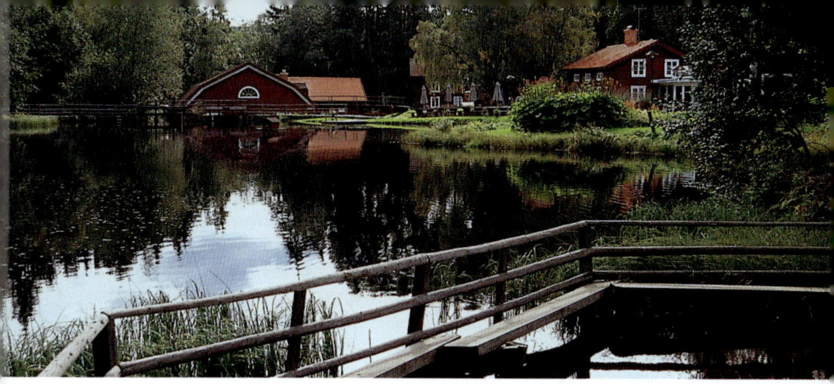

Die Mühle von Växbo mit dem Mühlenstau im Vordergrund.

Wir wandern in **Svedja (1)** den Lintjärnsväg entlang und biegen hinter einem Gebäude links auf den Roltopsvägen ab. Bei einer Verzweigung im Wald entscheiden wir uns für den linken Weg **(2)** und gehen sanft abwärts. Schließlich lassen wir den Wald hinter uns und wandern über die Niederung auf **Växbo** zu. Dort mündet unser Sträßchen auf eine breite Hauptstraße **(3)**, der wir nach rechts folgen. Nach ca. 700 m öffnet sich rechts unvermittelt der Blick auf die Mühlenanlage von **Växbo Kvarn**.

Nach einem Abstecher dorthin **(4)** nehmen wir den Fußweg links am Waldrand entlang den Hang hinauf (»Gångväg Växbo Lin«) und folgen dem Hauptweg bis zu einem Teersträßchen, auf das wir rechts abbiegen. Nach 200 m geht es auf einem breiten Waldweg erneut rechts **(5)**. Wo dieser einen Rechtsbogen beschreibt, verlassen wir ihn nach links auf einem Pfad, der hinunter zu einer Stauhaltung führt **(6)**. Von dort gehen wir den breiten Weg nach rechts in das **Trolldalen** hinunter, passieren historische Leinverarbeitungsanlagen und gelangen wieder – gegenüber von Växbo Kvarn – an die Hauptstraße. Wir gehen dort links und biegen nach knapp 500 m auf den **Jonlarsväg (7)** links ein.

Schon nach wenigen Metern verlassen wir ihn wieder, um nach rechts (ohne Wegweiser) auf einen lang gestreckten Geländerücken hinaufzusteigen, dem wir geradeaus – eine Kreuzung ignorierend – leicht aufwärts folgen. Bei einer Weggabelung **(8)** geht es rechts den Hang hinauf und anschließend an einer Sandgrube entlang. Nachdem wir einen Großteil der Sandgrube passiert haben, biegen wir rechts auf einen breiten, abwärtsführenden Forstweg ein **(9)** und folgen ihm – Einmündungen und Verzweigungen ignorierend – stetig abwärts nach **Svedja (1)**.

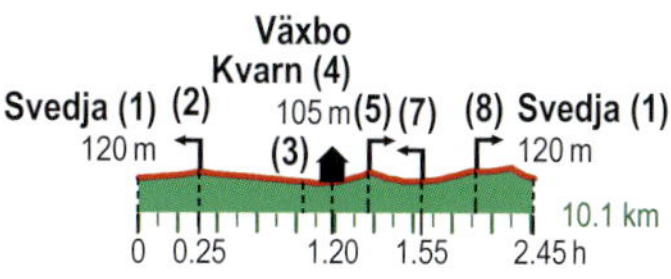

50 Von Runemo nach Söräng

2.15 Std.

Auf dem »Triftpfad« (»Flottarleden«) entlang des Flusses Voxnan

Von etwa 1870 bis 1966 war der Voxnan – wie viele andere Flüsse – ein wichtiger Transportweg für das stromaufwärts geschlagene Holz. Es wurde nicht zu Flößen zusammengebunden (geflößt), sondern einzelstammweise flussabwärts getriftet. Jeweils im Frühsommer, wenn der Fluss das meiste Wasser führte, wurden (jährlich!) auf diese Weise bis zu 5 Mio. Stämme befördert. Zeitgenössische Quellen berichten, dass der Fluss vor lauter Stämmen zeitweise nicht mehr zu sehen war. Heute geht es wesentlich beschaulicher zu: mal an träge fließenden Abschnitten, mal an Stromschnellen vorbei führt der Weg, an dem Bänke und Stege zum Verweilen einladen, sodass sich dieser Flussabschnitt ohne Hektik genießen lässt.

Ausgangspunkt: Runemo, Parkplatz unmittelbar links hinter (nordwestlich) der Voxnanbrücke. Runemo ist vom Väg 50 aus ausgeschildert. In Runemo nach Norden in Richtung Norrby abbiegen. Busverbindung von Hudiksvall (Mo–So).
Endpunkt: Söräng; von dort zurück mit dem Bus, der etwa jede Stunde verkehrt (bitte informieren Sie sich vor der Tour über die aktuellen Busfahrpläne).

Höhenunterschied: Aufstieg 40 m, Abstieg 50 m.
Anforderungen: Schmale Wege auf abschnittsweise nassem, vereinzelt auch steinigem Untergrund. Etwas Trittsicherheit ist erforderlich. Bei Hochwasser unpassierbar.
Einkehr: Keine.
Karte: Terrängkartan 1:50.000, 664 Edsbyn; Sverigeserien Topo 50, 084 Bollnäs.

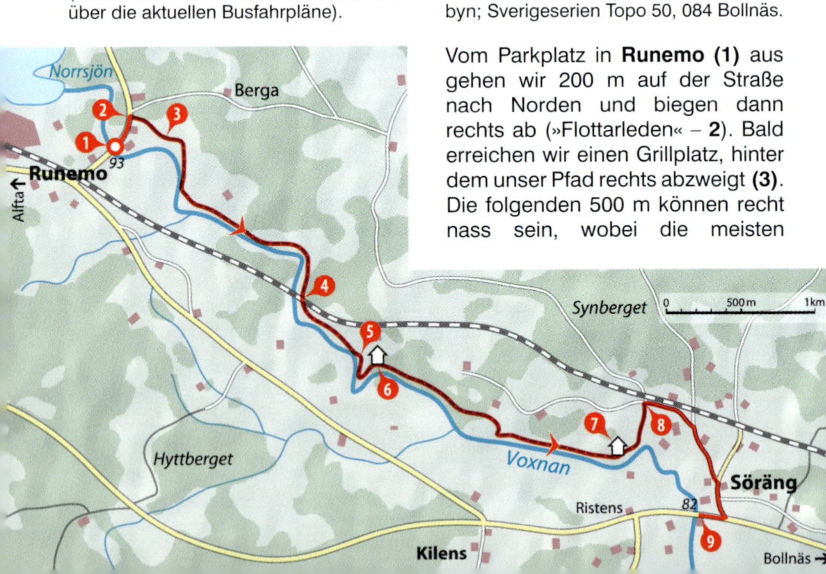

Vom Parkplatz in **Runemo (1)** aus gehen wir 200 m auf der Straße nach Norden und biegen dann rechts ab (»Flottarleden« – **2**). Bald erreichen wir einen Grillplatz, hinter dem unser Pfad rechts abzweigt **(3)**. Die folgenden 500 m können recht nass sein, wobei die meisten

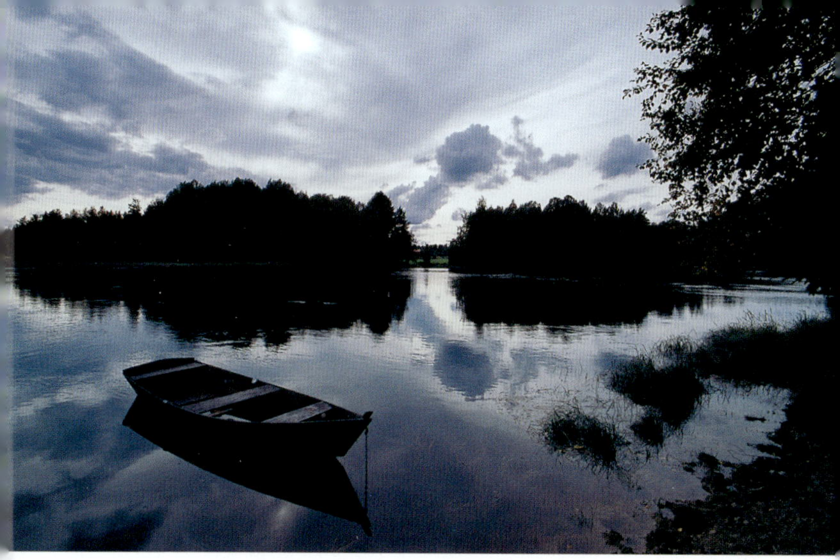

Hier fließt der Voxnan ruhig und träge – er kann aber auch anders!

Feuchtstellen aber umgangen werden können. Unmittelbar neben uns strömt der Voxnan mal ruhiger, mal flotter dahin, während wir an ihm entlangwandern und uns an der Markierung »oranger Balken« orientieren. Dort, wo der Voxnan eine scharfe Rechtsbiegung beschreibt, erklimmen wir das Hochufer und sehen schon bald die **Eisenbahnbrücke** vor uns. Wir überqueren die stillgelegte Bahnstrecke **(4)** und unmittelbar dahinter das erste (von mehreren noch folgenden) Weidegatter auf einer Trittleiter. Schließlich gelangen wir zu einer Stelle, wo sich mehrere Pfade kreuzen **(5)**, und entscheiden uns für den rechten Weg, der uns zu Stromschnellen führt. Anschließend kommen wir an einer Windschutzhütte vorbei **(6)** und erreichen nicht weit davon entfernt einen Steg, der zu einem **Saunahäuschen** gehört. Wir gehen am Häuschen vorbei und biegen gleich dahinter rechts ab (nach Spuren von Biberanwesenheit Ausschau halten!). Erneut gelangen wir an einen Steg und erreichen nicht weit entfernt eine kleine **Windschutzhütte (7)**, die das Ende des Flottarleden markiert. Von hier aus führt ein Feldweg nach halblinks. Er mündet in ein Sträßchen ein, dem wir rechts folgen **(8)**. Auch nach der Einmündung in eine breitere Straße behalten wir die Richtung bei und erreichen die Hauptstraße, wo sich 100 m rechts von uns die **Bushaltestelle (9)** befindet.

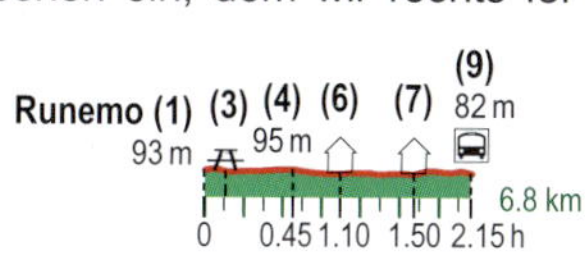

Stichwortverzeichnis

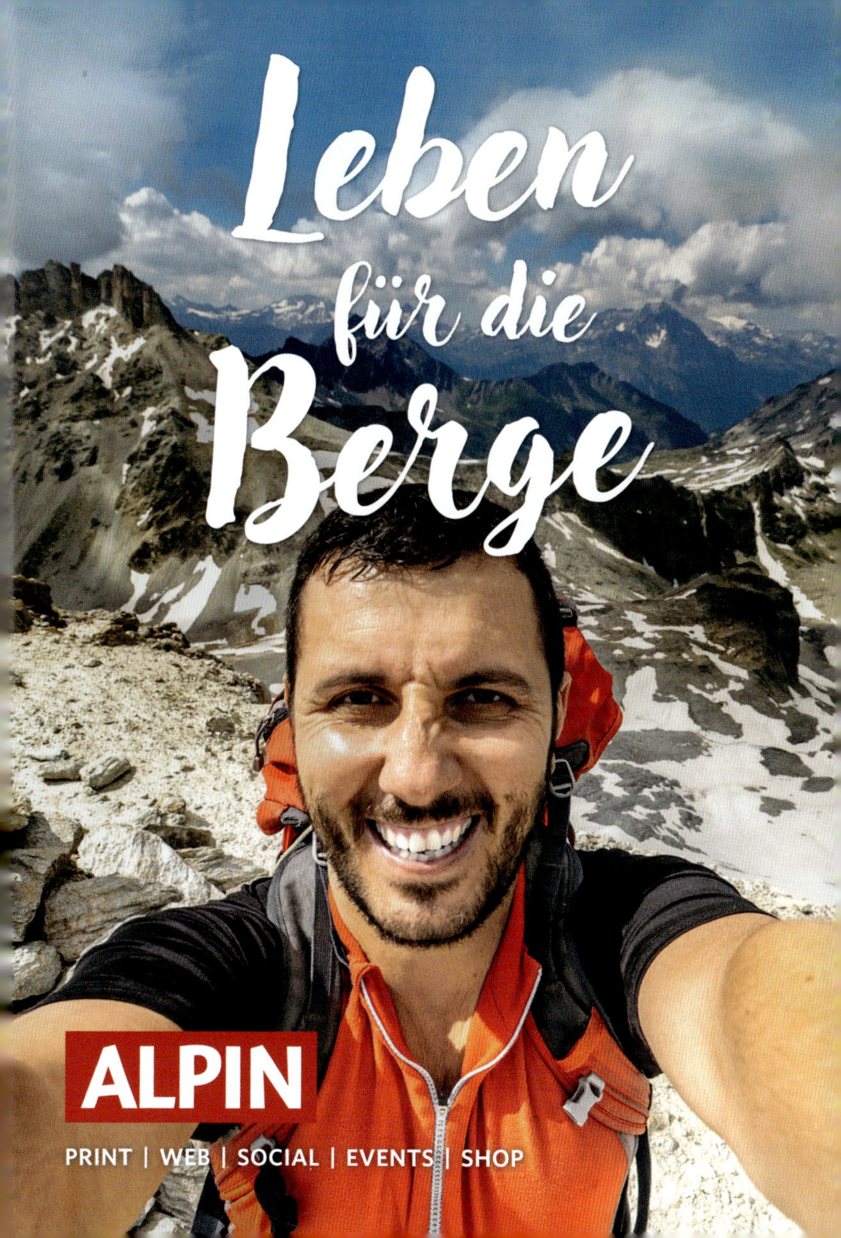
Leben
für die
Berge
ALPIN
PRINT | WEB | SOCIAL | EVENTS | SHOP

Umschlagbild:
Morgendlicher Aufbruch von Blåhammarens Fjällstation
(Tour 25 und Tour 26).

Bild im Innentitel:
Wanderer bewundern einen der beiden Fallmor-Wasserfälle (Tour 15).

Seite 36/37: Die prägnante Gestalt des Stor-Mittåkläppen dominiert das Mittån-Tal (Tour 9).

Alle Fotos von der Autorin
außer Seite 2 und 106 (Maik Ferme) sowie Seite 23 (Matthias Förder).

Kartografie:
48 Wanderkärtchen im Maßstab 1:50.000, 1:75.000 und 1:100.000,
rolle-kartografie.de;
Karte Touren 6 (1:50.000) und 39 (1:75.000) © Bergverlag Rother GmbH
(gezeichnet von Barbara Häring, Gröbenzell);
Übersichtskarten im Maßstab 1:3.700.000 und 1:6.000.000
© Freytag & Berndt, Wien

Werk-Nr.: 4406

4., aktualisierte Auflage 2024

ISBN 978-3-7633-4406-2

FSC www.fsc.org
MIX
Papier | Fördert gute Waldnutzung
FSC® C147178

Wir freuen uns über jeden Korrekturhinweis zu diesem Wanderführer!
Bitte per E-Mail an: leserzuschrift@rother.de

ROTHER BERGVERLAG · München
D-82041 Oberhaching · Keltenring 17 · Tel. +49 89 608669-0 · rother.de